dtv

Jedesmal wenn wir jemanden kennenlernen oder uns irgendwo vorstellen müssen, erzählen wir von uns und unserem Leben. Dabei verhalten wir uns nicht viel anders als ein Schriftsteller, der einen Roman oder eine Erzählung schreibt: Wir entwerfen einen spannenden Plot und beleben die Erzählung durch andere Figuren, denen wir verschiedene Rollen zuschreiben. Im Roman unseres Lebens sind wir also Erzähler und Hauptfigur zugleich.
Anhand von Fallbeispielen und Schreibübungen erklärt Mandy Aftel, wie man diese Kenntnisse dazu nutzen kann, in seinen Lebensplot einzugreifen und ihn umzuschreiben. Sie zeigt, was man tun kann, wenn einem die eigene Geschichte banal und abgedroschen vorkommt und man einfach nicht mehr weiß, wie es weitergehen soll, und sie gibt Ratschläge, wie man eine Handlung vorantreibt oder Ereignisse so umdeutet, daß neue Handlungsmöglichkeiten entstehen, die das Leben von Grund auf verändern. »Geniale Einsichten einer Psychotherapeutin, die keine Glückspillen verordnet, sondern praktische Vorschläge macht, wie jeder von uns zum Autor seiner eigenen Lebensgeschichte werden kann. Wer neue Wege gehen will, schlägt mit diesem Buch auf jeden Fall den richtigen ein.« (Gail Sheehy)

Mandy Aftel ist Psychotherapeutin mit eigener Praxis und Autorin mehrerer Bücher. Sie lebt zusammen mit ihrer Tochter in Kalifornien, USA. Buchveröffentlichungen bisher: ›Death of a Rolling Stone: The Brian Jones Story‹ und ›When Talk is not Cheap‹ (zusammen mit Robin Lakoff).

Mandy Aftel

Der Roman unseres Lebens

Wendepunkte erkennen und nutzen

Aus dem Englischen von Angelika Hildebrandt

Deutscher Taschenbuch Verlag

Die folgenden Textauszüge wurden mit freundlicher Genehmigung der Rechteinhaber abgedruckt:
Kate Braverman: »Afterthoughts.« Aus: ›Hurricane Warnings.‹ © Los Angeles: Illuminati 1987. (S. 179, Übersetzung von A. H.)
Philip Larkin: »Reference Back.« Aus: ›Collected Poems.‹ New York: Farrar, Straus & Giroux, 1993. © 1988, 1989 by the Estate of Philip Larkin. (S. 90, Übersetzung von A. H.)
Stephen Greenblatt: »Storytelling.« Aus: ›Hiding in Plain Sight.‹ San Francisco: Mercury House, 1997. © 1990 Stephen Greenblatt. (S. 45 f., Übersetzung von A. H.)
Talking Heads: »Once in a Lifetime.« © 1981 Index Music, Inc., Bleu Disque Music Co., Inc., und E. G. Music Ltd. (S. 13)

Deutsche Erstausgabe
Februar 1998
Deutscher Taschenbuch Verlag GmbH & Co. KG, München

Titel der amerikanischen Originalausgabe:
The story of your Life. Becoming the author of your experience
Simon & Schuster, New York 1996
ISBN 0-684-81557-5

Umschlagkonzept: Balk & Brumshagen
Umschlagfoto: © Andreas Pollok/TONY STONE
Gesetzt aus der Stempel Garamond 10/11'
Satz: KCS GmbH, Buchholz/Hamburg
Druck und Bindung: C. H. Beck'sche Buchdruckerei, Nördlingen
Gedruckt auf säurefreiem, chlorfrei gebleichtem Papier
Printed in Germany · ISBN 3-423-36072-0

Inhalt

Für Nancy La Rose

Wer keine Macht über die Geschichte hat, die sein Leben bestimmt, keine Macht, sie neu zu erzählen, sie zu überdenken, sie neu zu interpretieren, über sie zu scherzen und sie zu ändern, wenn die Zeiten sich ändern, ist in der Tat machtlos, denn er ist unfähig, neue Gedanken zu denken.

Salman Rushdie,
›One Thousand Days in a Balloon‹

Einleitung

Die Suche nach einer Geschichte ist die Suche nach einem Leben.
Jill Johnston, ›Fictions of the Self‹

Ist das mein Leben?

You may find yourself behind the
wheel of a large automobile
You may find yourself in a beautiful
house with a beautiful wife
You may ask yourself, well, how did
I get here? ...
You may tell yourself, this is not my
beautiful house
You may tell yourself, this is not my
beautiful wife ...
Talking Heads, ›Once in a Lifetime‹

Wenn es nach uns ginge, müßte alles im Leben möglichst einfach sein. Die Antworten auf unsere Fragen müßten einfach, unsere Männer müßten Traumprinzen und jedes Ende ein Happy End sein. In Wirklichkeit aber konfrontiert uns das Leben ständig mit neuen Situationen, ob wir nun wollen oder nicht – mit guten Dingen, mit schlechten und mit belanglosen, in jedem Augenblick und von allen Seiten. Wie Roseanne aus der gleichnamigen Fernsehserie einmal sagte: »Irgend etwas ist immer los!«

Inzwischen sollten wir das wissen, doch die meisten von uns wissen es eben nicht. Ob Sie zwanzig, vierzig, sechzig oder achtzig Jahre alt sind – irgendwann haben Sie sicher auf

Ihr Leben zurückgeblickt, als sei es das erste Mal, und sich gefragt: Wie bin ich bloß hierhergekommen? Warum ist mir das passiert?

Warum wir Geschichten erzählen

Ich bin schon seit beinahe zwanzig Jahren als Psychotherapeutin tätig. Fast jeden Tag erzählen mir Menschen ihre Lebensgeschichte, und ich höre ihnen zu. Immer wieder überrascht es mich, daß diese Erzählungen eigentlich wie Kurzgeschichten sind. Ich höre Geschichten von Liebe und Verlust, von Intrigen und von existentieller Angst. Meine Klienten berichten von romantischen Erlebnissen, von Abenteuern, von Geheimnissen, aber auch von Verzweiflung. Sie stellen sich selbst als Helden, Opfer, verschmähte Liebhaber oder Schurken dar. Sie beschreiben die anderen Personen, die eine größere oder kleinere Rolle in ihrem Leben spielen – den wunderbaren neuen Freund, die nörgelnde Ehefrau, die erdrückenden Eltern, die nette Freundin, den attraktiven Kollegen, den gefühllosen Bürokraten.

Als mir bewußt wurde, daß meine Klienten mir Geschichten mit einem Plot, also einem Handlungsablauf, mit Schilderungen und verschiedenen Figuren erzählten, wurde mir auch klar, daß ich genau dasselbe tat – fast in jedem Augenblick und an jedem Tag meines Lebens. Wir alle sind in unserem Alltag eine Art Autoren – ganz unabhängig davon, wie begabt wir als Schriftsteller wären. Wir erzählen unsere Lebensgeschichte in Vorstellungsgesprächen und beim ersten Kennenlernen, auf Partys und in der Therapie. Wir erzählen sie unseren Freunden, unseren Nachbarn, unseren Eltern und sogar dem unbekannten Sitznachbarn im Zug. Wir sind die Helden unserer Geschichten und zugleich ihre Erfinder. Wir sind, in einem sehr realen Sinne, die Autoren unseres eigenen Lebens.

Die Geschichte eines jeden Menschen enthält die Elemente guter Literatur: zentrale Themen, einen komplizierten Plot, Nebenhandlungen (Subplots), Spieler und Gegenspieler, Haupt- und Nebenfiguren. Als Erzähler legen Menschen ihre Geschichte bewußt oder unbewußt in einer bestimmten, oft vorab schon festgelegten Richtung an – es geht um Liebe, Macht oder Verlusterfahrungen. Im Verlauf ihrer Geschichte ringen sie mit den unvermeidlichen Schwierigkeiten (finanzielle Probleme, Fluchtversuche, Probleme mit der Sexualität, Kinder) und Traumata des Lebens (Tod, Krankheit, Unfälle, höhere Gewalt), die unseren sorgfältig konzipierten Plot ergreifen und zerschmettern können.

Irgendwann begann ich, diese Erzählung bewußt als Literatur zu sehen: Ich achtete auf Stellen, an denen sich ein inhaltlicher Bruch zeigte, weil der Verfasser ein entscheidendes Element der Handlung ausgelassen hatte, weil er einer Figur ein Verhalten zuschrieb, das einfach nicht paßte oder weil er einen Umstand verzerrt darstellte, um seiner Geschichte eine bestimmte Form zu geben. Ich war die Lektorin, die die Geschichten meiner Klienten objektiv lesen und sie auf Muster und Themen hinweisen konnte, um ihnen dabei zu helfen, eindimensionale Figuren anders zu beschreiben, abgedroschene Plots neu zu konzipieren und dadurch eine komplexere und für sie befriedigende Handlung zu entwickeln. Im Verlauf dieser Arbeit entdeckten meine Klienten nach und nach, daß sie tatsächlich die Geschichte ihres Lebens erzählten und daß sie die Ereignisse in ihrem Leben umdeuten und damit Handlungsalternativen eröffnen konnten, von denen sie sonst nie zu träumen gewagt hätten.

Der Grund dafür ist täuschend einfach: *Die Art, in der wir unser Leben beschreiben und begreifen, entscheidet letztendlich und unweigerlich darüber, wie wir es leben.* Sobald uns die erzählerischen Muster bewußt werden, um die herum wir unser Leben strukturieren, lernen wir auch, Verantwortung zu übernehmen, diese Muster zu überprüfen, sie weiterzuentwickeln oder sogar völlig umzuschreiben. Die eindimensionalen Beschreibungen, an die wir uns oft klammern – allzu simple Darstellungen von Vorwürfen, Schuldgefühlen, Hoffnungslosigkeit und Zorn –, lassen sich in subtile und feingesponnene Erzählungen verwandeln, wenn wir genügend Arbeit, Zeit und Aufmerksamkeit investieren.

Wer den Lebensgeschichten anderer Menschen genau zuhört, erfährt unendlich viel über das, was sie denken und glauben. Und wenn Sie anfangen, bei Ihren eigenen Geschichten und dem, was sie über Sie aussagen, genau zuzuhören, tun Sie den ersten Schritt eines spannenden Prozesses, in dem Sie – wie es eigentlich sein sollte – zum Autor Ihres eigenen Lebens und Schöpfer Ihrer eigenen Möglichkeiten werden.

Sie sind der Erzähler oder die Erzählerin Ihrer eigenen Geschichten, und Ihr Plot verändert sich in dem Maße, in dem Sie selbst sich verändern. Sobald sich für Ihre Zukunft die Möglichkeit neuer und anderer Geschichten abzeichnet, sobald Sie sich in der Lage fühlen, den ersten Schritt zur Auseinandersetzung mit einem Problem zu tun, werden Sie auch die Inhalte Ihres Plots verändern. Wenn Sie erst lernen, die Ereignisse in Ihrem Leben zu Geschichten umzudeuten, die sich von Ihren bisherigen Geschichten unterscheiden, so verändert sich auch der Inhalt ihres Plots. Wenn Sie anfangen, die Rolle anderer Menschen in Ihrem Leben und Ihre eigene Rolle im Leben anderer Menschen zu erkennen, wird Ihr Leben nicht mehr von den platten Klischees und abgedroschenen Plots einer Seifenoper geprägt sein, sondern von der Fülle und Komplexität guter Literatur.

An welchem Punkt Ihres Lebens Sie auch angekommen sein mögen: *Sie können Ihren Plot jederzeit ändern.* Das weiß ich deshalb, weil ich es jeden Tag beobachte. Mit den Worten der Autorin Gail Sheehy: »Millionen von Menschen, die jetzt in den Vierzigern und Fünfzigern sind, können ihr Leben und ihre Gewohnheiten entscheidend verändern und sich auf weitere Jahrzehnte eines körperlich und geistig gesunden Lebens freuen – vorausgesetzt, sie bleiben offen für neue Perspektiven des Lernens und der Phantasie, durch die sie bewußt Erfahrungen vorwegnehmen, die sie erst noch bewältigen und genießen werden.«

Ich glaube an die Gedanken, die ich in diesem Buch dargelegt habe: Sie bestimmen mein Leben und sind das, was ich als Therapeutin an meine Klienten weitergebe. Mein Buch bietet weder zehn einfache Schritte zu einem erfüllten Leben noch zehn einfache Antworten auf die Probleme des Lebens. Es ist auch keine Beruhigungspille, mit deren Hilfe sich die Unebenheiten des Lebens glätten ließen. Vielmehr soll es einen Weg aufzeigen, auf dem Sie für die ganze Bandbreite des Lebens empfänglich werden – einen Weg, auf dem Sie erkennen können, daß Sie selbst und die Menschen, die Sie lieben oder hassen, keine eindimensionalen Helden oder Schurken sind, sondern komplexe Figuren, einen Weg, auf dem Sie fein nuancierte Möglichkeiten und Veränderungen entwerfen können, anstatt auf eine unausweichliche Tragödie oder auf ein Happy End zu warten, das vielleicht niemals eintrifft. Das Buch soll schließlich auch zeigen, wie Sie verhindern können, daß andere Menschen die Geschichte Ihres Lebens schreiben, und wie Sie zukünftig Ihre eigenen Geschichten selbst schreiben können.

Wie dieses Buch gelesen werden sollte

Ich arbeite in der Therapie vor allem mit Künstlern und Schriftstellern, bei denen persönliche Schwierigkeiten ebenso häufig sind wie berufliche Probleme. Dabei fällt mir immer wieder auf, daß ein Zusammenhang zwischen beidem besteht: Jedes Werk ist in gewisser Weise auch autobiographisch, wenn man den Autor des Buchs nur zu lesen versteht. Wie in der Therapie werden auch in der künstlerischen Arbeit bestimmte Fragen, Themen und Plots immer wieder neu bearbeitet. Das soll nicht heißen, daß gute Literatur primär eine therapeutische Funktion hat. Doch das Schreiben bleibt einer der Königswege zur Seele des Menschen.

Ich stimme der Schriftstellerin und Seminarleiterin für

Kreatives Schreiben Anne Lamott zu, wenn sie sagt: »Die Absicht der meisten großen literarischen Werke besteht vermutlich darin, aus einer ethischen Perspektive heraus die Frage zu erhellen, wer wir Menschen eigentlich sind.« Die Plots, die ich in diesem Buch darstelle, werden von ihren Handlungsträgern vorangetrieben. Sie entfalten sich, wenn der Betreffende sein eigenes Wesen und das Wesen der Menschen in seiner Umgebung begreift. Dann nämlich steuert er sein Leben, anstatt sich von ihm treiben zu lassen. Wer das Gefühl hat, sein Leben bewußt gestalten zu können, kann auch Veränderungen bewirken.

Wenn Sie sich darauf einlassen, sich selbst und andere besser zu verstehen und Fragen wie: »Warum hat er das getan?«, »Warum habe ich das gesagt?« oder: »Was sagt das über mich aus?« zu beantworten, wachsen Ihr Verständnis und Ihre Erfahrung, und Ihr Plot wird sich verändern und entwickeln. Eine Persönlichkeit kann sich nur dann entwickeln, wenn sie aus Erfahrungen lernt. Das Leben ist nicht statisch, sondern entwickelt sich immer weiter: Ihre Beziehungen, Ihre Überzeugungen, das Bild, das Sie sich von sich selbst machen und Ihre Zukunftswünsche verändern sich. Mit diesen Veränderungen geht ein verändertes Verständnis Ihres eigenen Ich und der Struktur Ihrer persönlichen Beziehungen einher. Wenn Sie beginnen, die Ereignisse in Ihrer Vergangenheit in einem sinnvollen Zusammenhang zu sehen, begreifen Sie auch, warum Sie so reagieren, wie Sie es tun.

Die meisten Kapitel dieses Buches enthalten an ihrem Ende einige Übungen, die Ihnen helfen sollen, Ihre Erfahrungen als Teil Ihrer Lebensgeschichte zu verstehen und die Prinzipien des Aufbaus von literarischen Texten auf Ihr eigenes Leben anzuwenden. Sie brauchen diese Übungen nicht unbedingt, um das Buch mit Gewinn zu lesen. Doch wenn Sie die Ereignisse und Personen aus Ihrem Leben tatsächlich schriftlich festhalten, gelangen Sie möglicherweise zu einem tieferen Verständnis der in diesem Buch dargestellten Konzepte und finden Anregungen für Veränderungen, die Sie sonst vielleicht gar nicht in Betracht gezogen hätten. Daher schlage ich vor, daß Sie die Übungen nicht einfach durchlesen und sich Gedanken zu den Antworten machen, sondern *daß Sie diese Antworten auch wirklich aufschreiben*. Legen Sie sich ein besonderes Heft zu. Bringen Sie Ihre Überlegungen zu Papier, lesen Sie sie und denken Sie darüber nach.

Wenn Sie lernen, die Handlungselemente Ihres Plots in Ihrem alltäglichen Denken zu erkennen, eröffnen sich bis dahin unvorstellbare Möglichkeiten. Wer seinen Plot selbst entwirft – und das hat nichts mit Manipulation oder Hirngespinsten zu tun, sondern bedeutet, daß man den Plot bewußt strukturiert und abwägt –, kann auf ganz natürliche und befriedigende Weise seine Möglichkeiten vervielfachen. Wer feststellt, daß er sich immer wieder gleich verhält, braucht nicht zu verzweifeln, sondern kann entdecken, wie sich seine Möglichkeiten neu beschreiben lassen. Wer feststellt, daß er im Umgang mit seinem besten Freund, dem Partner oder der Mutter immer wieder dieselben unbefriedigenden Verhaltensmuster wiederholt, kann erkennen, daß er eine wichtige Person in seinem Leben vielleicht falsch interpretiert hat. Indem er sie neu und anders charakterisiert, kann er ihr eine Tiefe und Nuancierung verleihen, die ihm bis dahin nicht in den Sinn gekommen ist. Kurz, wer lernt, seiner eigenen Geschichte zuzuhören, wird staunen, wie interessant sein Leben ist!

Manche Schriftsteller entwerfen in Gedanken sämtliche Handlungsstränge ihres Plots, bevor sie mit dem Schreiben beginnen. Einige große Autoren berichten jedoch, daß die Figuren trotz der anfänglichen Planung bald ein Eigenleben entwickeln und daß sie selbst beim Schreiben genauso gespannt wie ihre Leser darauf warten, was wohl als nächstes geschieht.

So sollte auch unser Leben sein. Wenn wir die Geschichte eines anderen leben oder einen alten, abgedroschenen Plot von uns selbst, der nur wenige Abweichungen, Überraschungen oder neue Personen zuläßt, wird niemand unsere Geschichten hören wollen – am allerwenigsten wir selbst. Treiben wir jedoch unsere Geschichten gezielt voran, indem wir ihren Plot festlegen, neue Personen einführen und zulassen, daß vertraute Personen sich entwickeln und wachsen, dann erfüllt dies unsere Geschichten und damit uns selbst mit neuem Leben.

Betrachten wir unser Leben als einen Plot, so können wir wie mit einer Kamera am Ende des Films in die Totale gehen, um eine breitere Perspektive zu erfassen und das Drama, in dem wir mitspielen, vollständig zu erkennen. Wir begreifen dann, welche wiederkehrenden Themen und Elemente in den Geschichten unseres Lebens eine Rolle spielen, und können beginnen, ihnen eine neue Richtung zu geben.

Sie finden in diesem Buch das Werkzeug, mit dessen Hilfe sich das immer wieder aus denselben Versatzstücken zusammengesetzte Melodrama Ihrer Lebensgeschichte in eine wunderbare und geheimnisvolle Erzählung verwandeln läßt, die sich in Ihrer ganz persönlichen Sprache entwickelt. Diese Geschichte wird Ihre eigene Geschichte sein, die Sie nicht zum Schweigen bringen können, eine Geschichte voller Überraschungen, bei der Sie immer wieder fragen werden: »Und was kommt jetzt?«

1. Ich schreibe jeden Tag an meinem Buch: Die Geschichten unseres Lebens

> Wir müssen die Details in einer bestimmten Form anordnen, schildern und auswählen – kurz gesagt, in eine erzählerische Form bringen –, so daß jeder Tag den darauffolgenden, jede Woche die darauffolgende vorbereitet. In dem Maße, in dem wir unserem Leben eine bestimmte erzählerische Form geben, erlebt jeder von uns den normalen Prozeß des gelungenen Schreibens.
>
> *Phyllis Rose, ›Parallel Lives‹*

Joe war Programmierer, Ende Dreißig, und hatte mich wegen seiner Eheprobleme aufgesucht. Eines Tages ließ er sich schwer auf den Stuhl in meiner Praxis fallen und erklärte: »Meine Frau ist so gefühlskalt, daß ich es einfach nicht mehr aushalte.« Mein Interesse war geweckt, und ich bat ihn, mir eine Geschichte zu erzählen, in der ihre Kälte deutlich zum Vorschein käme. Er begann:

Als ich gestern abend von der Arbeit nach Hause kam, war es schon spät – ich war im Stau steckengeblieben –, und ich fühlte mich miserabel, weil ich gerade erfahren hatte, daß Gary, mein ehemaliger Zimmergenosse im College, auf einer Fahrradtour an einem Herzinfarkt gestorben war. Ich konnte es nicht fassen. Er war doch erst sechsunddreißig gewesen, genau wie ich, und hatte eine viel bessere Kondition gehabt als ich. Mir ging es wirklich schlecht und ich erzählte meiner Frau davon, kaum daß ich zur Tür herein war. Aber anstatt mitfühlend zu reagieren, sagte Barbara nur: »Mach dir nicht soviel daraus. So oft habt ihr euch gar nicht getroffen. Du hast ihn doch schon jahrelang nicht mehr gesehen.« Woraufhin sie nur noch von den Problemen sprach, die sie tagsüber mit den Handwerkern gehabt hatte – wir sind zur Zeit beim Renovieren. Das zeigte mir, wie gefühlskalt sie ist. Sie interessiert sich nur für sich selbst. Ich glaube, ich sollte sie verlassen und allein weiterleben.

In seiner Geschichte stellte Joe sich selbst als einen warmherzigen, liebevollen und mitfühlenden Menschen dar, seine Frau dagegen als lieblos und selbstsüchtig. Es ging in der Geschichte eindeutig um Verlusterfahrungen – den Verlust von Liebe, von Beziehungen, von emotionaler Unterstützung –, und Joe konnte keine Lösungsmöglichkeiten erkennen. So war es auch nicht überraschend, daß er sich zornig, traurig und einsam fühlte. Als ich ihn fragte, ob er mit seiner Frau über diese Gefühle gesprochen habe, sagte er nein, er glaube nicht, daß sie sich dafür interessiert hätte. Wenig begeistert erklärte er sich schließlich bereit, ihr doch noch zu sagen, wie er sich gefühlt habe, und dann auch offen für ihre Reaktion zu sein. In unserer nächsten Sitzung erzählte er mir die folgende Geschichte:

Ich bin Ihrem Vorschlag gefolgt und habe Barbara gesagt, daß mich die Art, in der sie Garys Tod beiseite schob, zornig gemacht und mir das Gefühl gegeben hat, ich sei völlig isoliert. Daraufhin brach sie in Tränen aus, was mich wirklich überraschte. Sie sagte, daß sie es nicht aushalte, mich so aufgelöst zu sehen, und daß sie den Eindruck habe, ich hätte Angst, auch so plötzlich zu sterben, und sie habe deshalb versucht, mich von meinen Gefühlen abzulenken. Sie selbst wolle auch nicht daran denken, daß mir so etwas passieren könnte. Es fällt ihr wohl leichter, den Gedanken beiseite zu schieben. Dann nahm sie mich plötzlich in die Arme und entschuldigte sich. Wir weinten beide eine Weile … Ich weiß auch nicht … langsam glaube ich, daß wir unsere Beziehung vielleicht doch wieder auf die Reihe bekommen könnten, wenn sich jeder dem anderen ein bißchen mehr öffnen würde.

Nun handelte Joes Geschichte nicht mehr von Verlust, sondern von Hoffnung – von neu entfachter Liebe und einer zweiten Chance für das Glück. Er sah sich selbst nicht mehr so sehr als das Opfer, dafür schien er verletzbarer, und seine Frau war nicht mehr gefühlskalt, sondern hatte sich in eine in ihren Gefühlen verwirrte, fürsorgliche, beschützende und liebende Freundin verwandelt. Er hatte die Ausrichtung seiner Geschichte verändert, so daß an ihrem Ende nicht mehr die Scheidung, sondern eine Alternative, nämlich eine Verbindung von Veränderung und Kontinuität stand.

Eine solche Art des Geschichtenerzählens gibt es nicht nur in der Therapie. Wir erzählen jeden Tag und häufig sogar mehrmals täglich Geschichten über unser Leben. Anders geht es gar nicht, denn einfache Feststellungen über den Charakter eines anderen Menschen, wie beispielsweise Joes Behauptung, seine Frau sei gefühlskalt, sind so gut wie nichtssagend, solange sie nicht durch eine Geschichte unterfüttert werden.

Zum Beispiel sagt Ihr Partner: »Mein Chef ist ein Monster.« Sie fragen: »Warum?« Und er antwortet: »Weil er mich vor dem gesamten Ausschuß dafür kritisiert hat, daß ich angeblich die Pläne für das Projekt verschlampt hätte. Als Anne ihm sagte, sie erinnere sich, ihm die Pläne selbst gegeben zu haben, entschuldigte er sich noch nicht einmal.«

Oder Sie sagen zu Ihrer Kollegin: »Meine Freundin Sally ist wirklich ein Engel.« Woraufhin Ihre Kollegin fragt: »Warum?« Und Sie antworten: »Weil sie mich neulich abends mit anderen zusammen zum Essen eingeladen hat. Sie macht sich Sorgen, weil ich mich seit dem Tod meiner Mutter vor einigen Monaten so zurückgezogen habe und wollte mich wieder unter die Leute bringen.« Solche Geschichten beschreiben nicht nur die Ereignisse, die sich zugetragen haben, sondern auch einen Ausschnitt aus der Weltsicht des Erzählenden –, daß nämlich ein unfreundlicher Chef ein Alptraum ist und daß eine hilfsbereite Freundin versucht, einen aus seiner Einsamkeit herauszuholen.

Wir erzählen Teile unserer Lebensgeschichte unseren Freunden, unseren Partnern und sogar Fremden. Wir erzählen sie aber auch uns selbst, und wir inszenieren die Geschichten, die wir im Kopf haben. Die Geschichte, die wir anderen erzählen, mag sich von der Geschichte, die wir uns selbst erzählen, grundlegend unterscheiden; doch es gibt immer einen roten Faden, der die wichtigsten Themen miteinander verbindet: Kindheit, Erziehung, Liebesbeziehungen, Beruf, religiöse Überzeugungen, Freizeitinteressen – diese

Listen sind so unterschiedlich wie das Leben. Mit unseren Erzählungen wollen wir nicht nur andere Menschen informieren, unterhalten und verführen, sondern auch uns selbst erschaffen, bewahren, offenbaren und verteidigen. Sehen wir uns selbst als Opfer, als Helden, als einen liebenswerten Verlierertypen, als verkanntes Genie? Wie deuten wir die Umstände, die wir selbst geschaffen haben oder in die wir geraten sind?

Sie meinen wahrscheinlich, die Geschichten, die Sie über sich selbst erzählen, seien nicht erfunden; in gewissem Sinne sind sie es aber doch. Ohne einen erzählerischen roten Faden – einen Plot – sind die Ereignisse in unserer persönlichen Geschichte unverbunden, wie einzelne Posten auf einer Einkaufsliste. Erfahrung sinnvoll zu strukturieren ist ein menschliches Bedürfnis, das fast so elementar ist wie das Atmen. Zuweilen verleihen wir uns in den Ereignissen unseres Lebens eine zu kleine oder zu große Rolle. Vielleicht geben Sie sich die Schuld am Auseinanderbrechen der Ehe Ihrer Eltern (und damit eine zu große Rolle), obwohl das Problem ausschließlich bei den beiden lag und schon lange vor Ihrer Geburt (als Sie noch eine ganz kleine Rolle spielten) entstand. Oder aber Sie sind nicht in der Lage, sich in einer größeren Rolle zu sehen, und beschließen deshalb, Ihren Job bei einer Kleinstadtzeitung zu behalten, anstatt eine Veränderung Ihres Selbstbildes zu riskieren und sich als Korrespondent bei einer großen Tageszeitung zu bewerben.

Plots und Nebenhandlungen

Ihr *Plot* ist die Geschichte, die Sie im nachhinein aus den Ereignissen Ihres Lebens konstruieren. Ein Plot beschreibt nicht nur den chronologischen Ablauf der Ereignisse, sondern deckt auch Ursachen und Wirkungen auf. Der Plot ist das Grundprinzip der Entwicklung und der logischen Abfolge Ihrer Geschichte, das Muster, dem Sie folgen, um auszuwählen, was Ihnen am besten geeignet scheint, um anderen und sich selbst gegenüber Ihr Leben darzustellen. Ohne Plot sind die Dinge, die wir erleben, nur ein Haufen zusammenhangloser Ereignisse. Das würde dann etwa folgendermaßen aussehen:

Ich stand spät auf.
Ich ging zur Arbeit.
In der Mittagspause wurde ich fast von einem Auto überfahren.
Mein Chef schrie mich an.
Ich habe heute ziemlich viel geschafft.

Diese Ereignisse ergeben erst dann einen Sinn, wenn sie in einen Handlungszusammenhang gebracht werden:

Heute war ein ganz merkwürdiger Tag. Gestern abend hatte ich vergessen, meinen Wecker zu stellen, so daß mir heute morgen nur eine Viertelstunde blieb, um aufzustehen und mich für die Arbeit fertigzumachen. Schon da war ich völlig aufgelöst! Die Zeit reichte nicht mal für eine Tasse Kaffee. Als ich dann im Büro ankam, ging mir die Arbeit einfach nicht von der Hand, weil ich irgendwie mit dem linken Fuß zuerst aufgestanden war. Ich ging also ziemlich früh in die Mittagspause, weil ich dachte, dann könnte ich die unerledigte Arbeit wenigstens bis zur Kaffeepause aufholen. Zu dem Zeitpunkt war ich so zerstreut, daß ich direkt vor ein Auto lief. Da stieg mein Adrenalinspiegel aber an – jetzt war ich hellwach! Als ich an meinen Arbeitsplatz zurückgekehrt war, schrie mein Chef mich an, weil ich so früh Mittagspause gemacht hatte. Natürlich war er im Recht – aber sein Geschrei gefiel mir trotzdem nicht. Ich war so froh, daß ich noch am Leben war, daß ich einfach versuchte, das auch auszustrahlen. Deshalb setzte ich mich an meinen Schreibtisch und erledigte alles, was noch aufzuarbeiten war. Eigentlich ist der Tag gar nicht so schlecht gelaufen.

Jemand anders – oder auch Sie selbst an einem anderen Tag – könnte aus denselben Ereignissen einen ganz anderen Plot konstruieren:

Ich bin wirklich dumm. Ich hatte nämlich wieder einmal vergessen, meinen Wecker zu stellen und wachte eine ganze Stunde zu spät auf. Als ich ins Büro kam, konnte ich noch keinen klaren Gedanken fassen. Meine Kollegin empfahl mir, etwas zu essen, um mehr Blutzucker ins Gehirn zu bekommen; deshalb ging ich früher als sonst in die Mittagspause. Weil ich wie gewöhnlich nicht aufpaßte, wo ich hinlief, rannte ich Dummkopf bei Rot über die Straße und wurde fast überfahren. Am besten wäre ich wohl wirklich unter das Auto gekommen, denn als ich wieder ins Büro kam, war mein Chef sauer, weil ich weggegangen war. Ich weiß, daß er denkt, ich würde immer alles falsch machen, und das bestätigte ihn natürlich in seiner Meinung. Deshalb strengte ich mich den Rest des Tages besonders an und schaffte es auch, die ganze Arbeit auf meinem Schreibtisch zu erledigen, aber ich weiß, daß mein Chef mich immer noch im Visier hat.

Was ist eine Geschichte?

Geschichten sind verbindende Erzählstrukturen, die wir einsetzen, um unseren Plot zusammenzuhalten. Heißt Ihr Grundplot beispielsweise: »Ich bin so dumm, daß ich immer alles falsch mache«, dann erzählen Sie in unserem Beispiel die zweite Geschichte. Weiter oben erzählte Joe, wie seine Frau auf den Tod seines Freundes reagiert hatte, um den Grundplot »Meine Frau ist kalt wie eine Hundeschnauze« zu illustrieren.

Der Schriftsteller E. M. Forster beschreibt den Unterschied zwischen Plot und Geschichte sehr prägnant: »Der König starb, und dann starb die Königin« ist die Ereignisabfolge einer Geschichte. »Der König starb, und dann starb vor lauter Kummer die Königin« ist ein Plot. Die Ereignisabfolge der Geschichte ist im Plot enthalten, hinzu kommt jedoch eine Art Begründung oder Erklärung: »Die Königin starb, doch niemand wußte weshalb, bis man schließlich darauf kam, daß es vor lauter Kummer über den Tod des Königs war.« Dies ist ein Plot, der ein Rätsel in sich birgt, eine Struktur, die sich noch sehr viel weiter entwickeln läßt. Nehmen wir einmal den Tod der Königin. In einer Geschichte fragen wir nur »Und was geschah dann?«, in einem Plot interessiert uns die Frage nach dem »Warum?«.

In der Literatur, in Dramen und Filmen ist der Plot die Grundstruktur, die das ganze Geschehen zusammenhält und ihm eine bestimmte Richtung gibt. Er kann so einfach sein wie in einer Liebesgeschichte – ein junger Mann lernt eine junge Frau kennen, verliert sie wieder und erobert sie schließlich wieder zurück – oder aber so verwickelt wie in einem Kriminalroman. In der fiktionalen Literatur kann der Autor die Ereignisse und Figuren beliebig manipulieren, um sie den Erfordernissen des Plots anzupassen.

Diesen Luxus bietet das Leben leider nicht. Es gibt einen gewaltigen Unterschied zwischen dem Plot in der Literatur und dem Plot in unserem Leben: In der Literatur wird er vom Autor konzipiert und für den Leser ausgearbeitet, im Leben jedoch gleicht er eher einem Rätsel, das wir zu lösen versuchen, indem wir immer wieder Geschichten erzählen. Wir können uns zwar aus dem, was uns widerfährt, Geschichten zusammenreimen, doch *unser Leben ist keine Fiktion*, sondern höchst real. Jede fiktionale Erzählung hat einen Anfang, eine Mitte und einen Schluß. Im wirklichen Leben hingegen ist das Ende immer offen, und unsere Geschichten entwickeln und verändern sich, um unser Wachstum widerzuspiegeln.

Die folgenden Eckpunkte sollte man dabei im Gedächtnis behalten:

- Jeder Plot wird von seinen Figuren vorangetrieben. Wir strukturieren die Handlung, um die einzelnen Figuren zu verstehen – uns selbst und die anderen.
- Ein Plot ist immer ein Prozeß und kein Ergebnis. Dieser Prozeß ist nicht in sich abgeschlossen, solange wir Erfahrungen sammeln, über die wir reflektieren und aus denen unser Selbstbild entsteht, und solange wir dieses Selbstporträt mit den Vorstellungen unseres inneren Zuhörers und mit dem vergleichen, wie andere uns erleben.
- Plots sind Gedanken, Gefühle, Handlungen und Ereig-

nisse, die wir mit Hilfe von Sprache in eine erzählerische Form bringen. Bewußt oder unbewußt organisieren wir unsere Erfahrungen zu Geschichten, die ein bestimmtes Selbstbild zum Ausdruck bringen. Wir sind von unserer Darstellung überzeugt und vermitteln sie auch anderen, wenn wir unsere Erfahrungen mitteilen. Worte helfen uns, ein Gefühl für unser Selbst herauszubilden und herauszukristallisieren. Wir erschaffen, bestimmen und ändern unsere Identität, indem wir auswählen, was wir in unseren Plot übernehmen und wie wir es zum Ausdruck bringen.

- Der Entwurf eines Plots kann nur dann gelingen, wenn wir bereit sind, unsere Geschichten genau auf die Muster hin zu überprüfen, in denen sich die Grundstruktur unseres Handelns äußert, und wenn wir nach den tieferen Gründen unseres Verhaltens fragen, die wir bis dahin nur oberflächlich beurteilt haben. Dies setzt allerdings eine bewußte Auseinandersetzung mit unseren Verhaltensmustern und Motiven voraus.
- Alle unsere Plots entstehen in der Rückschau: Wir blicken zurück auf die Ereignisse unseres Lebens und geben ihnen eine Bedeutung. Dabei integrieren wir bestimmte Lebensereignisse und schließen andere aus. Wohl niemand hat auf Anfrage eine Zusammenfassung sämtlicher Ereignisse in seinem Leben parat, doch bestimmte Kapitel fallen ihm ganz sicher ein: »Wie ich lernte, daß man sich nur auf sich selbst verlassen kann«, »Wie ich zu meinem Kinderwunsch kam« oder: »Wie ich beschloß zu heiraten« usw.
- Wenn wir jemanden kennenlernen, für den wir uns interessieren, tauschen wir mit ihm Geschichten aus unserem Leben aus. Wenn wir mit Freunden oder Familienmitgliedern über uns sprechen, stellen wir unsere Erfahrungen in einer Weise dar, die uns in einem bestimmten Licht erscheinen lassen. Wenn wir ganz allein und für uns über unser Leben nachdenken, sehen wir es als eine Geschichte, in der wir selbst (und andere) bestimmte Rollen spielen.

Jeder konzipiert – gewollt oder ungewollt – seinen eigenen Plot. Er paßt neue Erfahrungen in diesen Plot ein und begreift seine Vergangenheit vor diesem Hintergrund. Der Plot eines jeden Menschen ist seine ganz persönliche Art, die eigenen Lebenserfahrungen in einen Zusammenhang zu bringen und verstehbar zu machen. Unser Plot entscheidet darüber, welche Arten von Erfahrungen wir suchen, tolerieren und überleben können.

Der banale Plot

Natürlich besteht das Leben nicht nur aus *Ihrer* ganz persönlichen Geschichte. Wir haben jeden Tag mit vielen anderen Menschen, Freunden und Fremden zu tun; unsere Plots überschneiden sich daher ständig und schaffen dadurch neue Möglichkeiten, aber auch Probleme. Menschen, die wir lieben, zwingen uns oft, eine bestimmte Rolle in *ihrem* Plot zu übernehmen, und die Rollen, die sie für uns geschrieben haben, überschatten oft den Plot, den wir uns für uns selbst erträumen. Margie beispielsweise erzählte die folgende Geschichte:

Schon in der High School habe ich gern gemalt. Und ich stellte mir immer vor, daß ich nach meinem Schulabschluß in die Stadt ziehen, einen Loft mieten und Malerin werden würde. Ich sah meine Zukunft lebhaft vor mir: ich würde als Kellnerin jobben, meine Kleidung im Second-hand-Laden kaufen und meistens Reis und Gemüse essen, um Geld zu sparen. Meine Mutter hatte nichts gegen meine Malerei, aber sie hatte immer vorgehabt, mich aufs College zu schicken – und zwar auf das, in dem sie selbst gewesen war –, und ich sollte demselben Studentenclub beitreten wie sie damals. Sie wünschte sich das so sehr für mich, denn sie liebte mich sehr und hatte Angst vor dem, was mir in der Stadt alles zustoßen könnte, wo ich doch ganz auf mich allein gestellt sein würde. Deshalb habe ich mir gedacht, daß sie vielleicht doch recht hatte. Ich zog also nie in den Loft, von dem ich geträumt hatte. Aber ich frage mich oft, wie anders mein Leben ausgesehen hätte, wenn ich es doch getan hätte.

Margies Geschichte ist nicht ungewöhnlich. Die Verantwortung für unser eigenes Leben zu übernehmen kann ziemlich anstrengend sein. Wenn wir darin nachlassen, oder wenn unser Selbstwertgefühl nicht ausreicht, um uns weiterzutragen, lassen wir uns die Zügel aus der Hand nehmen und uns in eine Richtung drängen, in die wir nie wollten. Falls Sie Ihren eigenen Plot – selbst wenn er Ihnen nicht gefällt – nicht selbst aktiv entwerfen, überlassen Sie das anderen: Ihrer Familie, Film und Fernsehen, der Werbung und nicht zuletzt Ihrer eigenen Trägheit. Die vorgefertigten Plots, die dann entstehen, sind aber zwangsläufig banal – heirate, kriege Kinder, ziehe ins Grüne; studiere Jura, suche dir eine Stelle in einem großen Unternehmen, verdiene viel Geld –, denn es fehlt ihnen die Einzigartigkeit, die sie erst durch Ihre ganz persönlichen Interessen und Vorlieben bekommen hätten.

Plots sind keine festgeschriebenen Skripte. Ein Plot ist eine Erzählstruktur, die sich kontinuierlich entwickelt und aus der individuellen Selbsterkenntnis und dem Ausloten der eigenen Möglichkeiten entsteht. Ein Skript hingegen ist ein Plan, den wir befolgen, ohne darüber nachzudenken. Oder, mit den Worten Eric Bernes, des Begründers der Transaktionsanalyse: »Ein Skript ist ein Lebensplan, der auf einer Entscheidung aus der Kindheit beruht, der von den Eltern verstärkt und von späteren Ereignissen gerechtfertigt wurde und der in einer schon vorab gewählten Alternative gipfelt.«

Wally beispielsweise hielt sich an das von seinen Eltern verfaßte Skript, indem er seine Freundin aus der High School heiratete, Apotheker wurde, in der Apotheke seines Vaters arbeitete und sie übernahm, als sein Vater in den Ruhestand ging. Er dachte nie darüber nach, was er eigentlich aus seinem Leben machen wollte oder wo seine eigenen Interessen liegen könnten. Demzufolge beschrieb er sich selbst auch als »ganz zufrieden, glaube ich«. In Wirklichkeit aber plagten ihn ständig vage Sehnsüchte und eine diffuse Unzufriedenheit, denen er aber nie einen Namen geben konnte.

Zwischen dem Skript und dem Plot liegt der abgedroschene oder banale Plot, der entstehen kann, wenn jemand das Skript eines anderen auslebt. Wally hatte sich darauf verlassen, daß jemand anders über seinen Plot bestimmte und war daher zu einem Leben voller Klischees verurteilt. Wie auch immer sein Leben nach außen erscheinen mochte – für ihn selbst blieb es immer zweidimensional, weil er sich selbst nicht erlaubte, den vorgebahnten Weg zu verlassen und wirklich seine eigenen Wünsche und Bedürfnisse zu erkunden.

Wir alle versuchen bis zu einem gewissen Grad, uns einer Rolle anzupassen – als Eltern, als Ernährer der Familie, als perfekte Organisatorin –, doch wer einen banalen Plot auslebt, kann nicht zwischen sich selbst und seiner Rolle unterscheiden. Wenn wir einen banalen Plot neu schreiben wollen, muß unsere jetzige Rolle und das, was gut für uns ist, durch eine Art Zwischenspiel voneinander getrennt werden. Wally beispielsweise war bisher völlig auf seinen Beruf als Apotheker konzentriert, doch wenn er anfinge, in sich hineinzuhorchen, würde er vielleicht seine heimliche Liebe zu Pflanzen entdecken. Nimmt er diesen Wunsch ernst, dann züchtet er vielleicht zu Hause seine ersten Pflanzen und bildet sich in Abendkursen weiter. Dann nämlich könnte sich seine vage Unzufriedenheit mit dem Leben in ein neues Interesse an dessen Möglichkeiten verwandeln.

Auf dem Gebiet der Sexualität gibt es viele klischeehafte Plots. Sie nehmen einen vorhersagbaren Verlauf, und es gibt kaum ein Entrinnen aus den jeweiligen Rollen. Lorrie Moore beschreibt in ihrer Kurzgeschichte ›Eine andere Frau‹ die Ironie einer solchen klischeehaften Falle:

Du rasierst deine Beine im Waschbecken. Philosophierst: Du bist eine Mätresse, Teil einer großen hysterischen, du meinst historischen Tradition. Frauen sind wie Küchenschaben. Ebenfalls Teil einer großen historischen Tradition. Sie werden dich auch nach einem nuklearen Angriff überleben – sie sind stark und hart im Nehmen und reisen in Scharen – nur zur Zeit haben sie keinen Spaß ... An manchen Abenden sagt er, er möchte versuchen, das Ganze zu ändern, aber es gebe keine Garantie. Solche Nächte verbringst du dann unter der Dusche, vor dem Kleiderschrank, schminkst dich, daß man dich nicht wiedererkennt, wie ein aufgemotzter Schwuler, und dann, wenn es spät ist und du am nächsten

Morgen arbeiten mußt, kletterst du so auf dein Bett, angetan mit Parfum und einem peinlichen, langen, fliegenden, spitzenbedeckten Bademantel …

Andererseits kann der Schein auch trügen. So meinen Sie vielleicht, daß Ihre Freundin, die einen reichen Mann geheiratet hat, nicht berufstätig ist und ihre Zeit mit »Verabredungen« verbringt, ein entsetzlich langweiliges Leben führt –, dabei war sie nie in ihrem Leben glücklicher, weil sie nämlich genau das tut, was sie schon immer tun wollte. Nicht der jeweilige Plot entscheidet darüber, ob jemand in einem klischeehaften Leben gefangen ist, sondern die Frage, inwiefern dieser Plot das authentische Ich des Betreffenden zum Ausdruck bringt. Wenn Sie das Gefühl haben, immer das »Richtige« zu tun, und wenn dann doch nichts zu klappen scheint, wenn Sie in Ihren Beziehungen immer wieder unglücklich sind oder nicht in der Lage, sich zu verwirklichen, dann könnte es für Sie an der Zeit sein, Ihren Plot zu revidieren.

Wir alle machen unweigerlich bestimmte Verlusterfahrungen. Es ist leicht, damit abzuschließen und einfach im Programm weiterzumachen; doch früher oder später kommt es bei jedem klischeehaften Plot zur Katastrophe: Ein Kind begeht Selbstmord, ein Ehemann verläßt seine Familie, um in Alaska nach Gold zu schürfen, ein angesehener Anwalt kann wegen seines Alkoholmißbrauchs seinen Beruf nicht mehr ausüben, eine scheinbar brave Tochter wird wegen Herumtreiberei festgenommen.

Aus meiner Arbeit weiß ich, daß Menschen die Folgen ihrer Passivität und Trägheit viel mehr bereuen als Mißerfolge, die sich daraus ergeben, daß sie bestimmte Risiken eingegangen sind. Im Falle eines Mißerfolgs ist der Preis des Handelns zwar hoch, doch viel höher ist der Preis des Nichthandelns. Bevor man es überhaupt merkt, ist das Leben schon vorbei. Was immer man über ein Leben nach dem Tode oder die Möglichkeit einer Reinkarnation denken mag – eines ist unbestritten: Daß wir nämlich *dieses* Leben nur einmal leben können. Unsere Erfahrung bietet uns als Erzählern und Hauptpersonen unserer eigenen, nie endenden Geschichte unzählige Möglichkeiten, zu lernen und uns weiterzuentwickeln. Es gibt keine Rolle, aus der wir nicht lernen könnten. So betrachtet entwickeln wir uns ständig weiter.

Übungen zu Kapitel 1

Die Rollenbesetzung

Stellen Sie eine Liste der zehn wichtigsten Personen in Ihrem Leben zusammen. Hierzu zählen die Menschen, die den größten – positiven oder negativen – Einfluß auf Ihr Leben ausüben, also beispielsweise Eltern, Geschwister, Kinder, Lehrer, Vorbilder, Geliebte, Partner, Großeltern, Freunde, Chefs. Formulieren Sie für jede dieser Personen eine kurze Beschreibung, in der Sie ihre Bedeutung für Ihren Plot hervorheben. Beispielsweise:

- *John*, mein Ex-Mann, der mich fünf Jahre lang in dem Glauben bestärkte, die Schuld für alle unsere Eheprobleme liege bei mir.
- *Großmutter Pat*, die Mutter meiner Mutter, die immer freundlich zu mir war, selbst als mir ihre Lieblingsvase zu Bruch ging.

Notieren Sie diese Beschreibungen ganz vorn in Ihrem Notizheft, weil Sie sie immer wieder brauchen werden.

Ihre eigene Rolle in Ihrem Leben

Sie sind natürlich die Hauptperson in Ihrem eigenen Leben. Da wir aber in uns selbst stecken, fällt es uns vielleicht schwer, uns richtig einzuschätzen. Ein Ansatzpunkt wäre vielleicht, die folgenden Fragen zu beantworten:

- Welche Rolle würden Sie sich in einem Film über Ihr Leben geben?
- Wie würde der Titel Ihrer Autobiographie lauten?
- Welche Person wären Sie gern? Das können lebende oder tote, reale oder fiktive Personen sein.
- Wer ist das Gegenteil von Ihnen?
- Stellen Sie sich vor, Sie glauben daran, daß alle Menschen in vier Stadien wiedergeboren werden: zunächst in der Welt der Pflanzen, dann in der Welt der Tiere, danach in der Menschenwelt und schließlich in einer unbekannten Welt. Beschreiben Sie sich nun in jeder dieser Welten – zuerst als Pflanze (Frucht, Gemüse, Baum usw.), dann als Tier, danach in Ihrer gegenwärtigen menschlichen Form und schließlich in der Form, in der Sie sich zukünftig sehen.

Die wichtigsten Ereignisse in Ihrem Leben

Erstellen Sie eine Liste der wichtigen Wendepunkte in Ihrem Leben. Dazu zählen sowohl die offensichtlichen Einschnitte (die Scheidung Ihrer Eltern, der Beginn Ihrer Ausbildung, der Auszug aus Ihrem Elternhaus, Ihre erste Stelle) als auch die weniger offensichtlichen (beispielsweise der Tag, an dem Ihnen klar wurde, daß Sie nicht mehr an Gott glauben).

- Wählen Sie einen dieser entscheidenden Wendepunkte und beschreiben Sie kurz, wie er Ihre Persönlichkeit veränderte.
- Beschreiben Sie die Veränderungen in Ihrem Leben, die nach außen hin wie Veränderungen aussahen, aber auf einer tieferen Ebene nur dazu beitrugen, daß Sie so blieben wie vorher.
- Nennen Sie die einmaligen Ereignisse in Ihrem Leben.
- Nennen Sie die Ereignisse in Ihrem Leben, die sich ständig zu wiederholen scheinen.

- Stellen Sie in einer Liste zusammen, was Sie in Ihrem Leben wollten und auch tatsächlich erreicht haben. In welcher Weise wurden Sie dadurch zufriedener?
- Was passiert Ihnen auch in tausend Jahren ganz sicher nicht? Und wenn es nun doch passieren würde? Wie würden Sie reagieren?
- Beschreiben Sie, wo Sie sich gegenwärtig in Ihrem Leben befinden. Was gefällt Ihnen am besten an Ihrem Leben? Wenn Sie sich Ihr Leben hätten aussuchen können, wie würde es dann aussehen?

Wie lautet Ihre Geschichte?

Wir alle erzählen Geschichten über uns, die wir schon vorab auf Lager haben. Schreiben Sie kurz auf (ein paar Zeilen genügen), welche Geschichten Sie den folgenden Personen beim ersten Kennenlernen über sich erzählen:

- einem potentiellen Partner,
- jemandem, für den Sie gern arbeiten würden,
- jemandem, von dem Sie gern hätten, daß er für Sie arbeitet,
- einem Psychotherapeuten.

2. Das verräterische Ich als Erzähler unserer Geschichte

Das Ich spricht Bände.
Roy Schafer

Sie sind die Erzählerin oder der Erzähler Ihrer eigenen Geschichte. Tatsächlich können Sie gar nicht anders, als Ihre Geschichte zu erzählen, ob Ihnen das nun bewußt ist oder nicht. Wir erzählen die Geschichten über uns selbst jedem, der bereit ist, zuzuhören: uns selbst, engen Freunden, der Außenwelt. Selbst wenn wir meinen, wir würden jedem dieselbe Version erzählen, unterscheiden sich unsere Geschichten je nachdem, wer uns gerade zuhört.

Unserem eigenen Ich erzählen wir Geschichten über verschiedene Aspekte unserer Persönlichkeit. Dies wird oft als *innerer Dialog* bezeichnet. Wenn wir Erkenntnisse über uns selbst gewinnen wollen, müssen diese Geschichten so wahrheitsgetreu wie möglich sein. Wenn ich mir selbst gegenüber ehrlich bin, muß ich beispielsweise zugeben, daß ich, als mein Freund mich sitzenließ, mir vorstellte, er wache nun jeden Morgen neben einem Ebenbild von Cindy Crawford auf. Was für eine Erleichterung, als ich erfuhr, daß er zu seiner übergewichtigen und nörgelnden Ehefrau zurückgekehrt war! Dieselbe Geschichte erzähle ich auch anderen Menschen, nur in einer deutlich überarbeiteten und bereinigten Fassung: Ich sei froh darüber, daß mein Freund zu seiner Frau zurückkehren konnte, nachdem ich mit ihm Schluß gemacht hatte. In der privaten Version meiner Geschichte kann ich so nachtragend sein, wie ich mich fühle. In der öffentlichen Version dagegen rücke ich mich in ein sozial akzeptableres Licht.

Wenn wir solche überarbeiteten Versionen unserer Geschichten erzählen, schützen wir unsere wunden Punkte oder labilen Bereiche – entweder nur ein wenig oder aber durch eine regelrechte Rüstung; denn wir wollen uns öffnen, uns zugleich aber auch bedeckt halten. Dahinter steckt derselbe Gedanke, wie wenn wir erotische Wäsche tragen – eine passende Analogie, denn auch mit den Geschichten, die wir anderen Menschen erzählen, wollen wir sie verführen.

Grundüberzeugungen: Für wen halten Sie sich eigentlich?

Unsere beiden Arten, Geschichten zu erzählen – privat oder in der Öffentlichkeit – unterscheiden sich bis zu einem gewissen Grad; die Themen, Fragen und Probleme, in denen unsere Grundauffassung über uns selbst und die Welt zum Ausdruck kommen, durchdringen jedoch alle unsere Geschichten, gleichgültig, wem wir sie erzählen. Diese Grundüberzeugungen erwerben wir in der Regel durch die Erfahrungen in unserer Familie, das heißt, über das, was in unserer Familie gesagt oder getan wurde und wie wir das empfunden haben. Grundüberzeugungen können auch von Lehrern oder Gleichaltrigen stammen oder aber durch Lebenskrisen wie den Tod eines Elternteils oder eine Scheidung entstehen. Solche Erfahrungen werden als Lektionen erlebt, und was wir aus ihnen lernen, ist oft sehr schmerzlich. Sie legen den Grundstock dafür, wie wir von den Menschen wahrgenommen werden, die uns wichtig sind.

Grundüberzeugungen gehören zum festen Bestand unseres psychologischen Repertoires, weil wir sie nicht in Frage stellen. Beispiele dafür sind:

- Es ist falsch, meine Bedürfnisse über die von anderen Menschen zu stellen.
- Wie gut alles auch aussehen mag, das schlimme Ende kommt bestimmt.

- Ich kann niemandem richtig vertrauen.
- Meine Fehler sind für andere völlig inakzeptabel.
- Ich muß perfekt sein, sonst bin ich wertlos.
- Ich muß es den anderen recht machen, sonst werde ich angegriffen.
- Es geht mir gut, wenn ich besser bin als andere.
- Ich muß mich ständig unter Kontrolle haben.
- Was auch geschieht, ich kann daraus lernen.
- Ich komme mit allem klar, was auf mich zukommt.

Die Liste zeigt, daß viele unserer Grundüberzeugungen negativ sind.

In manchen Fällen ist die im Elternhaus, unter Gleichaltrigen oder in der Schule vorherrschende Atmosphäre so bestimmend, daß sie zum Organisationsprinzip unseres Selbstbildes wird. Wir machen uns dieses Prinzip zu eigen und glauben dann, daß es unser Ich zutreffend beschreibt. Unser Ich, das heißt, der »Ich«-Erzähler unserer Geschichte, stellt dieses Organisationsprinzip nicht in Frage und erkennt nicht, daß es Erfahrungen entsprechend überarbeitet. Hat sich eine solche Grundüberzeugung erst einmal festgesetzt, bildet sie das Fundament für all unser Denken und für unsere Wahrnehmung der Realität.

In der Titelgeschichte ihrer Anthologie ›Bei Cowboys werd ich schwach‹ beschreibt Pam Houston, wie es kommt, daß man um eine solche Fehleinschätzung herum ein ganzes Weltbild aufbaut:

> Während ich Monte durch das hohe Gras davonreiten sah, dachte ich darüber nach, wie wir uns durch unsere Geschichten ein Bild von uns selbst entwerfen und mit solchen Geschichten Mauern um unser Leben errichten. Ich glaube, daß das auch auf mein Faible für Cowboys zutrifft und daß an meinem Spruch ›Bei Cowboys werd ich schwach‹ nicht viel Wahres dran ist. Ich glaube, ich habe ihn mir in all den Jahren einfach nur angewöhnt.

Ein Beispiel: Sarah war besonders sportlich und damit eine Ausnahme in einer Familie von Akademikern, in der intellektuelle Leistungen besonders hoch bewertet wurden. Obwohl sie im Hockey und im Basketball herausragende Leistungen zeigte, gab ihr ihre Familie das Gefühl, sie sei wertlos und den anderen unterlegen.

Mein Vater war ein angesehener Anthropologe, meine Mutter war eine der jüngsten Physikerinnen und Physiker, die über ein eigenes Labor verfügten, und meine Schwester brachte immer nur Einsen nach Hause. Ich dagegen interessierte mich nur für Sport. Meine Noten waren in Ordnung, aber nichts Besonderes. Meine Schwester bekam alle Streicheleinheiten, weil sie so klug war; ich bekam nur die ratlosen Blicke meiner Eltern. Wahrscheinlich fanden sie einfach keine Ebene, auf der sie eine Beziehung zu mir hätten herstellen können – wie waren sie nur zu einer solchen Sportskanone gekommen? Mein Vater sah sich ja nicht einmal die Fußballspiele im Fernsehen an. Meine ganze Kindheit über hatte ich das Gefühl, ein Dummkopf zu sein.

Sarah wuchs auf mit der Grundüberzeugung: »Ich bin dumm und wertlos«. Später in ihrem Leben sorgte sie unbewußt dafür, daß sich diese Grundüberzeugung bestätigte. Sie schwänzte im College, bis sie schließlich von der Schule flog; und sie hielt sich mit Jobs über Wasser, die in ihrer Familie als minderwertig galten. Sie brach ihre Schulausbildung ab und übernahm schließlich einen Job im Souvenirladen eines Touristenortes.

Die Linse, durch die ein Erzähler die Welt betrachtet, kann seine Perspektive so weit einengen, daß er keine neuen Informationen mehr zuläßt: Wie andere Menschen handeln und auf Sie reagieren, sehen Sie immer durch die Linse Ihrer Vergangenheit, das heißt durch die in Ihrer Familie erworbenen Grundüberzeugungen. Alles, was Ihnen widerfährt, bestätigt dieses Selbstbild. Hat sich das Hauptthema oder Grundmotiv – wie beispielsweise Sarahs Überzeugung: »Ich bin dumm« – erst einmal festgesetzt, sind Sie der Überzeugung, daß Ihr Leben einen »dummen« Plot hat. Sie interpretieren Ihr Verhalten in der Vergangenheit nur noch als dumm und schließen alle anderen Möglichkeiten aus. Außerdem treffen Sie Ihre Lebensentscheidungen immer mit der Absicht, Ihre »Dummheit« zu verstecken. Ein solches

Grundmotiv erzeugt eine sich selbst erfüllende Prophezeiung: Ihre Isolation schränkt Sie ein und macht Sie damit tatsächlich dumm.

Wenn jemand mit Ihnen über ein Buch, das Sie gerade lesen, ein kluges Gespräch führt oder Ihnen zu verstehen gibt, daß Sie in einer bestimmten Situation genau richtig gehandelt haben, führen Sie das darauf zurück, daß er eben höflich sein wollte, daß Sie ihm leid tun, daß er zu jedem dasselbe sagt oder daß er keinen Geschmack hat. Vielleicht bestätigen Sie sich Ihr negatives Selbstbild auch, indem Sie sich um die Zustimmung besonders kritischer Menschen bemühen, indem Sie sich beispielsweise immer wieder in Menschen verlieben, die Sie zu groß, zu dick, zu intellektuell, zu emotional oder zu unscheinbar finden. Damit schränken Sie Ihre Welt immer mehr ein und lassen nur noch Informationen zu, die Ihr verzerrtes Selbstbild bestätigen und verhindern, daß neue Informationen verarbeitet werden.

Verzerrte Vorstellungen verhindern oft ein authentisches Leben. Um herausfinden zu können, was man wirklich will, muß man zunächst feststellen, was man eigentlich bis dahin bekommen hat. Und dann muß man wie bei einer Aufräumaktion in seiner Wohnung bereit sein, all das wegzugeben, was man nicht mehr braucht. Betrachten wir einmal Rachels Geschichte:

Meine Mutter sagte immer, ein Leben ohne Kinder sei sinnlos, deshalb habe sie selbst sechs Kinder bekommen. Ich heiratete, als ich Ende Dreißig war und dachte eigentlich immer, daß auch ich eines Tages eine Familie haben würde. Doch Lester studierte noch, und so wäre der Zeitpunkt für Kinder nicht besonders günstig gewesen. Letztes Jahr fand ich heraus, daß er eine Geliebte hatte. Von unserer Ehe blieb nicht viel übrig, wir paßten einfach nicht besonders gut zueinander. Doch am schlimmsten war für mich der Gedanke, auf Kinder verzichten zu müssen. Ich bin inzwischen dreiundvierzig und muß mich wohl damit abfinden, daß ich keine Kinder mehr bekommen werde. In meinem Beruf bin ich viel unterwegs. Für eine Schwangerschaft ist das nicht besonders günstig; außerdem hätte ich wirklich keine Lust, ein Kind allein großzuziehen.

Wenn wir verzerrte Vorstellungen überprüfen, verändern wir die Geschichte des Erzählers und den Platz, den er in seiner Geschichte einnimmt. Wer sich beispielsweise für häßlich hält, kann nur ganz bestimmte Geschichten erleben. Selbst wenn ihm noch so viele Menschen sagen, er bilde sich das nur ein, wird er ihnen nicht glauben. Niemand kann einen anderen davon abhalten, solche Geschichten zu entwickeln. Und es sorgt auch keiner dafür, daß man schön, sportlich oder gebildet ist. Da muß man sich schon selber helfen.

Ethan beispielsweise litt während seiner Zeit in der High School stark unter Akne. Er hatte das Gefühl, daß die Mädchen von seinem Aussehen abgestoßen würden, und glaubte schließlich, er sei häßlich und unattraktiv. Erst mit dreißig besaß er nach einer erfolgreichen Karriere als Wissenschaftler genug Selbstvertrauen (und Vertrauen in experimentelle Methoden), um sein Selbstbild zu verändern. Er beschloß »versuchsweise«, seine Attraktivität zu erhöhen. Ethan trainierte in einem Sportstudio, ließ sich in einem Konfektionsgeschäft persönlich beraten und suchte sich eine vorteilhafte Garderobe aus, und stellte fest, daß sich allmählich eine attraktivere Version seiner Persönlichkeit entwickelte. Mit zunehmendem Selbstwertgefühl bemerkte Ethan, daß die anderen anders auf ihn reagierten, und diese neue Gewißheit veränderte wiederum seine negative Sicht auf sich selbst.

Geschichten über das eigene Ich entstehen aus dem Selbstwertgefühl heraus: Ihre potentielle Geschichte, Ihr Platz in dieser Geschichte und die Geschichten, die Sie an die Ihre binden können, hängen alle davon ab, wie stark Ihre positive Selbstsicht ist. Angenommen, Sie suchen sich in Ihren Geschichten ständig die Rolle des Opfers aus. Wenn Sie nun erkennen, welches Ihr Beitrag zu diesen Geschichten ist, verändern sich auch die Geschichten selbst, denn zwischen Erzähler und Geschichten besteht eine symbiotische Beziehung. Beide sind untrennbar miteinander verbunden, weil es keine Geschichte ohne ein Ich gibt, das sie erzählt und inszeniert. *Entwickelt sich das Ich, also der Erzähler, dann entwickelt sich auch der Plot.*

Ihre Perspektive: Wie sehen Sie die Welt?

Von unseren Grundüberzeugungen hängt es ab, welche Perspektive wir einnehmen, wenn wir unsere Geschichten erzählen. Die meisten von uns erzählen ihre Geschichten entweder aus der kurzsichtigen Perspektive eines Kindes oder aber aus der Sicht eines rigiden und moralistischen Erwachsenen. Nur wenige Glückliche sind in der Lage, das Spielerische, die Verletzbarkeit und die Unmittelbarkeit eines Kindes mit dem Verständnis und der Toleranz für menschliche Unterschiede zu verbinden, die einen klugen Erwachsenen auszeichnen.

Die kindliche Perspektive: Warum hast du mir das angetan?

Viele gelangen, ohne sich dessen bewußt zu sein, nie über die Perspektive eines Kindes hinaus. Ihre Geschichten handeln alle von »mir«: »Wie konntest du mir das antun?« Das ist nicht überraschend. Schließlich bildet sich die kindliche Perspektive in der Psyche eines jeden Menschen zuerst heraus, noch bevor er das Vokabular und die geistigen Differenzierungen erwirbt, die Flexibilität und Distanz erst ermöglichen.

Die kindliche Weltsicht umfaßt keine Empathie für Erwachsene, keine Einsicht in den Kompromiß, kein Realitätsprinzip, kein Gefühl dafür, daß die eigenen Bedürfnisse nicht unbedingt die dringendsten sind, und auch nicht die Vorstellung eines »Später«. In den Augen von Kindern erscheinen andere Menschen stark, furchtlos und ohne Schwächen. Wenn Kinder ihre Eltern malen, sind das oft kleine Körper mit gewaltigen Köpfen oder Figuren, die größer sind als das Haus oder der Baum daneben. Solche Bilder geben nicht einfach die physische, sondern die psychische Vorstellung des Kindes wieder.

Natürlich hat die kindliche Perspektive sowohl negative als auch positive Aspekte. Zu den negativen Aspekten zählen der Egoismus, die Ängstlichkeit, die Ungeduld und die Kompromißlosigkeit des Kindes, zu den positiven Aspekten gehören seine Verspieltheit, seine Fröhlichkeit, seine Verletzbarkeit und seine Unschuld.

Wer sich die Perspektive eines Kindes zu eigen macht, nimmt im allgemeinen andere Menschen als stärker und weniger verletzbar wahr. Kinder verstehen sich selbst als jemanden, *dem Dinge geschehen*. So betrachten sich Erwachsene, die das Leben aus einer kindlichen Perspektive heraus sehen, als Opfer – mit der Folge, daß die Möglichkeiten ihres Plots eingeschränkt sind.

Die erwachsene Perspektive: Das Leben ist komplexer, als es scheint

Wir geben die kindliche Perspektive nie ganz auf, und das wäre auch gar nicht wünschenswert. Vielmehr müssen wir zwei verschiedene Perspektiven in Einklang bringen, wenn wir unseren erwachsenen Standpunkt herausbilden, der von Selbsterkenntnis, Pragmatismus, Geduld, Menschenkenntnis (indem wir andere verstehen lernen) und von Verständnis für die Schwächen und Ängste anderer gekennzeichnet ist. Der Erzähler muß beide Perspektiven in ein Gleichgewicht bringen und eine Verbindung zwischen ihnen – nämlich seine Geschichte – entwickeln, durch die der Erwachsene und das Kind miteinander ins Gespräch kommen, denn wenn einer von beiden fehlt, wird die Geschichte verzerrt.

Erwachsenwerden bedeutet, eine gewisse Kompetenz zu erlangen. Wie das Kind, das vor Freude strahlt, wenn es zum ersten Mal aufrecht sitzen oder stehen kann, so erlebt auch der Erwachsene, der sich einen neuen Standpunkt zu eigen macht, einen Wechsel seiner Perspektive und das befreiende Gefühl, daß auch andere Sichtweisen möglich sind. Allerdings gelingt dies nicht allen Erwachsenen: Manche bleiben auch einer ungesunden Starrheit, Voreingenommenheit und Gefühlskälte verhaftet. Solch ein Zusammentreffen einer ungesunden kindlichen Perspektive mit einer ungesunden Erwachsenenperspektive ist ein wahrer Alptraum! Wird dagegen ein gesunder Erwachsenenstandpunkt durch einen gesunden kindlichen Standpunkt bereichert, so entsteht aus der spielerischen Beschäftigung mit dem Leben ungetrübte Freude.

Die Aufgabe des Erzählers

Der Erzähler hat viele verschiedene Stimmen, die sich teilweise widersprechen und teilweise harmonisch ergänzen. Er kann zugleich als Arzt arbeiten *und* auf einem Bananendampfer nach Brasilien fahren wollen. Er ist wie ein Telephonist an einem inneren Schaltbrett, an den sich die verschiedenen Aspekte des Ich mit all ihren Bedürfnissen und Vorstellungen wenden können. Der Erzähler stellt die Verbindung her zwischen diesen verschiedenen Teilen des Ich und bringt sie miteinander ins Gespräch, denn nur er hat den Überblick über diesen entscheidenen Prozeß der Integration.

Der Erzähler gleicht konkurrierende Bedürfnisse aus. Nur er kann sagen: »Ein Teil von mir will diesen Mann nie wiedersehen, ein anderer Teil von mir will mit ihm zusammenziehen.« Und es ist die Aufgabe des Erzählers, alle diese eigentlich nicht zu vereinbarenden Gefühle und Gedanken zusammenzuhalten und Mittel zu finden, um solche widersprüchlichen Anteile des eigenen Ich zu kontrollieren. Diese Funktion des Erzählers gleicht der eines Politikers, der wissen muß, was seine Wähler wollen, und der versucht, möglichst alle einigermaßen zufriedenzustellen. Der Erzähler ist auch Entscheidungsträger: Er verleiht Macht, teilt Ressourcen zu, setzt Prioritäten und schiebt allzu begierigen Sonderinteressen einen Riegel vor. Wie ein Politiker will der Erzähler wiedergewählt werden, daher muß seine Darstellung der Dinge die wesentlichen Funktionen der Geschichte zusammenhalten und bewahren.

Der Erzähler muß sich unablässig die Frage stellen, was Realität eigentlich ist, und flexibel genug sein, um ein ganzes Kaleidoskop an Antworten zu akzeptieren. In Kurosawas klassischem Film ›Rashomon‹ beispielsweise sehen wir dieselbe Gewalttat einmal aus der Sicht des Täters, dann aus der Sicht des Opfers und der Zeugen, die natürlich alle einen völlig unterschiedlichen Blick auf die Ereignisse haben. Kurosawa macht deutlich, daß es keine allein richtige Darstellung der Realität gibt, sondern daß sie sich aus der Summe konkurrierender individueller Erfahrungen zusammensetzt, die bestimmte Elemente gemeinsam haben. Als Erzähler gleicht unsere Rolle der des Filmregisseurs, dessen Sicht sämtliche Realitäten miteinschließt und der entscheidet, was er zeigen und was er auslassen will.

Wer schon einmal in einer Beziehung gelebt hat, kennt dieses Aufeinanderprallen verschiedener Wirklichkeiten. In einem solchen Fall ist es manchmal erforderlich, einen Schritt zurückzutreten, um aus der Distanz einen besseren Überblick zu gewinnen. Eine solche Fähigkeit zur Selbstbeobachtung kann sehr hilfreich sein, doch wer sie nicht auch gelegentlich sein läßt, kann in keine Erfahrung wirklich eintauchen. Hin und wieder ist es wichtig, Erfahrungen einfach zu *machen* und sie erst später durch die Brille des Erzählers zu betrachten. In einem Essay mit dem Titel ›Storytelling‹ warnt der Schriftsteller Stephen Greenblatt:

Eine der schlimmsten Perioden in meinem Leben war die Zeit – ich weiß nicht einmal mehr, ob es Tage oder Wochen waren –, in der ich mich nicht von dem Impuls befreien konnte, mir ständig mein eigenes Leben zu erzählen. Ich studierte damals in Cambridge und mußte mich entscheiden, ob ich nach Amerika zurückkehren und dort einen Abschluß in Jura oder Anglistik machen wollte: »Er sitzt am Tisch und versucht, eine Entscheidung für sein weiteres Leben zu treffen«, sagte eine Stimme – meine wahrscheinlich, aber zugleich auch nicht meine – in meinem Kopf. »Jetzt stützt er den Kopf in die Hand, jetzt zieht er die Augenbraue hoch, jetzt steht er auf, um das Fenster zu öffnen ...« Ich empfand die zwanghafte und von mir losgelöste Stimme des Erzählers als etwas, das Besitz von mir ergriffen hatte und das ich nicht abschütteln konnte, weil selbst meine Versuche, dies zu tun, sofort wieder erzählt wurden.

Allzuviel Selbstbeobachtung ist offenbar ebenso schlecht wie zuwenig Selbstbeobachtung.

Der unzuverlässige Erzähler

Es gibt einen gewissen Unterschied zwischen der Geschichte, die der Erzähler seinen Zuhörern bewußt präsentiert, und der Geschichte, die unabsichtlich zwischen den Zeilen zum Ausdruck kommt. Dieser Unterschied zwischen den beiden Fassungen ist die Domäne des unzuverlässigen Erzählers.

Sie erzählen Ihre eigene Geschichte – wie jede Autobiographie – in der ersten Person: »Heute habe ich einen schrecklichen Tag hinter mir.« Dieses Ich, das die Geschichte erzählt, kann die Ereignisse nie von außen sehen. Umgekehrt können Geschichten, die Sie in der dritten Person erzählen (»Sie hatte hinten an ihrem Kleid einen langen Riß und merkte es noch nicht einmal!«), auf Kosten der individuellen Darstellung einen gemeinsamen Erfahrungshintergrund einfangen. Sie können sehr objektiv, ironisch und distanziert sein und dadurch die emotionale Realität der Betreffenden außer acht lassen, für die diese Geschichte doch von entscheidender Bedeutung ist.

Alle Erzähler, die in der ersten Person erzählen, sind aufgrund ihrer subjektiven Perspektive in gewisser Weise unzuverlässig. Wer einen Roman liest, muß herausfinden, was der Autor zeigen und was er verbergen und bewahren will. Ein Vorteil der Psychotherapie ist es, daß man die Gelegenheit hat, seine authentische Erzählung in der Ich-Perspektive darzustellen, während der Therapeut zugleich die zwar nicht allwissende, aber doch kundige Perspektive einer Erzählung in der dritten Person zur Verfügung stellen kann. (Natürlich kann auch die Perspektive eines Erzählers in der dritten Person unzuverlässig sein, aber aus anderen Gründen. Deshalb empfiehlt es sich, bei der Auswahl des Erzählers in der dritten Person sorgfältig vorzugehen, gleichgültig, ob es nun ein Therapeut, ein Freund oder ein Verwandter ist.)

Der unzuverlässige Erzähler übernimmt keine Verantwortung. Er weigert sich, seine Erfahrungen zu überdenken und aus ihnen zu lernen. Im Plot seiner Erzählung nimmt er eine passive Position ein und vermeidet es, seinen Beitrag zur jeweiligen Situation zu erkennen. Zum Beispiel:

Meine Mitbewohnerin ist heute ausgezogen. Es ist einfach nicht zu fassen! Jetzt muß ich die hohe Miete ganz allein bezahlen. Sie sagt, ich würde meine Haare immer im Abfluß lassen und mich nie am Putzen beteiligen, aber das liegt einfach daran, daß sie völlig von sich selbst überzeugt ist. Sie ist so pingelig, daß es ihr keiner recht machen kann.

Zuverlässige Erzähler dagegen stehen ihrem Leben aktiv gegenüber und erkennen, welchen Anteil sie an der Entwicklung des Plots haben. Ein solcher Erzähler fragt sich: »Wie habe ich zu dieser Situation beigetragen? Was habe ich bewußt getan und was lief ohne mein Zutun ab?« Hier zeigt sich eine Verschiebung von: »Ich kann nicht« zu »Ich werde nicht«, mit der Betonung auf »werde«. »Ich kann diesen entsetzlichen Job nicht aufgeben, um zu tun, was ich wirklich will, weil ich darin gefangen bin und mich keiner unterstützt« wird dann beispielsweise zu: »Ich werde diesen Job nicht aufgeben, obwohl ich ihn langweilig finde, weil er mit anderen Vorteilen verbunden ist, zum Beispiel einer Krankenversicherung und einem regelmäßigen Einkommen, die ich nicht aufgeben will. Ich werde allerdings zusehen, daß ich eine Möglichkeit zur Weiterbildung finde.« Als zuverlässige Erzähler und Erzählerinnen wechseln wir im Hinblick auf das, was wir wollen und was wir ablehnen, von der passiven in die aktive Rolle.

Der Erzählstil

Das »Was« unseres Plots ist bis zu einem gewissen Grad vorgegeben durch die Karten, die uns das Schicksal zugeteilt hat, und durch die unveränderlichen Umstände unseres Lebens. Das »Wie« hingegen ist die Domäne des Erzählers. Der Stil eines Erzählers – das heißt, die Klangfarbe oder emotionale Atmosphäre eines Plots – läßt sich grob als entweder *melodramatisch* oder *komisch* definieren. Er bestimmt unsere Erzählhaltung all den Ereignissen gegenüber, die das Schicksal, das Glück, der Zufall oder die Umstände für uns bereithalten, und er erzeugt das grundlegende emotionale Klima, in dem diese Ereignisse stattfinden.

Der Erzählstil hat mehr mit den Abläufen und Einstellungen zu tun als mit Inhalten und Ereignissen. Ein sehr schmerzliches Ereignis – wenn man beispielsweise von seinem Partner wegen jemand anderem verlassen wird – kann für den einen letztendlich eher komisch und für den anderen zutiefst tragisch sein, je nachdem, ob er zu einem eher melodramatischen oder einem eher komischen Erzählstil tendiert.

Der melodramatische Stil

Menschen mit einem melodramatischen Stil neigen zu einer extremen und undifferenzierten Sichtweise. Sie konzentrieren sich auf das helle und das dunkle Ende des emotionalen Spektrums, ohne die dazwischenliegenden Schattierungen wirklich wahrzunehmen. Melodramatische Erzähler können nicht über sich selbst lachen. Ihr Tonfall ist ernst und getragen von einer ungeheuren emotionalen Last. Ihr Blick richtet sich allein auf sie selbst: Der Schmerz eines anderen Menschen kann gar nicht so groß, so echt und so wichtig sein wie ihr eigener. Sie empfinden keine oder nur wenig Solidarität mit anderen. Häufig sind sie verbittert, und wenn sie lachen, dann auf Kosten anderer. Dieser melodramatische Stil ist, wie das folgende Beispiel zeigt, verwandt mit der kindlichen Perspektive.

Darrin hat mich gestern abend verlassen und all seine Staubfänger mitgenommen. Ich habe seinen ganzen Kram immer schon gehaßt. Wie konnte ich nur so lange damit leben? Ständig habe ich mich bemüht, ihm einen besseren Geschmack beizubringen und ihn mit intelligenteren Menschen zusammenzubringen als mit Biertrinkern, mit denen er immer herumhängt, aber er ist einfach zu verbohrt, um irgend etwas von dem zu schätzen, was ich ihm bieten kann. Er schrie mich immer nur an, ich solle aufhören, ihn verändern zu wollen. Können Sie sich das vorstellen? Er ist einfach nicht bereit, sich zu ändern! Ein Glück, daß dieser miese Kerl endlich aus meinem Leben verschwunden ist.

Ein melodramatischer Stil ist durch Sentimentalität gekennzeichnet und nicht durch wirkliche Trauer um die Verluste der Vergangenheit. Mit den Worten der Jungianischen Psychoanalytikerin Marie-Louise von Franz: »Wo Sentimentalität ist, ist im allgemeinen auch ein bestimmtes Maß an Brutalität. Hermann Göring war ein typisches Beispiel dafür, denn er konnte ohne mit der Wimper zu zucken das Todesurteil für dreihundert Menschen unterschreiben, aber wenn einer seiner Vögel starb, mußte der fette alte Mann weinen. Ein klassisches Beispiel! Kaltblütige Brutalität versteckt sich oft hinter Sentimentalität.«

Der komische Stil

Menschen mit einem komischen Erzählstil hingegen reagieren auf die Ereignisse in ihrem Plot tendenziell optimistisch und offen: Sie fühlen sich anderen gegenüber solidarisch und nahe, weil sie eher Ähnlichkeiten als Unterschiede wahrnehmen. Da sie die Ironie erkennen, die aus der Diskrepanz zwischen Selbstgefälligkeit und zutreffender Darstellung entsteht, aus dem Unterschied zwischen dem Leben als Schein und dem Leben als Sein, und da sie ihre eigenen Interessen nicht als allen anderen übergeordnet wahrnehmen, ist ihr

Lachen nicht grausam und ausgrenzend, sondern herzlich, und es schließt die anderen ein. Solche Menschen bemühen sich, ihren Erfahrungen etwas Gutes abzugewinnen, auch dann, wenn sie eigentlich etwas anderes erwartet haben. Sie idealisieren nicht das, was sie *nicht* haben. Sie übernehmen Verantwortung für ihre eigene Rolle bei dem, was ihnen widerfährt und freuen sich über das, was sie *haben*. Das sieht dann beispielsweise folgendermaßen aus:

Darrin und ich haben uns letzte Woche getrennt. Er belud seinen Wagen mit seinem ganzen albernen Spielzeug und Trödel. Ich konnte es kaum fassen – er sah aus wie ein Clown, der mit seinem Wagen durch die Lande zieht. Man konnte ihn hinter seinem ganzen Zeug kaum noch sehen, als er wegfuhr. Als ich ihn mit seinem ganzen Kram davonfahren sah, wurde mir klar, daß wir ohnehin nie richtig zusammengepaßt hatten. Wir sind einfach zu verschieden. Ich mag klare Linien, er mag das Chaos. Das Haus erschien mir auf einmal ganz leer ohne all sein Zeug auf den ganzen Stellflächen. Aber ich kuschelte mit den beiden Katzen, trank ein Glas Wein und stellte mir vor, daß es jetzt ja nur noch besser werden konnte!

Das Hauptmerkmal des komischen Erzählstils ist wohl die Hoffnung. Hoffnung ist Offenheit im Hinblick auf die Zukunft. Oder wie Todd Gitlinn schreibt: »Hoffnung als solche richtet sich nicht auf ein bestimmtes Objekt. Hoffnungsvolle Menschen hoffen, daß alles gut wird, und nicht daß es in einer bestimmten Weise gut wird.«

Die Bedeutung der Sprache

Wenn wir eine Erfahrung aus den Höhen und Tiefen unseres Lebens herausgreifen und ihr beim Erzählen eine besondere Bedeutung zumessen, verändern wir sie unumkehrbar. Erfahrungen, über die wir sprechen, unterscheiden sich grundlegend von Erfahrungen, die wir nie in Worte fassen.

Teilen wir einem anderen Menschen eine Erfahrung mit,

so hauchen wir ihr neues Leben ein und holen sie aus dem Strudel des Unbewußten hinauf in die Realität. Sie nimmt Gestalt an und läßt sich von allen Seiten untersuchen. Georgia beispielsweise traf sich zwanzig Jahre nach ihrem High-School-Abschluß mit ihren ehemaligen Mitschülern und fühlte sich danach irgendwie traurig. Warum, das wußte sie erst, als sie ihrer besten Freundin von dem Treffen erzählt hatte:

Da saßen nun all diese herausgeputzten Männer und Frauen mittleren Alters an lauter einzelnen Tischen im Festsaal des Flughafenhotels. Als ich mich umsah, erkannte ich die ganzen Gesichter aus meiner High-School-Zeit, die so ziemlich die schlimmste Zeit meines Lebens gewesen war. Alle saßen mit ihren Freunden von damals an einem Tisch und starrten zu den Leuten an den anderen Tischen hinüber, ohne wirklich Kontakt mit ihnen aufzunehmen – genauso wie damals in der High-School! Kein Wunder, daß ich so traurig bin. Genauso habe ich mich auch damals in der zehnten Klasse gefühlt.

Eine Erfahrung in Worte zu fassen heißt nicht nur, sie in einer verbalen Struktur zu fixieren, sondern auch, ihr eine größere Realität zu verleihen. Die Versprachlichung entscheidet nämlich darüber, wie wir das, was wir in die Zukunft mitnehmen, im Gedächtnis behalten, betrachten und vermitteln.

Die Sprache verleiht unserer Erfahrung eine bestimmte Bedeutung. Eine Veränderung der sprachlichen Ausdrucksform, mit der wir die Dinge beschreiben, kann tatsächlich unsere Ziele und unser Selbstbild verändern. Dies gilt nicht nur für den einzelnen, sondern für ganze Kulturen. In der Regel besteht gar keine andere Möglichkeit, als daß wir uns selbst durch die Linse der jeweils zentralen kulturellen Metapher wahrnehmen. Im Zeitalter der Aufklärung beispielsweise, als die Wissenschaft begann, die Kirche in ihrer Position als oberste Autorität abzulösen, betrachtete man den menschlichen Körper nicht mehr als Geschenk Gottes, sondern wie eine Art Uhrwerk – das Herz war das Antriebszentrum, und das Gehirn stellte man sich als eine Ansammlung von Zahnrädern vor, aus deren Bewegung die Gedanken der Menschen entstanden. Heutzutage ziehen wir eher die Metapher der Datenverarbeitung heran und begreifen das Gehirn als eine Art Computerterminal, über das wir uns in ein universelles Netz einklinken – das zu Beginn des Jahrhunderts von dem Psychologen C. G. Jung als »kollektives Unbewußtes« beschrieben wurde. Was wir für eine unverrückbare Realität halten, ist offenbar immer wieder offen für Neuinterpretationen.

Wenn wir die Art, in der wir unsere Geschichte und unser Leben uns selbst und anderen erzählen, überprüfen und verändern, *können wir den Plot unseres Lebens verändern.* Wer lernt, seine Lebenssituation aus einem anderen Blickwinkel zu betrachten, entwickelt ein neues Vokabular, um die Ereignisse, aus denen sich seine Geschichte zusammensetzt, auch anders darzustellen. Diese neue Sprache zeichnet ein Selbstbild, das innerhalb des alten Plots nicht möglich gewesen wäre, so daß man schließlich vielleicht sogar einen Plot inszeniert, der erst durch die neue Sprache möglich wird: *Mit der Sprache verändert sich der Plot.*

Terry beispielsweise, eine dreißigjährige alleinerziehende Mutter, war in ihrer Schulzeit schwanger geworden. Sie konnte daher keinen Abschluß machen und arbeitete in einer Reihe von anspruchslosen Jobs, um den Lebensunterhalt für sich selbst und ihren Sohn zu verdienen. Jahrelang beschrieb sie ihre Situation folgendermaßen:

Bei mir folgt ein Schlag auf den anderen. Ich habe einfach Pech. Gleich, als ich das erste Mal Sex hatte, wurde ich schwanger, und danach wollte mein Freund nichts mehr von mir wissen. Meine Eltern warfen mich hinaus. Ich mußte die Schule aufgeben und als Kellnerin jobben, um die Miete für das einzige lausige Appartement zu bezahlen, das ich finden konnte. Mein Sohn schrie die ganze Zeit. Ich konnte nicht mehr für ihn tun, als ihn morgens in die Krippe zu bringen, arbeiten zu gehen, Essen zu kochen und abends todmüde zusammenzubrechen. Eine Frau mit Kind will ohnehin niemand als Freundin.

Inzwischen ist sie dreißig und hat ihre Situation folgendermaßen umgedeutet:

Damals dachte ich, ich wüßte schon alles, aber ich war ja noch sehr jung. Gleich als ich zum ersten Mal Sex hatte, wurde ich schwanger. Können Sie sich das vorstellen – ich hatte auch im Traum nicht daran gedacht zu verhüten! Zum Glück ließ mein Freund mich sitzen. Mit ihm zusammen wäre ich heute todunglücklich. In meiner Familie ging es ziemlich schlimm zu. Ein Selbstwertgefühl konnte ich da gar nicht entwickeln. Damals haßte ich mein Leben, aber wenn ich heute zurückblicke, sehe ich auch, daß ich ziemlich schnell erwachsen geworden bin, weil ich meinen Sohn alleine großziehen mußte. Ich bin stolz auf das, was ich allein geschafft habe, und ich bin stolz auf das, was aus meinem Sohn geworden ist. Ich habe die Feuerprobe bestanden und weiß jetzt, daß ich ein ziemlich starker Mensch bin.

In dieser Sprache heißt Terrys Plot nicht mehr: »Ich habe einfach Pech: Bei mir folgt ein Schlag auf den anderen«, sondern: »Ich habe die Feuerprobe bestanden und weiß, daß ich ein ziemlich starker Mensch bin.« Mit diesen Worten hat sie sich in die Lage versetzt, wieder über einen Schulabschluß nachzudenken, der eine interessantere Arbeit ermöglicht, und sie befähigen ihren Sohn dazu, sich nicht mehr als Grund für das verpfuschte Leben seiner Mutter zu sehen, sondern stolz auf das zu sein, was sie geleistet hat.

Ein weiteres Beispiel: Tom, fünfundfünfzig, war deprimiert, weil er beim Golfspiel so sehr nachgelassen hatte. Er schlug den Ball nur noch 140 Meter weit statt 180 Meter, und er hatte den Eindruck, daß seine nachlassenden sportlichen Fähigkeiten der Beginn eines körperlichen Abbauprozesses waren, an dessen Ende der Tod stehen würde. Obwohl er als Börsenmakler erfolgreich war und den Höhepunkt seiner beruflichen Laufbahn erreicht hatte, ging ihm nicht mehr aus dem Kopf, wie erbärmlich sein Spiel auf dem Golfplatz war. Sein Plot hieß: »Ich werde alt, und es geht rasant bergab mit mir.« Er erinnert sich:

Mein gottverdammtes Golfspiel! Ich konnte über nichts anderes mehr reden. Schließlich sagte einer meiner ältesten Kunden, der mich ganz gut kennt: »Tom, du siehst die Sache völlig verkehrt. Du solltest dich über die 140 Meter freuen. Vergiß die 180 Meter, das war einmal. Sei traurig darüber, verabschiede dich davon und halte dich an die 140 Meter, denn als nächstes kommen dann 90 Meter.« Das veränderte für mich das ganze Bild. Ja, ich wurde tatsächlich schlechter, aber wahrscheinlich würde ich nie besser sein! Natürlich werde ich irgendwann sterben, aber jetzt bin ich am Leben und genieße es. Also – was soll's!

Die Worte, die wir wählen, geben Aufschluß über unseren Charakter und unsere Überzeugung und darüber, wie sehr wir in eine bestimmte Rolle eingebettet sind. Ein Mann beispielsweise, der von seiner Frau immer als »meine Frau« spricht und nicht ihren Vornamen nennt, bringt damit einen gewissen Besitzerstolz zum Ausdruck und sein Bedürfnis, allen zu vermitteln: »Ich bin verheiratet.« Eine veränderte Wortwahl versetzt uns in die Lage, Ursachen und Zusammenhänge anders wahrzunehmen. Jede Änderung der Wortwahl, wie beispielsweise die Entwicklung von »Neger« zu »Schwarzer« und zu »Afroamerikaner«, bringt eine Änderung der Einstellung zum Ausdruck. Wer im Englischen nicht mehr von *mankind* spricht, sondern von *humankind*, erinnert daran, daß die Frauen bei den Geschicken der Welt eine genauso wichtige Rolle spielen wie die Männer. So wie sich unsere kulturellen Einstellungen mit unserer Terminologie verändern, so können wir auch unser eigenes Leben verändern, indem wir unsere Geschichte mit anderen Worten erzählen.

Das läßt sich auf unterschiedliche Weise erreichen. Erstens können wir geläufige Wörter neu definieren. Auf unsere Kultur bezogen, bezeichnen beispielsweise die Wörter *Frau* und *Mutter* nicht mehr ein und dieselbe Rolle, wie es in der Zeit der Jahrhundertwende oder sogar noch in den fünfziger Jahren der Fall war. Zweitens können wir das Vokabular verändern, das wir für spezifisch besetzte Erfahrungen gebrauchen, und eine neutralere und eher beschreibende Sprache anstelle einer wertenden Sprache gebrauchen. Wenn wir über eine Frau nicht: »Sie ist eine Schlampe« sagen, sondern: »Die Aufmerksamkeit, die sie von anderen Männern bekommt, macht mich eifersüchtig und verletzt mich«, dann ändert sich nicht nur die Art, in der andere auf unsere Geschichten reagieren, sondern auch die Art, in der wir unser eigenes Leben begreifen.

Neue Beschreibungen bieten uns nicht nur die Möglichkeit, die Elemente des Plots neu auszuwählen, um andere Geschichten erzählen zu können. Vielmehr kann ein Blick auf die unerkannten oder abgespaltenen Teile unseres Ich auch das Bedürfnis nach einer veränderten Darstellung auslösen.

Alberta beispielsweise lernte eines Tages einen Mann kennen, der der Liebhaber ihrer besten Freundin gewesen war. Er machte ihr sexuelle Avancen, die sie jedoch zurückwies. Als er Alberta bei ihrem letzten Treffen küßte, war sie sehr aufgewühlt. Sie gingen auseinander, und sie sah ihn nie wieder. Alberta hatte noch nie eine wirklich romantische und leidenschaftliche Beziehung zu einem Mann gehabt und war deshalb nicht in der Lage, ihre Gefühle richtig zu deuten. Sie hielt den Mann für einen »Weiberhelden«, der sich ihrer Freundin gegenüber illoyal verhalten hatte. Erst Jahre später, als sie gelernt hatte, ihn nicht mehr als einen Weiberhelden, sondern als einen Menschen mit sexuellen Bedürfnissen zu sehen, wurde ihr klar, daß dieser Mann ihre sexuelle Leidenschaft geweckt hatte. Im Rückblick konnte sie die Ereignisse und ihre eigene Rolle neu und viel zutreffender interpretieren und damit auch alternative Handlungsmöglichkeiten für sich selbst entwerfen. Es wurde ihr bewußt, daß sie sich vor intensiven Gefühlen fürchtete, insbesondere, wenn sie sexueller Natur waren, und daß sie sich in der Zukunft mit ihren Reaktionen würde auseinandersetzen müssen, um nicht mehr nur aus Angst zu reagieren.

Unsere Selbstdarstellungen verändern sich immer wieder. Das heißt aber nicht unbedingt, daß ältere Beschreibungen zu ihrer Zeit falsch gewesen wären. Im nachhinein verleihen wir manchen Ereignissen eine neue Bedeutung und entwerfen damit ein neues Muster und einen neuen Plot.

Doch nicht alles, was wir erleben, verläuft nach Wunsch, und eine Neudefinition kann ebenso erhellend wie täuschend sein: »Ich wollte ohnehin nicht mit ihr ausgehen.« »Ich kann mit dem Trinken aufhören, wann immer ich will.« Man muß einfach begreifen und akzeptieren, daß manche Erfahrungen *unweigerlich* mit Bedauern und mit Gewissensbissen verbunden sind – und daß diese Gefühle auch durchaus angemessen sind. Mit seinen Neudefinitionen sollte man versuchen, Verlusterfahrungen, Schmerz und Bedauern ebenso einzufangen wie Freude. Wenn man das berücksichtigt, gelangt man irgendwann an einen Punkt, an dem einem die Beschreibung bestimmter Ereignisse abgeschlossen erscheint. Man stößt auf den Kern seiner authentischen Wahrheit, und die eigene Erzählung wirkt auch auf andere ausgeglichen und stimmig.

Wer lernt, seinen Plot zu entwerfen, stellt fest, daß neue Beschreibungen schrittweise und nicht urplötzlich entstehen. Man kann seine Lebensgeschichte nicht von heute auf morgen neu schreiben, so als habe man plötzlich sein Gedächtnis zurückgewonnen. Eine neue Beschreibung ist wie der Entwurf eines Plots ein Prozeß und kein Ergebnis. Gelegentlich hat man das Gefühl, *jetzt* begreife man ein Ereignis oder einen Menschen *wirklich*, doch auch dieses Verstehen kann sich später als ausschnitthaft erweisen. Verstehen ist ein kontinuierlicher Prozeß, der sich immer weiter vertieft – wieviel man auch wissen mag, kann man doch immer noch mehr erfahren. Auf manche Ereignisse kommt man immer wieder zurück und sieht sie dann jedesmal nuancierter. Das eigene Ich ist nie fertig, solange es Erfahrungen und Erkenntnisse sammelt. Die psychische Entwicklung setzt sich auch im Erwachsenenleben fort, und sie sollte eine gewisse Bestätigung der Vergangenheit miteinschließen, auch wenn diese schmerzlich gewesen sein mag.

Wer seinen eigenen Plot möglichst weitgehend selbst verantwortet und die Plots anderer Menschen genauer lesen lernt, gewinnt die Macht zurück, die er an seine noch aus der Kindheit stammenden falschen Grundüberzeugungen abgegeben hat. Wer sein Selbstbild verändert, verändert auch seine erzählerische Stimme. Wer lernt, wie sein authentisches Ich zu sprechen, wird eher zu seinem authentischen Ich werden und dabei seine Weltsicht und seinen Standort in der Welt verändern. Der Philosophieprofessor Charles Taylor schreibt dazu:

Jeder von uns ist auf eine ganz eigene Weise ein Mensch … Und so bin auch ich auf *meine* ganz eigene Weise ein Mensch. Ich bin aufgerufen, mein Leben auch auf diese Weise zu leben und keinen anderen Menschen zu imitieren. Mir selbst treu zu bleiben, gewinnt damit eine ganz besondere Bedeutung. Wenn ich das nicht bin, begreife ich mein eigenes Leben nicht und verstehe nicht, was es für *mich* heißt, Mensch zu sein … nämlich meiner Eigentümlichkeit treu zu bleiben, die nur ich selbst artikulieren und entdecken kann. Ich definiere mich auch, indem ich mich artikuliere. Und ich verwirkliche eine Möglichkeit, die zutiefst meine eigene ist.

Übungen zu Kapitel 2

Finden Sie Ihre Grundüberzeugung heraus

Ihre Grundüberzeugung über sich selbst entscheidet darüber, wie Sie sich in den Geschichten sehen, die Sie erzählen. Lesen Sie, was Sie in den Übungen des ersten Kapitels aufgeschrieben haben, und überlegen Sie, ob Sie eine Ihrer Grundüberzeugungen über sich selbst in einem kurzen Satz formulieren können. Versuchen Sie, die Grundüberzeugung herauszufinden, von der Sie das Gefühl haben, sie treffe möglichst allgemein und weitgehend auf Sie zu. (Blättern Sie zurück auf S. 35 f., wenn Sie einige typische Beispiele nachlesen wollen.)

Nehmen Sie sich ein paar Minuten Zeit, um über die Grundüberzeugung nachzudenken, die Sie aufgeschrieben haben. Schreiben Sie dann eine ganz kurze Geschichte aus Ihrem Leben auf, um Ihre Grundüberzeugung zu veranschaulichen.

Verändern Sie Ihre Grundüberzeugung

Versuchen Sie die Grundüberzeugung, die Sie in der vorigen Übung formuliert haben, in einer anderen Sprache darzustellen. Wenn Sie beispielsweise gesagt haben: »Niemand weiß, wer ich wirklich bin«, dann suchen Sie möglichst viele verschiedene Arten, diese Überzeugung mit anderen Worten umzudeuten: »Ich lasse nie jemanden an mich heran«, »Andere halten mich für besser, als ich bin«, »Ich bin viel kreativer, als die anderen meinen«, »Niemand bemüht sich je, mein wahres Ich kennenzulernen.« Wählen Sie dann diejenige Formulierung aus, die Ihnen am zutreffensten erscheint, und schreiben Sie einen kurzen Text, um sie zu veranschaulichen. Beginnen Sie schon, Möglichkeiten der Veränderung zu erkennen?

Ihre Perspektive

Um möglichst authentisch erzählen zu können, müssen Sie mehrere und oft widersprüchliche Perspektiven zusammenbringen. Versuchen Sie das folgendermaßen:

- Erinnern Sie sich an ein schmerzliches Erlebnis aus Ihrer Kindheit und beschreiben Sie es in einem kurzen Text aus der Perspektive des Kindes. (Das müßte Ihnen leichtfallen – wahrscheinlich haben Sie die Geschichte jahrelang genau so erzählt.) Erzählen Sie dann dieselbe Geschichte aus Ihrer erwachsenen Perspektive. Lesen Sie beide Fassungen und beachten Sie die Unterschiede in Sprache und Tonfall. Versuchen Sie dann, die Geschichte noch einmal aufzuschreiben und diesmal beide Standpunkte zu integrieren. Wie hat sich Ihre Geschichte verändert? Wie hat sich Ihre Position in der Geschichte verändert?
- Erinnern Sie sich an einen Konflikt, den Sie in der letzten Zeit mit einem Freund oder einer Kollegin hatten und bei dem Sie davon überzeugt sind, daß der andere die Schuld hat. Schreiben Sie die Ergebnisse aus Ihrer Sicht auf. Versuchen Sie anschließend, die Geschichte aus der Perspektive des anderen darzustellen. Erkennen Sie die Wahrheit in beiden Versionen? Können Sie immer noch die ganze Schuld auf den anderen abwälzen?

- Denken Sie an eine Geschichte, die Sie immer wieder über ein ganz bestimmtes Ereignis in Ihrem Leben erzählen: an den Tag, an dem Sie Ihre Jungfräulichkeit verloren, oder den Tag, an dem Ihre Mutter Sie vor Ihren Freunden lächerlich gemacht hat. Überlegen Sie dann, wie Ihre beste Freundin, Ihr Mann oder Ihre Mutter genau diese Geschichte erzählen würde, und schreiben Sie sie aus dieser Perspektive auf. Da wir unseren Geschichten so nah sind (schließlich sind sie nichts anderes als wir selbst), schreiben Sie vielleicht am besten in der dritten Person. Sie können die Geschichte sogar (ohne zu beschönigen) in ihre Einzelteile auflösen und dann wieder neu zusammensetzen. Wenn Sie eine vertraute Geschichte auf diese Weise neu darstellen, fallen Ihnen bestimmt Aspekte Ihres Plots auf, die Ihnen bis dahin nicht bewußt waren.
- Erinnern Sie sich an eine Situation, in der Sie jemand in Ihren Gefühlen verletzte. Schreiben Sie die Geschichte aus einer kindlichen Perspektive auf. Beachten Sie, wie unverhältnismäßig groß Ihnen die Verletzung erscheint und wie extrem hilflos Sie sich wahrnehmen. Beschreiben Sie nun das Ereignis aus der Sicht des anderen und stellen Sie es zuletzt aus der Perspektive eines Erwachsenen dar, wobei Sie die Persönlichkeit und die Absichten aller Seiten möglichst genau erfassen. Wie hat sich der Vorfall verändert? Können Sie die Geschichte jemals wieder so wie bisher erzählen?

Finden Sie Ihren Stil

Lesen Sie die Geschichten, die Sie bis jetzt über sich selbst geschrieben haben, noch einmal durch. Wie würden Sie Ihren Stil beschreiben? Als komisch (hoffnungsvoll, tolerant und fähig, über sich selbst zu lachen) oder als melodramatisch (selbstbezogen, undifferenziert, in emotionaler Hinsicht extrem)? Schreiben Sie dieselben Geschichten in dem Stil, der Ihrem ursprünglichen Stil genau entgegengesetzt ist. Achten

Sie darauf, was Sie jeweils stärker gewichten oder ganz auslassen. Achten Sie auf die Gefühle, die für Sie mit den Ereignissen verbunden sind, die Sie schildern. Diese Übung eignet sich für Kindheitserfahrungen besonders gut. Sehen Sie Möglichkeiten einer Veränderung?

Eine Vokabelübung

- Achten Sie einen Tag lang auf Ihre Sprache. Stellen Sie fest, wann Sie andere mit einem Etikett versehen (»meine Frau«, »mein Kind«, »die Kolleginnen im Büro«, »mein Mann ist mit den Jungen weggegangen«), und wann Sie sie bei ihrem Namen nennen. Finden Sie heraus, wie oft Sie Wörter wie *immer, nie, sollte, müßte* oder *dumm* gebrauchen, und notieren Sie sie in Ihrem Heft, damit Sie eine Liste haben. Wie war Ihre Einstellung, als Sie diese Formulierungen gebrauchten?
- Achten Sie an einem anderen Tag darauf, wann andere Menschen solche Etiketten gebrauchen. Was empfinden Sie ihnen gegenüber? Was würden Sie von einer Romanfigur halten, die so spräche?

3. Die Grundmotive unserer Plots: Selbstwertgefühl, Macht und Trennung

> Eine klar strukturierte Lebenserfahrung entsteht nicht von selbst und ist auch kein roter Faden, der sich aufgrund unserer Erfahrungen durch unser Leben zieht. Vielmehr muß sie in dem Maße, in dem überhaupt eine klare Identität erreichbar ist, in einer Art erzählerischem Produktionsprozeß erst hervorgebracht werden, der viele Irrtümer miteinschließt, und der vom »Ich«, das sich erinnert, kontinuierlich und zuweilen von Anfang bis Ende aus neuen Situationen heraus neu entworfen wird.
>
> *Stephen Crites, ›Storytime‹*

Zwar mag es so scheinen, als gebe es eine unendliche Vielzahl von Plots für eine unendliche Vielzahl von Menschen, doch die meisten Plots lassen sich in eine von drei Hauptkategorien einordnen: in die Kategorien Liebe, Kompetenz und Verlust. Bevor wir uns ansehen, wie diese Plots funktionieren, sollten wir die drei Grundmotive betrachten, aus denen heraus sie entstehen, nämlich Selbstwertgefühl, Macht und Trennung.

Selbstwertgefühl

Das Selbstwertgefühl, das heißt das Bewußtwerden des eigenen Ich als eines positiven Wertes, ist das wichtigste der drei genannten Motive. Unser Selbstwertgefühl, der Eckstein aller unserer Beziehungen, entsteht aus unseren Grundüberzeugungen über unsere eigene Persönlichkeit heraus. In allen unseren Liebesbeziehungen spiegelt sich unser Selbstwertgefühl. Tatsächlich beeinflußt unser Selbstwertgefühl alles, was wir erleben: wie wir den Erzähler unserer Geschichten konzipieren, welche Plots uns zur Verfügung stehen und wie wir die Geschichten anderer Menschen lesen.

Ein stabiles Selbstwertgefühl läßt sich nicht vortäuschen. Wer es nicht hat, kann auch nicht vorgeben, es zu haben. Menschen mit einem halbwegs entwickelten Selbstwertgefühl zeichnen sich durch bestimmte gemeinsame Merkmale aus. Sie verursachen kein Chaos, bringen sich nicht ins Unglück und kommen sich selbst nicht in die Quere. Ihr Lebensweg ist geradliniger, weil sie weniger Zeit damit vergeuden, Probleme zu lösen, ihre Lösungen wieder rückgängig zu machen und neue Lösungen auszuprobieren. Sie sind weniger belastet von psychischen Problemen, Verletzungen und Zweifeln. Sie sind stets der Auffassung, daß schon alles gut werden wird. Im Grunde ihres Wesens sind sie optimistisch.

Ein stabiles Selbstwertgefühl ist ein Prozeß und kein Ergebnis. Obwohl der Kern des Selbstwertgefühls in der Kindheit angelegt wird, ist es die Aufgabe des Erwachsenen, in seiner weiteren Entwicklung auf all das aufzubauen, was ihm mitgegeben wurde. Das individuelle Selbstwertgefühl ist nicht statisch, sondern wandelbar. Beim Erwachsenen wächst es, wenn er eine leidenschaftliche und tiefgehende Liebesbeziehung erlebt, wenn er in vielen Bereichen eine gewisse Kompetenz erlangt und wenn er lernt, Verantwortung zu übernehmen.

Unser Selbstwertgefühl entwickelt sich häufig in Situationen, die sich zunächst gar nicht besonders gut anlassen. So meldete sich Lindsay beispielsweise bei einem Rhetorikwettbewerb in der Schule an, schob die Vorbereitung aber immer wieder hinaus und schrieb ihre Rede schließlich in letzter Minute zusammen. Als sie dann ihren Vortrag hielt, zeigte sich ganz klar, wie schlecht vorbereitet sie war, und sie hatte das Gefühl, sich zum Idioten gemacht zu haben. Etwas später gelang es ihr jedoch, ihre Verlegenheit zu überwinden. Sie beteiligte sich an einem Wettbewerb, bei dem sie aus dem Stegreif sprechen mußte, und diesmal schlug sie sich blendend. So konnte sie eine Situation, die ihr Selbstwertgefühl hätte beeinträchtigen können, in eine Situation verwandeln, die ihr Selbstwertgefühl stärkte.

Macht

Das zweite Hauptmotiv unserer Plots ist eine Form der Macht. Ich meine damit allerdings *nicht* in erster Linie Macht über andere Menschen. Vielmehr strebt jeder Erwachsene danach, seine Impulse, seine Beziehungen und seine Umwelt selbst zu bestimmen – oder zumindest nicht ganz von ihnen bestimmt zu werden. Ich meine Macht im Sinne von Selbstbestimmung, das heißt, daß wir uns bemühen, Ergebnisse vorhersagbar zu machen und ein Gefühl der Sicherheit und der Ordnung in unser Leben zu bringen. Diese Form der Macht ist ein elementares menschliches Bedürfnis, weil sie unserem Überleben dient.

Manchmal zeigt sich das Bedürfnis, unsere Lebensumstände selbst zu steuern, in dem Wunsch, beim Vertrauten zu bleiben, keine Veränderungen zu riskieren und Situationen zu suchen, die wenig oder gar nicht risikobehaftet sind. Selbstbestimmung erwächst auch aus der Kenntnis von Fakten über andere Menschen oder die eigene Persönlichkeit. Auch wer vom Leben nicht überrascht werden will und deshalb keinerlei Risiko eingeht, strebt nach einer Art von Macht.

Trennung

Trennung ist ein weitgefaßtes Konzept, das alle Bereiche einschließt, in denen Menschen allein und nicht Teil einer Beziehung, einer Familie oder einer anderen sozialen Gruppe sind. Es umfaßt alle unsere Erfahrungen der Einsamkeit, der Zurückweisung und des Verlassenwerdens sowie den potentiellen und den tatsächlichen Schmerz, den solche Erfahrungen verursachen. Beispiele für Trennungserfahrungen sind die mit unserer Entwicklung verbundene Individuation, in deren Verlauf sich die von den nächsten Familienangehörigen unabhängige eigene Identität herausbildet; die Fähigkeit, jemanden zu verlassen; die Bewältigung einer Situation, in der man selbst verlassen wird; ein Schul- oder Wohnortwechsel; eine Scheidung; ein Todesfall usw. In jeder noch so engen familiären Beziehung oder Liebesbeziehung geht es immer auch um das Thema der Trennung: um das Anerkennen und Akzeptieren von Unterschieden und Grenzen, die aber die Nähe keineswegs ausschließen. Jede Verschmelzung birgt auch die Möglichkeit der Trennung in sich.

Der Einfluß der Grundmotive auf unsere Plots

Die drei genannten Motive wirken sich einzeln, aber auch als System auf unsere Plots aus. Verbunden sind sie durch das zentrale Konzept des Selbstwertgefühls. Wie gut oder schlecht jemand mit Trennungssituationen umgehen kann und inwieweit er selbstbestimmt handelt, ist entscheidend dafür, wie sich sein Selbstwertgefühl entwickelt. Das Selbstwertgefühl leidet, wenn man sein Leben nicht mehr selbst steuert oder nur schwer mit Trennungserfahrungen umgehen kann. Wer aus einem geringen Selbstwertgefühl heraus handelt, wirkt ängstlich und innerlich nicht besonders gefestigt, wenn es darum geht, sich selbst und seine Umgebung zu beeinflussen. Es fällt ihm schwer, Grenzen zu setzen und zu bewahren. Mit wachsendem Selbstwertgefühl lassen sich Macht und Trennungserfahrungen leichter handhaben, und es ist einfacher, selbstbestimmt zu handeln.

Das eigene Verhalten läßt sich besser steuern, wenn man lernt, auf bestimmte Verhaltensmuster zu achten und damit bestimmte Situationen vorherzusehen und sich ihnen anzupassen. Vielleicht stellen Sie fest, daß sich Ihre Freundin Ihnen gegenüber immer dann distanziert verhält, wenn sie gerade mit ihrer Mutter telefoniert. Sie können lernen, daß sie in dieser Situation jedesmal für kurze Zeit aus ihrer Erwachsenenrolle als Ihre Partnerin herausgeholt und in ihre Rolle als Kind und Tochter hineinversetzt wird und daß ihr vorübergehend kühleres Verhalten nichts Feindseliges an sich hat. Oder Sie sind beispielsweise überrascht, daß Ihr Chef Sie nicht lobt, wenn Sie gute Arbeit geleistet haben. Verhält er sich immer wieder so, dann können Sie lernen, nicht enttäuscht zu sein und vielleicht sogar feststellen, daß er auf andere Weise versucht, ihre Bemühungen zu honorieren. Die Fähigkeit zu selbstbestimmtem Handeln entwickeln wir, indem wir lernen, bestimmte Verhaltensmuster zu unterscheiden und damit Distanz zu bestimmten Ergebnissen gewinnen. Je besser wir wissen, mit welchen Situationen wir umgehen können und mit welchen nicht, desto eher können wir unsere emotionalen Verluste gering halten, indem wir einfach weniger Emotionen investieren. So betrachtet fördert unser Selbstwertgefühl unsere Selbstbestimmung und umgekehrt.

Ein vergleichbarer Zusammenhang herrscht zwischen den Motiven Trennung und Selbstwertgefühl. Wenn Sie zum Beispiel jemanden kennen, der immer wieder zu spät oder gar nicht zu einem vereinbarten Treffen kommt, können Sie ihn wissen lassen, daß Sie ein solches Verhalten nicht akzeptieren. Oder aber Sie sind endlich in der Lage, die Sicherheit eines bequemen, aber langweiligen Jobs als Chorleiter in Ihrer kleinen Heimatstadt aufzugeben und in eine größere Stadt zu ziehen, in der Sie bessere Möglichkeiten haben, Ihre langersehnte musikalische Karriere zu verwirklichen. In beiden Fällen tun Sie etwas, das Ihnen nützt, obwohl beides mit einer schmerzlichen Trennung verbunden ist. Solche Veränderungen erfordern ein bestimmtes Maß an Selbstwertgefühl und Selbstvertrauen, die zugleich aber durch die Veränderung gestärkt werden. Die nächste Trennungserfahrung wird Ihnen dann schon etwas leichter fallen.

Die drei Hauptmotive Selbstwertgefühl, Macht und Trennung sind wie Kette und Schuß Ihrer Lebensplots. Wenn Sie an einem Faden ziehen, verändert sich das gesamte Gewebe, weil sich das Beziehungsmuster, das es zusammenhält, verändert.

Die drei wichtigsten Plots

Jedes der drei Grundmotive treibt einen der drei wichtigsten Plots voran. Ihr Selbstwertgefühl bestimmt über Ihren Plot in Liebesdingen. Ihr Bedürfnis und Ihre Fähigkeit, selbstbestimmt oder wenigstens nicht fremdbestimmt zu handeln, beeinflußt Ihren Plot in Fragen der Kompetenz. Ihre Fähigkeit, mit Trennungserfahrungen umzugehen, bestimmt darüber, wie sich Ihr Plot des Verlusts entwickelt. Der Zusammenhang zwischen Grundmotiv und Plot ist vergleichbar mit dem zwischen Motor und Auto. Der Motor treibt den Wagen an wie die Grundmotive die Plots, er braucht dabei aber auch alle anderen Teile des Autos bzw. die übrigen Plots und Motive, um voranzukommen.

Ihr Selbstwertgefühl ist der Motor Ihres Plots in Liebesbeziehungen, hilft Ihnen aber auch, mit Rückschlägen zurechtzukommen, die Ihre Kompetenz betreffen. Es beeinflußt die Ziele, die Sie sich setzen, und das Ausmaß an Risiken, das Sie eingehen können. Umgekehrt werden Sie, wenn Sie über ein schwächeres Selbstwertgefühl verfügen, weniger ausgewogen auf Verlusterfahrungen reagieren. Wahrscheinlich werden Sie sich allzu vorsichtig verhalten – indem Sie sich beispielsweise Partner suchen, bei denen Sie sicher sind, daß sie Sie nie verlassen werden, indem Sie allzulange in einer Beziehung oder an einem Arbeitsplatz bleiben oder indem Sie sich aus einer potentiellen Beziehung vorzeitig zurückziehen, weil Sie sich vor dem Schmerz einer späteren Trennung fürchten.

Das Grundmotiv der Macht beeinflußt auch die Plots von Liebe und Verlust. Wer ein allzu starkes Bedürfnis nach Macht über sich und andere hat, wählt sich vielleicht einen Partner, der ihm unterlegen und deshalb sicher ist – jemanden, der ihn nicht in Frage stellt und der nicht allzuviel Staub in seinem Leben aufwirbelt. Wer umgekehrt die Dinge relativ gelassen angeht, kann die Probleme in einer Beziehung ohne Machtkampf lösen und ihre Höhen und Tiefen überstehen, ohne sich ausgebeutet oder unaufrichtig zu fühlen. Seine Fähigkeit, mit Verlusten umzugehen, schließt eine gewisse Voraussicht mit ein – er kann Verluste (zumindest teilweise) in Gedanken vorwegnehmen, weil ihm klar ist, daß sie unvermeidlich sind, und sie deshalb in seinen Plot integrieren. Er wird sich Partner suchen, die verläßlich sind, die eine tiefe Bindung eingehen können und die ihn kaum verlassen werden. Es ist sinnvoll, sich einmal klarzumachen, mit welchen Verlusten man umgehen kann und mit welchen nicht, denn manche Verluste gehören zum Leben einfach dazu – Menschen gehen weg, ziehen um oder sterben. Wer versucht, über etwas zu bestimmen, was nun einmal nicht zu beeinflussen ist, kann zutiefst frustriert werden.

Wie gut man mit Trennungen umgehen kann, entscheidet auch über den Plot in Liebesdingen – also beispielsweise darüber, ob man trotz einer schmerzlichen Trennungserfahrung in der Lage ist, das Positive an einer Beziehung noch klar zu erkennen. Die Fähigkeit, Unterschiede zwischen sich selbst und dem Partner zu klären, für sie einzustehen und mit ihnen zu leben, und den anderen ganz er selbst sein zu lassen, sind weitere wichtige Aspekte des Trennungsmotivs. Zugleich spielt das Motiv der Trennung im Plot der Kompetenz eine Rolle, zum Beispiel wenn man in der Lage ist, unabhängig zu arbeiten und das zu tun, woran man glaubt, und zwar auch dann, wenn andere diese Arbeit für überholt, langweilig oder verkehrt halten. Man besitzt dann auch die Fähigkeit, zuversichtlich neue Wege einzuschlagen, ohne sich allzusehr absichern zu müssen.

Identität

Obwohl wir letztendlich selbst die Verantwortung für unsere Geschichten übernehmen und sie selbst zusammenweben müssen, kann dies realistischerweise erst dann der Fall sein, wenn wir eine gewisse Reife erlangt haben. Leider kommt das nicht automatisch mit einem bestimmten Alter, ebensowenig wie wir die Stadien unseres Lebens in einer wohlgeordneten Abfolge durchlaufen. Manche Menschen scheinen schon mit einer großen Portion Weisheit auf die Welt gekommen zu sein, während andere immer wieder überrascht sind über das, was ihnen im Leben alles widerfährt.

Wir können erst dann ernsthaft beginnen, unseren eigenen Plot zu entwerfen, wenn wir eine gewisse Identität entwickelt haben. Bis Anfang Zwanzig haben wir nur einen einzigen Plot: unsere Suche nach unserer eigenen Identität. Wir sind damit beschäftigt, unbearbeitete Elemente unserer Geschichte – Szenen, Episoden, Ereignisse – aus unserer Kindheit, unserer Jugendzeit und unserem Leben als junge Erwachsene zu sammeln. Einige dieser Erfahrungen werden uns entscheidend prägen und unseren Charakter wesentlich formen. In diesem Stadium bleibt die Bedeutung unserer Erfahrungen verschwommen, weil wir noch keine Perspektive gefunden haben, von der aus wir auf unsere Erfahrungen zurückblicken und ihnen eine bestimmte Bedeutung verleihen können. Später verwenden wir diese Elemente – wie gut oder schlecht wir in der Schule zurechtgekommen sind oder die Höhen und Tiefen unserer Beziehungen zu unseren Freunden und unserer Familie –, um aus ihnen die erste Grundlage für unseren Plot zu konstruieren.

Das heißt nicht, daß wir in der späten Jugend oder im frühen Erwachsenenalter einfach abwarten sollten, bis wir das magische Alter erreichen. Gerade in dieser Zeit haben wir Gelegenheit, verschiedene Varianten unseres Ich zu erproben. Betrachten wie beispielsweise Toms Geschichte:

Mein Vater sagte, er würde mir den Besuch der Stanford University nur unter einer Bedingung finanzieren: daß ich nämlich meinen Abschluß in Betriebswirtschaft mache. Ich war damit einverstanden, weil ich einfach nicht wußte, was ich sonst hätte tun sollen, und allein hätte ich mir Stanford auch niemals leisten können. Irgendwann meldete ich mich aus einer Laune heraus in einem Wahlkurs für Filmproduktion an, und in diesem Semester machte mir die Uni zum ersten Mal Spaß.

Mein Vater war wütend. Er drohte sogar, mich zu enterben, wenn ich den Abschluß als Betriebswirt aufgeben würde. Doch ich wußte, daß ich genau das wollte. Um keinen Preis der Welt hätte ich mein ganzes Leben lang in einem Büro gearbeitet. Und so verließ ich Stanford und schrieb mich an einer Filmhochschule ein. Ich studierte nun Filmwissenschaft im Hauptfach, und ich schaffte es, mein Studium allein zu finanzieren.

Tom schloß schließlich sein Studium der Filmwissenschaft an der Filmhochschule ab. Das Drehbuch, das er als Abschlußarbeit vorlegte, war die Grundlage eines einigermaßen erfolgreichen Films. Für sein nächstes Drehbuch erhielt er einen Oscar. Inzwischen hat er drei weitere Filme gedreht. Sein Vater ist zu seinem größten Fan geworden. Hätte Tom nicht seine Zeit genutzt, um ein weiteres mögliches Ich auszuprobieren, hätte er nie seine wahre Berufung entdeckt.

Sein eigenes Ich zu entwickeln braucht Zeit. Erst wenn man sich die Hörner ein wenig abgestoßen hat, wenn man halbwegs mit seiner Sexualität zurechtkommt und wenn man genug Selbstvertrauen gewonnen hat, um zu wissen, was man will, und das auch einzufordern (oder dafür zu arbeiten) – erst dann kann man anfangen, einen Plot für sein Leben zu entwickeln. Um mit dem Partner eins werden zu können, sich in der Sexualität voll hingeben zu können, Kinder zu haben und geistig wachsen zu können, muß man eine Identität besitzen, zu der man zurückkehren kann. Das erwachsene Ich muß abgegrenzt, erprobt, in einem Prozeß der Abstimmung gefestigt werden, der sich nicht beschleunigen läßt. Dieser Prozeß, in dem sich der individuelle Plot entwickelt, entsteht aus der Konfrontation von Charakter und Leben.

Plots und Nebenhandlungen

Auch wenn wir bereits ein eindeutiges Selbstwertgefühl entwickelt haben, verändern sich unsere Motivationen ständig, so daß immer wieder einer der Plots vorrangig wird. In den Zwanzigern beispielsweise beschäftigt uns vielleicht vor allem der Plot unserer Kompetenz, das heißt der Aufbau einer beruflichen Karriere, während unser Liebesleben einem zweitrangigen Plot folgt, in dem es nur um Zufallsbekanntschaften und weniger wichtige soziale Interaktionen geht.

Plots und Nebenhandlungen (Subplots) unterscheiden sich nicht grundsätzlich. Allerdings können Nebenhandlungen die Hauptplots vertiefen. Die Nebenhandlungen in Richards Geschichte beispielsweise – das Bedürfnis nach mehr Engagement – beeinflußte sowohl den Plot seiner Kompetenz als auch den Plot seiner Liebesbeziehung:

Ich hatte schon immer gewußt, daß ich Arzt werden wollte, und so arbeitete ich nach meinem Studium als Internist. Bald merkte ich jedoch, daß es mir nicht lag, mir Tag für Tag die Klagen aller möglichen Menschen anzuhören. Ich war einfach nicht der Typ des freundlichen Familiendoktors. Abends kam ich völlig erschöpft nach Hause und war zu nichts mehr zu gebrauchen. Meine Arbeit sollte den Menschen dienen, aber es war mir klar, daß ich viel lieber in der Forschung gearbeitet hätte, wo ich kreativ tätig sein könnte. Das hätte allerdings bedeutet, daß ich mich fortbilden mußte, doch ich war bereit, diesen zeitlichen Aufwand auf mich zu nehmen, um Befriedigung in meiner Arbeit zu finden.

Gleichzeitig hatte ich das Gefühl, daß meine Frau Genelle eher meine Mitbewohnerin als meine Geliebte war. Seit der Geburt unserer Tochter hatte sich Genelle von einer aktiven Frau in eine Frau verwandelt, die nur noch auf dem Sofa vor dem Fernseher hing. Außerdem schien sie sich für das Baby weitaus mehr zu interessieren als für mich. Ich wußte, daß wir so nicht weitermachen konnten.

Richard fühlte sich am Arbeitsplatz überfordert und zu Hause einsam. In beiden Situationen wurden seine Bedürfnisse nicht befriedigt. Er wollte sich sowohl bei seiner Arbeit als auch zu Hause mehr engagieren, und er war auch bereit, etwas zu tun, um seine Lage zu verändern.

Die Schreibtrainerin Anson Dibell weist in ihrem Buch ›Plot‹ darauf hin, daß die Haupthandlung und die Nebenhandlungen einer Lebensgeschichte wie zu einem Zopf verflochten sind: »Ein Strang verläuft nach außen, so daß er nicht mehr sichtbar ist, und kommt dann von unten her wieder herein, um in der Mitte den Hauptstrang zu bilden, bevor er wieder auf der anderen Seite nach hinten verläuft.« Die drei Stränge brauchen nicht gleich schwer oder gleich wichtig zu sein, dennoch sind alle drei erforderlich, um dem Zopf seine Stabilität zu verleihen.

Im Leben eines jeden Menschen spielt der problematischste Plot meistens die wichtigste Rolle: Wann verliebe ich mich? Wann bekomme ich den Job, der mir wirklich gefällt und mit dem ich auch zurechtkomme? Wann habe ich meine Scheidung verarbeitet? Der jeweilige Standpunkt im Leben entscheidet darüber, welcher Plot gerade besonders wichtig ist. Bei einem jungen Menschen mag die Suche nach einer Beziehung oder nach einem Gebiet, auf dem er sein Können unter Beweis stellen kann, vorrangig sein. Ist dieses Gebiet erst einmal gefunden, stellt die Vervollkommnung seiner Kompetenz ein wichtiges Thema dar. Einzelne Verlusterfahrungen machen wir schon als junge Menschen – wir beenden die Schule und ziehen von zu Hause aus. Von der Mitte unseres Lebens an wird der Verlust jedoch unweigerlich zu einem zentralen Element unseres Plots.

Manchmal haben Menschen nur einen Plot, weil sie mit

ihren Lebensentscheidungen eventuelle Alternativen ausschließen oder beschneiden. Die Entscheidung für einen bestimmten Lebenspartner oder eine bestimmte Arbeit kann dazu führen, daß nur ein Plot übrigbleibt. Ein Mann beispielsweise, der häufig geschäftlich unterwegs ist, wird kaum als Vater zur Verfügung stehen können. Ebenso unwahrscheinlich ist es, daß eine Frau, die sich durch ihre Rolle als Hausfrau und Mutter ausreichend definiert sieht, sich zutraut, eine entscheidende Rolle in ihrem Plot in Liebesdingen zu übernehmen. Da ihrem Leben häufig ein anderer Plot fehlt, in dem sie es zu einer gewissen Kompetenz und einem ausreichenden Selbstvertrauen gebracht hätte, konzentriert sie sich allzusehr auf persönliche Beziehungen, weil sie nur hier Bestätigung finden und ihr Selbstwertgefühl stärken kann. Ein weiteres klassisches Beispiel für den Verlust von alternativen Plots ist der Workaholic, der in der Falle des Plots von Arbeit und Kompetenz gefangen bleibt.

4. Die drei wichtigsten Plots: Liebe, Kompetenz und Verlust

Der Plot der Liebe

> This is for you
> it is my full heart
> it is the book I meant to read you
> *Leonard Cohen, ›This Is for You‹*

Es gibt die unterschiedlichsten Arten von Liebe in der Welt: die Liebe zu Heim und Familie, die Liebe zum Vaterland, platonische Liebe oder spirituelle Liebe. Die Liebe jedoch, die die meisten unserer Plots vorantreibt, ist die leidenschaftliche Liebe zwischen zwei Erwachsenen, die das gesamte Spektrum der Liebe umfaßt. Sie kann zart oder heftig sein, sacht oder ausgelassen, wie ein regelmäßiger Pulsschlag oder allumfassend. Leidenschaftliche Liebe ist, mit den Worten der Psychoanalytikerin Ethel Person, »die vollkommenste Form der Liebe, denn sie kann vor allen anderen eine Transformation und Überschreitung des eigenen Ich bewirken«.

Die romantische Liebe hat eine dramatische Struktur voller Rätsel und Gefahren: Wird sie andauern? Wie weit kann sie gehen? Wird sie diese Prüfung überstehen? Wird sie beim nächsten gemeinsamen Essen zerbrechen? Wegen all dieser Ungewißheiten bieten Liebesbeziehungen die vielfältigsten Möglichkeiten der Entwicklung eines Plots. Wir definieren unsere Beziehungen durch die Geschichten, die wir über sie erzählen. Die Liebesbeziehung wiederum ist eine große Geschichte, die sich aus vielen kleinen, miteinander verketteten Geschichten zusammensetzt: Wie Sie sich kennengelernt haben, wie Sie entschieden haben, daß Sie zueinander passen, wann Sie beschlossen haben, zusammenzuziehen oder zu heiraten.

Wenn zwei Menschen sich kennen- und liebenlernen, erzählen sie sich unter anderem die Geschichten ihrer bisherigen Beziehungen und stellen sich dabei als betrogen, umworben, verletzt, verlassen oder mißverstanden dar. Der Psychologieprofessor Ernest Keen sagt dazu: »Allein zu sein oder nicht allein zu sein hat damit zu tun, daß man die entscheidenden Geschichten über Leben und Wahrheit miteinander austauscht.«

Erst wenn man sich als sexuelles Wesen, als Hauptdarsteller in einer Liebesgeschichte sieht, werden bestimmte Plots überhaupt möglich. Tatsächlich zeigen sich manche unserer Charakterzüge erst im Plot einer romantischen Liebe. Jede Liebesbeziehung, die wir eingehen, kann uns mit Aspekten konfrontieren, die uns bis dahin nicht bewußt waren:

- »Ich hatte mich nie für eifersüchtig gehalten, aber als Gloria mit einem Ex-Freund essen ging, war ich beunruhigt und verärgert.«
- »Als ich mit meiner Frau auf einer Party war und sie vor allen anderen Leuten meine Meinung kritisierte, hätte ich sie am liebsten geschlagen.«
- »Ich habe mich immer für einen Feministen gehalten, und trotzdem wäre es mir nicht recht, wenn meine Frau mehr verdienen würde als ich.«
- »Als mein Mann sagte, er wolle auch einige Freunde für sich allein haben, fühlte ich mich wie damals, als ich fünf Jahre alt war und meine Eltern meinen kleinen Bruder aus dem Krankenhaus nach Hause brachten.«

Solche Situationen entstehen nur in engen Beziehungen. Unabhängig davon, wie tolerant und fair wir einem geliebten Menschen gegenüber sein wollen, zeigt sich doch erst im Spiegel einer engen Beziehung, welche Gefühle wir tatsächlich entwickeln.

Vor allem die Sexualität bietet beispiellose Möglichkeiten

der Selbsterkenntnis. Es kann durchaus überraschend sein zu beobachten, welche Art von Menschen und welche Verhaltensweisen uns sexuell erregen. Sex bringt uns in Kontakt mit der Haut, den Körperflüssigkeiten und dem Geruch eines anderen Menschen. Beim Sex entdecken wir ohne Worte uns selbst und den anderen. In der Sexualität geht es buchstäblich darum, daß man in einen anderen Menschen eindringt oder daß der andere in einen eindringt. Keine andere Erfahrung gleicht dieser auch nur annähernd. Wenn wir unsere Kleider ausziehen, legen wir damit zugleich alle Attribute ab, die einen bestimmten Status oder eine Position kennzeichnen – und damit das gesamte Ich, das wir der Außenwelt präsentieren.

Jeder von uns hat seine eigene Sexualität, dennoch kann die Vorstellung, unsere sexuellen Phantasien seien Plots, die etwas über uns aussagen, Unbehagen und sogar Angst auslösen. Wer bereit ist, den erzählerischen Faden seiner vorhandenen oder nicht vorhandenen sexuellen Bedürfnisse – die Dissonanz zwischen seinen Phantasien und seinem Tun – genauer zu betrachten, erfährt sicherlich etwas Wichtiges über sich selbst. In einem späteren Abschnitt werden wir uns eingehender mit der Sexualität als Komplikation des Liebesplots befassen.

Kameradschaftliche Liebe ist voller Zuneigung und Freundschaft, aber frei von Erotik. Obwohl unzählige psychologische Experten die Vorzüge der kameradschaftlichen Liebe preisen, fehlen ihr doch die Möglichkeiten von bereichernden Erfahrungen und gefühlsmäßigen Erkenntnissen, die eine leidenschaftliche Liebesbeziehung hat. Manche Menschen bezeichnen auch ihr Verhältnis zu Gott oder zur Natur als leidenschaftliche Liebe; eine solche Liebe kann allerdings nicht – im menschlichen Sinne – zurückgewiesen werden und ist daher weniger riskant. Andere haben das Gefühl, sie könnten gar keine leidenschaftliche Liebe empfinden. Sie brauchen Distanz und Kontrolle und fürchten das Chaos, das eine leidenschaftliche Beziehung mit sich bringen könnte. Leidenschaftliche Liebe spricht sie nicht an, und ihre schönen Seiten scheinen für sie die Risiken nicht aufzuwiegen.

Doch die romantische Liebe ist eine ungeheure Macht, die ein großes Potential an Veränderung in sich birgt. Im besten Falle eröffnet sich dem Erzähler in einer Liebesbeziehung die Möglichkeit, alte Wunden zu heilen. Jemanden zu begehren, der einen auch begehrt, stärkt das Selbstwertgefühl. Nur die leidenschaftliche Liebe vermittelt die einzigartige Erfahrung, mit dem eigenen Körper eins zu sein. Leidenschaftliche Liebe birgt mehr Risiken in sich als kameradschaftliche Liebe, bietet aber zugleich mehr Chancen zu wachsen und einen kreativen Plot zu entwickeln.

Eine Liebesbeziehung ermöglicht dem Erzähler oder der Erzählerin darüber hinaus einen sehr genauen Blick auf die Mechanismen, die in der Geschichte des Partners eine Rolle spielen. In einer solchen Beziehung ist man am ehesten bereit, seine ganze private Geschichte so zu erzählen, wie man sie sonst nur sich selbst erzählt. Je größer die Nähe zwischen den Partnern, desto größer ist auch die Wahrscheinlichkeit, daß man diese Geschichte hören wird.

Wie die Liebe Plots verändert

Wer leidenschaftlich liebt, hat zweierlei Möglichkeiten, durch diese Liebe seine Plots zu verändern. Erstens kann er mit seinem Partner zusammen einen gemeinsamen Plot schaffen. Beide spielen dann im Plot des Partners eine zentrale Rolle und entwickeln in der Gegenwart ein »Wir«, das sich in die Zukunft erstreckt. Zweitens kann ein neuer Plot aus der inneren Neuordnung und Heilung entstehen, die die Liebe mit sich bringt, das Gefühl, daß sich neue Möglichkeiten auftun und daß man mit dem anderen zusammen eine körperliche und seelische Vertrautheit gefunden hat.

Die Entscheidung für einen bestimmten Partner beeinflußt von vornherein den eigenen Plot, denn die Persönlichkeitsmerkmale des Partners schließen bestimmte Möglichkeiten eines Plots ein und andere aus. Damit enthält diese grundlegende Entscheidung bereits ein bestimmtes Potential an Heilung, Zerstörung oder Stillstand. Obwohl das Selbst in seinem Kern niemals zur Disposition steht, kann die Entscheidung für einen bestimmten Partner, mit dem man einen gemeinsamen Plot entwickeln will, bei beiden Partnern bestimmte Aspekte ihres Wesens betonen oder unterdrücken. Entscheidend ist beispielsweise, ob man sich einen Partner sucht, der eine Atmosphäre schaffen kann, in der Meinungsverschiedenheiten bereinigt und emotionale Aufrichtigkeit und Vertrauen gefördert werden, oder aber einen Partner, der eine kalte Atmosphäre erzeugt, die ein tieferes Vertrauen verhindert.

Bei der Wahl unseres Partners lassen wir uns gleichermaßen von unserer Intuition und von unserem Bewußtsein leiten. Zwar sprechen wir hier von einer »Wahl«, doch sie hat weder mit der bewußten Auswahl eines Menüs auf der Speisekarte noch mit dem Zufall eines Blitzschlags zu tun. Vielmehr führen viele miteinander verkettete Entscheidungen zu einer großen Entscheidung. Wir entscheiden uns sowohl aus dem Kopf als auch aus dem Herzen heraus. (Bedenken sollte man dabei, daß es in langanhaltenden Beziehungen bis auf wenige Ausnahmen keine Opfer gibt: In der Regel finden zwei Menschen zueinander, die sich in vielerlei Hinsicht recht ähnlich sind. Wer an der Oberfläche einer langjährigen Beziehung kratzt, entdeckt manchmal eine gewisse Dynamik, die von beiden Partnern aufrechterhalten wird: So schläft sie beispielsweise immer wieder mit anderen Männern, während er die Augen davor verschließt.)

Überdenken Sie Ihre vergangenen Beziehungen und Ihre gegenwärtige Beziehung. In welcher Weise hat Ihre Entscheidung für einen bestimmten Partner in der letzten Beziehung Entwicklungsmöglichkeiten eines Plots eröffnet oder ausgeschlossen?

Wenn Ihre Partnerwahl nicht auf Liebe beruht, beruht sie auf Angst. Es gibt Menschen, die sich so sehr vor einer leidenschaftlichen Liebe und vor Nähe fürchten, daß sie sich einen Partner suchen, der beides weder gibt noch verlangt. Sie entscheiden sich dann beispielsweise für einen Partner, der so viele Probleme hat, daß ihre ganze Beziehung darin besteht, mit diesen Problemen fertigzuwerden, so daß sie niemals gezwungen sind, die Verletzbarkeit und Nähe zu riskieren, die entstünde, wenn sie ihre eigenen Probleme zur Sprache brächten. Wer sich in Entscheidungen im Hinblick auf seinen Partner von seiner Angst leiten läßt, geht zwar nie das Risiko ein, verletzt zu werden. Es entgeht ihm jedoch, was am Plot der Liebe am elementarsten ist: daß es besser ist, jemanden geliebt und dann verloren zu haben, als überhaupt nie geliebt zu haben.

Leidenschaftliche Liebe trägt insbesondere deshalb dazu bei, innere Veränderungen herbeizuführen, weil sie sich von unserem Alltag so dramatisch unterscheidet. Wenn sie lebendig bleiben soll, müssen beide Seiten das Bedürfnis haben, eine tiefe Verbindung einzugehen, einander zu erforschen und ihre Liebe zum Ausdruck zu bringen. Man kann seine Persönlichkeit nicht verbergen und sich auch nicht vor der des Partners verstecken. Über das innerste Ich läßt sich nicht verhandeln, es läßt sich nicht verbessern oder umschreiben, doch es kann durch Liebe geheilt werden.

Liebe und Ehe

Die Ehe ist eine emotional hochgradig besetzte Beziehung, weil die Themen Liebe, Sex, Macht und Geld in ihr aufeinandertreffen. Ohne einvernehmlich geregelte Machtverhältnisse in der Ehe sind der schwächere oder der stärkere (oder aber beide!) Partner meist tendenziell unzufrieden. Der schwächere Partner ist in der Regel die Frau, die auch heute noch häufig ein geringeres Einkommen hat als der Mann. Wenn sie selbst überhaupt keine finanziellen Einkünfte hat, wird sie oft das Gefühl haben, ihr Beitrag im Haushalt werde nicht genügend gewürdigt, nur ihr Mann treffe die wichtigen Entscheidungen und nur seine Bedürfnisse würden befriedigt. Der stärkere Partner, in der Regel der Mann, der das Familieneinkommen sichern und die richtigen Entscheidungen treffen muß, stößt sich vielleicht an den Vorwürfen seiner Frau, die darüber klagt, daß er nicht genug Zeit mit den Kindern verbringe. Ähnlich ungleichgewichtig sind die Machtverhältnisse im Bereich der Sexualität. Der Partner, der weniger Sex will, hat mehr Macht. Der Partner, der mehr Sex oder mehr Kontakt will, hat in der Beziehung weniger Macht. Phyllis Rose formuliert scharfsinnig:

Ehen werden nicht dann schlecht, wenn die Liebe nachläßt ..., sondern wenn das Einvernehmen über den Machtausgleich zusammenbricht ... Wer meint, das sei eine recht kühle Art, über eine der am höchsten bewerteten menschlichen Bindungen zu sprechen, wird einwenden, ein »Machtkampf« sei ein negativer Begleitumstand von Beziehungen, in denen es keine Liebe mehr gebe. Ich würde dem entgegenhalten, daß wir Menschen vor allem dann gern von Liebe sprechen, wenn wir Handlungen verschleiern wollen, in denen es eigentlich um Macht geht.

Manche Ehen sehen von außen gut aus, sind in Wirklichkeit aber ausgehöhlt. Solche sinnentleerten Ehen stellen eine gemeinsam geschaffene Fiktion dar, die sich eher auf die *Vorstellung* einer Ehe stützt als auf deren innere Realität. Hier klafft ein Riß zwischen der Ehe als grundlegendem Plot, der nach außen hin die Identität der Partner definiert, und ihrem tatsächlichen inneren Plot, der in der Übereinkunft besteht, nach außen hin das Bild der Zusammengehörigkeit zu präsentieren, obwohl es zwischen den Partnern wenig Nähe gibt. Nehmen wir beispielsweise Seth:

Alle meinten, wir führten die perfekte Ehe. Wir hatten ein schönes Haus, zwei hübsche Töchter, die gute Zeugnisse nach Hause brachten, wir waren beide Therapeuten und hatten sogar eine gemeinsame Praxis. Nancy und ich kooperierten auch in der Küche hervorragend: Bei unseren Einladungen gab es das leckerste Essen und die interessantesten Gespräche. Niemand sah uns jemals streiten oder hörte jemals ein schroffes Wort zwischen uns, aber genau das war das Problem. Wir waren beide so reserviert, so höflich, so funktional, daß sich kaum etwas zwischen uns abspielte – es sprang einfach kein Funke über. Unser Leben verlief völlig komplikationslos, aber eigentlich interessierten wir uns nicht füreinander.

Ich arbeitete in der Regel bis spätabends, und wenn ich dann nach Hause kam, wollte ich meistens meine Ruhe. Nancy gab mir jede Menge Raum, doch nach einer Weile merkte ich, daß ich gar nicht so viel Raum wollte. Ich wollte Kontakt – eine richtige Beziehung zu jemandem, der mir wirklich am Herzen lag. Zu jemandem, der sich mir entgegenstellte, mich aus der Reserve lockte, mit mir stritt und mich verführte. Dieses wohlgeordnete Leben war wie der Tod. Nancy hatte von all dem keine Ahnung. Sie war mit der Situation völlig zufrieden.

Solche Paare sind zuweilen ganz zufrieden mit der Fiktion von Ehe, die sie nach außen hin zeigen. Da sie die emotionale Nähe scheuen, beruhigen sie sich damit, daß die leidenschaftlicheren Ehen ihrer Freunde zum Scheitern verurteilt seien, weil keine Leidenschaft andauere und Liebe unweigerlich in Langeweile ende: Sie beglückwünschen sich zu ihrem Realismus, ihrem gesunden Menschenverstand und ihrer Weigerung, sich von romantischen Illusionen täuschen zu lassen. Sinnentleerte Ehen wir diese sind oft gestörter als Ehen, in denen es turbulent zugeht, weil es in solchen Beziehungen immerhin noch ein wenig Leidenschaft gibt.

Es überrascht nicht besonders, daß Seitensprünge auf den Plot einer Ehe zutiefst entzweiend wirken. Männer oder Frauen, die Ehebruch begehen, verlassen sich weitgehend auf den Mechanismus der Aufteilung des Lebens in lauter getrennte Segmente (Segmentierung). Die Soziologin Annette Lawson weist in ihrem Buch ›Adultery‹ darauf hin, daß »durch den Ehebruch ein Leben, das als bedeutungslos empfunden wird, ›neu erzählt‹ wird, allerdings ohne daß eine sinnvolle Weiterentwicklung erkennbar wäre – es fehlt eine Geschichte«. Jeder Plot muß vor den anderen verborgen werden: Die Geliebte weiß wenig über die Familie, der Chef weiß nicht, daß sein Angestellter mit seiner Sekretärin schläft, der Ehemann darf nichts über den Liebhaber erfahren und so fort. Bigamie, also die Doppelehe, ist die extremste Form eines solchen Plots. Interessanterweise scheint es nur wenige Kulturen zu geben, in denen eine Frau mit zwei Männern verheiratet ist. Der Mechanismus einer solchen Art von Segmentierung ist die Abspaltung: Der Ehebrecher spaltet sein Familienleben von seinem erotischen Leben ab.

Um in einem derart aufgespaltenen Leben existieren zu können, muß man anderen, und sogar sich selbst, fortlaufend einen Plot vermitteln, der der Täuschung dient. Der Partner, der Affären hat, muß einen Plot für seine Frau und einen anderen für seine Geliebte entwickeln. Beide Plots sind nicht durch das charakterisiert, was sie *einschließen*, sondern durch das, was sie *ausschließen*.

So erzählte beispielsweise Don seiner Geliebten Belinda eine Geschichte darüber, wie langweilig die Ehe mit seiner Frau und wie unglücklich er sei, wie wenig seine Frau zu ihm passe und daß er nur wegen der Kinder noch bei ihr bleibe. Seiner Frau Margaret sagte er, er sei so glücklich und froh darüber, daß sie ihm Raum lasse für seine beruflichen Tätigkeiten, obwohl er deshalb manchmal nicht nach Hause kommen könne. Wenn er mit seiner Frau zusammen war, war es für beide sehr schön.

Der Plot der Ehe kann gefährlich nahe an den Punkt gelangen, von dem aus er sich selbst zu schreiben beginnt. Die Ehe ist ein Plot, der schon seit Jahrzehnten in Liedern, Romanen und Filmen immer wieder erzählt wird. Interessanterweise lautet der Schluß der meisten Geschichten: »Und sie lebten glücklich und zufrieden bis an ihr seliges Ende«, es wird jedoch nicht gesagt, wie das im einzelnen vor sich geht. Viele Menschen meinen, es genüge, einfach zu heiraten. Wieviel Arbeit es bedeutet, eine Ehe mit Leben und Kreativität zu füllen, entgeht ihnen. Selbst für das kreativste Ehepaar ist die erzählerische Attraktivität dieser Institution außerordentlich stark. Lilahs und Steves Ehe ist ein gutes Beispiel dafür.

Lilah, eine begabte Malerin, kam mit Fünfzig in die Therapie, mit dem erklärten Ziel, ihre Ehe zu beenden, ohne dabei emotional Schiffbruch zu erleiden. Sie wollte in das

Landhaus ihrer Familie in Maine ziehen und malen. Ihr Mann Steve, ein Rechtsanwalt und Workaholic, gefiel sich mit seiner künstlerisch veranlagten und eleganten Frau und einem äußerst unkonventionellen Haus. Beide präsentierte er nach außen hin als ganz besondere Schmuckstücke.

Lilah war tendenziell sanft und anpassungsbereit, zunächst in ihrer Herkunftsfamilie, dann aber auch in ihrer Ehe. Ihre Mutter war eine Tyrannin gewesen, die ihren freundlichen, aber wenig erfolgreichen und alkoholabhängigen Vater unterdrückt hatte. Lilah, die immer davor zurückgeschreckt war, ihrer Mutter zu widersprechen, zog sich zurück und vermied jeden Konflikt. Sie sagte:

Als ich Steve kennenlernte, schien er ein Mann zu sein, der Wert darauf legte, daß wir uns auch emotional austauschten. Leider galt das aber nur für seine eigenen Gefühle. Seine emotionale Situation war ebenso stabil wie seine finanzielle Lage, und er konnte sich weit in die Zukunft festlegen. Er sagte mir, er sei wirklich bereit, an einer Beziehung zu arbeiten. Nach unserer Heirat dauerte es nicht lange, bis ich herausfand, daß seine Worte und seine Taten nicht übereinstimmten. Damals wollte ich aus der Ehe ausbrechen, aber ich befürchtete, daß ein so abruptes Ende unserer Ehe in unserer Umgebung als Skandal betrachtet werden würde.

Wenn Lilah zu Steve sagte, sie brauche liebevolle Zuwendung, erwiderte dieser, ihr Bedürfnis sei »übertrieben«. Eingeschüchtert durch seinen Starrsinn und aus Furcht davor, verlassen zu werden, steckte sie immer wieder zurück. Gelang es ihr, ihn zu einer gemeinsamen Reise nach Maine zu überreden, so schmollte er und äußerte sich über alles und jedes negativ. Er beteiligte sich nicht an den Aktivitäten, die ihr wichtig waren oder Spaß machten. Dennoch akzeptierte sie Steves Sicht der Ehe, weil sie glaubte, ihre Unsicherheit und Hypersensibilität seien die Ursache ihrer Probleme. Nach fünfzehn Jahren Ehe war sie sogar zur Überzeugung gelangt, daß Steve am Zerbrechen ihrer Beziehung keinerlei Schuld trage.

Ich beschloß, daß ich eine Therapie brauchte, um mich zu bessern. Aber wie blind war ich gewesen! Meine Therapeutin half mir zu erkennen, wie sehr ich mich unbewußt mit der Rolle meines Vaters in der Ehe meiner Eltern identifiziert hatte. Genau wie er hatte auch ich angenommen, daß meine eigene Schwäche die Ursache unserer Probleme war, und ich hatte immer wieder versucht, Steve zu beschwichtigen, wenn er in die Offensive ging.

Da die Ehe von Lilahs Eltern so schrecklich und deshalb als Modell undenkbar war, orientierte Lilah ihre Vorstellungen über die Ehe an den Eltern ihrer Kindheitsfreunde. Sie erinnerte sich an erfolgreiche Männer, die als gute und aufmerksame Ehemänner galten, weil sie ihren Frauen hübsche Geschenke kauften und sie auf schöne Urlaubsreisen mitnahmen. Kinder idealisieren oft die Ehe der Eltern ihrer Freunde, weil sie nur stark redigierte Versionen davon kennenlernen, die sich dann sehr positiv vom unredigierten Verhalten ihrer eigenen Eltern abheben. Auch wenn manche der Ehen, die Lilah kannte, schal gewesen sein mochten, präsentierten sie sich zumindest nach außen hin als harmonisch. In ihrer Ehe mit Steve hatte Lilah erfolglos versucht, ihrer idealisierten Kindheitsvorstellung einer Ehe nachzueifern.

Lilah erkannte außerdem, daß sie Konfrontationen ausschließlich mit der tyrannischen Art ihrer Mutter in Verbindung gebracht und sie deshalb um jeden Preis vermieden hatte. Sie lernte, was es heißt, unangenehme Gefühle mitzuteilen, und stellte fest, daß man nicht befürchten muß, deshalb angegriffen zu werden. Lilah lernte, ihre Bedürfnisse zu artikulieren und sie auszuhandeln. Als sich herausstellte, daß mit Steve nichts auszuhandeln war, entwickelte sie genug Stärke und Selbstvertrauen, um zu gehen. Sie begriff, daß sie einen allzu hohen Preis bezahlte, wenn sie in einer Beziehung blieb, nur um sich mit einem anderen Menschen verbunden zu fühlen.

Mit der Unterstützung ihrer Therapeutin teilte sie ihrem Mann mit, daß sie die Ehe beenden wollte. Es gelang ihr, auf ihrer Position zu beharren und auch dann keinen Rückzieher zu machen, als er einwandte, daß ihre Klagen lächerlich seien und daß sie einen großen Fehler begehe. Er versuchte, sie finanziell unter Druck zu setzen und drängte sie, zu einem Mediator zu gehen, mit dem er befreundet war. Zu Lilahs eigener Überraschung und großen Freude fand sie heraus, was sie wollte und was ihr zustand. Sie forderte es ein, behauptete ihre Position und bekam es schließlich auch.

Steve reagierte entsetzt auf die Vorstellung, Lilah zu verlieren. Es wurde ihm klar, daß sie es ernst meinte, ein Leben ohne sie erschien ihm jedoch völlig leer und sinnlos. Sie schlug eine gemeinsame Beratung vor, der Steve schließlich zustimmte, obwohl er sie zuvor abgelehnt hatte.

In der Beratung fanden sie heraus, daß Lilah für Steve viel wichtiger war, als sie beide bis dahin gedacht hatten. Als das erst einmal geklärt war, konnte Lilah auch für ihre Interessen eintreten. Beide besprachen ihre Probleme jetzt in einer Art, die sie einander näherbrachte. Je intensiver sie ihre Gefühle austauschten, desto lieber war ihnen ihr Zusammensein. Sie lernten, über ihre Unterschiede zu sprechen, anstatt einen kalten Krieg zu führen.

Mit dem Ergebnis hatte keiner von beiden gerechnet: Sie blieben nämlich zusammen, allerdings mit einigen grundlegenden Veränderungen in ihrer Beziehung. Lilah verbrachte von nun an jeweils zwei Wochen im Monat in ihrem Studio in Maine, wo sie begann, an einer Reihe von Gemälden zu malen. Bei ihren langen Aufenthalten dort lernte sie den Leiter einer nahe gelegenen Galerie kennen, der ihr versprach, eine Ausstellung zu arrangieren. Steve konnte so lange arbeiten, wie er wollte, ohne sich deshalb schuldig zu fühlen und ohne das Gefühl, er sei verpflichtet, nach Maine zu fahren. Zu beider Überraschung freuten sie sich jedesmal aufeinander, wenn Lilah nach Boston zurückkam, und beide erschienen einander als Persönlichkeit viel interessanter.

Der Plot der Kompetenz

Übung macht den Meister.
Sprichwort

Bei der Kompetenz, dem zweiten Grundplot, geht es weniger um Menschen als um Dinge. Er leitet sich ab aus unserem Bedürfnis und unserer Fähigkeit, die Umwelt zu beeinflussen oder zumindest nicht ganz die Kontrolle über sie zu verlieren. Einfluß oder Macht bedeutet in diesem Zusammenhang *nicht* die Macht über oder die Manipulation anderer Menschen, sondern Kompetenz im Bereich von Arbeit und Freizeit, also im Beruf und in seinen Hobbys. Die Steigerung der Kompetenz ist ein Prozeß, in dem wir uns mit unseren Fertigkeiten und Ideen auseinandersetzen, um in unserem Tun ein immer höheres Qualitätsniveau zu erreichen. Durch die Kompetenz erhöht sich unsere Fähigkeit, Ergebnisse vorherzusagen, und dadurch bekommen wir eher das Gefühl, die Dinge im Griff zu haben.

Kompetenz setzt voraus, daß wir so lange an etwas arbeiten, bis wir es beherrschen. Sie entwickelt sich, wenn wir etwas Schwieriges erlernen, ohne uns dabei allein auf unsere natürliche Begabung zu verlassen. Mit dem Erwerb neuer Fertigkeiten kommt der Stolz auf unsere Leistung hinzu. Wir setzen uns neue Ziele, wenn wir uns aufgrund unserer wachsenden Fertigkeiten und Kenntnisse neuen Herausforderungen stellen müssen. Bei Philip beispielsweise war es schon im Alter von sechs Jahren klar, daß er ein brillanter Pianist werden würde. Doch obwohl er jeden Musikwettbewerb gewann, fühlte er sich immer irgendwie unzufrieden. Erst als er anstelle der Klavierstunden Tanzunterricht nahm, mit dem Ziel, Choreograph zu werden, wurde ihm bewußt, wie befriedigend es sein kann, hart zu arbeiten.

Der Weg zur Erleuchtung im Zen-Buddhismus lautet:

»Hacke Holz, schleppe Wasser.« Das bedeutet, daß die erfolgreiche Ausführung noch so weltlicher Aufgaben den Weg der Erleuchtung weisen kann. Der Plot unserer Kompetenz setzt also nicht voraus, daß wir einen Nobelpreis erhalten müssen, bevor er sich entscheidend auf unser Leben auswirken kann. Wo immer Sie sich in ihrem Plot der Kompetenz befinden – fangen Sie einfach klein an. Lernen Sie, von Jahr zu Jahr einen immer schöneren Garten anzulegen, ihren Computer zu programmieren, abwechslungsreich und gut zu kochen, kleinere Handwerksarbeiten selbst zu erledigen, lernen Sie Algebra, an der Sie in der Schule gescheitert sind, oder versuchen Sie, Ihre Wohnung regelmäßig aufzuräumen und nicht nur dann, wenn Ihre Mutter zu Besuch kommt. Alle diese Vorhaben und Tätigkeiten sind darauf ausgerichtet, ein Gefühl der Kompetenz zu entwickeln.

Sport ist ein Aspekt der Kompetenz – und zwar nicht nur im Hinblick auf körperliche Fitneß, sondern auch im Sinne von Selbstvertrauen, Wohlergehen und dem Gefühl von eigener Stärke, das entsteht, wenn man sich in seinem eigenen Körper wohl fühlt. Zugleich bietet Sport die Möglichkeit, mit überschießenden oder überwältigenden Emotionen umzugehen. Auch die Kunst ist ein wunderbarer Plot unserer Kompetenz, denn es sind ihr keine Grenzen gesetzt. Niemand bringt es in der Kunst zu einer so unübertrefflichen Meisterschaft, daß er sich auf seinen Lorbeeren ausruhen könnte, und da jede künstlerische Tätigkeit eng mit dem Unbewußten verbunden ist, lassen sich immer wieder neue und andere Dinge in der Kunst ausdrücken, was zu einer tiefen inneren Befriedigung führen kann. Das formale Vokabular der Kunst mag begrenzt sein, jedoch nicht ihr Ausdruck. Bildung und Ausbildung bieten unmittelbarere Lernerfahrungen im Bereich der Kompetenz, die vielleicht erst das Vorspiel darstellen für noch viel reichhaltigere Erfahrungen bei der Umsetzung des Gelernten in der Praxis. Auch die Psychotherapie kann ein Weg zur Selbsterkenntnis sein.

Die Schriftstellerin Hilary entwickelte ihren Plot der Kompetenz, indem sie anfing, ihren Hund zu erziehen:

Immer wenn ich mit meinem Hund Jake im Park spazierenging, fühlte ich mich wie eine Vollidiotin. Ich rief und rief nach ihm, doch Jake warf mir nur einen verächtlichen Blick zu und lief weiter. Ich wußte, daß mir andere Hundebesitzer hinterherblickten und sich fragten: Was stimmt bloß nicht mit dieser Frau? Kriegt sie nicht mal ihren eigenen Hund dazu, ihr zu gehorchen? Deshalb beschloß ich irgendwann, in den sauren Apfel zu beißen und eine Hundetrainerin zu engagieren, die mit mir und Jake arbeiten sollte. Diese Erfahrung war eine Offenbarung für mich. Sie erzog nämlich nicht in erster Linie den Hund, sondern mich. Nach wenigen Stunden fing Jake an, auf meine Kommandos zu hören. Ich stellte fest, daß ich meine Aufmerksamkeit konzentrierte und wirklich präsent war – früher hatte ich immer nur gehofft, daß er zurückkommen würde, jedoch keine Möglichkeit gesehen, ihn dazu zu bringen. Nach einem Monat erfolgreichen Hundetrainings stellte ich zu meiner Überraschung fest, daß ich auch beim Schreiben mehr Selbstvertrauen bekam. Anstatt immer nur zu hoffen, daß die Worte so aus mir herausfließen würden, wie ich sie haben wollte, gelang es mir nun, mich zu konzentrieren und meine Wort so zu formen, wie ich sie gerne haben wollte.

Kompetenz kann man nicht erzwingen. Kompetenz entsteht bei allem – beim Hundetraining, beim Gärtnern, beim Heimwerken und bei jeder anderen Tätigkeit –, und zwar aus der Selbstverpflichtung zu Qualität. Ohne eine solche innere Verpflichtung erledigt man die Aufgaben rein mechanisch, ohne dabei das Gefühl zu entwickeln, die Dinge auch tatsächlich zu beherrschen. Der wichtigste Aspekt der inneren Verpflichtung ist die Erkenntnis, daß die Entwicklung und Steigerung der Kompetenz ein Prozeß ist, in dem man trotz der Niederlagen und Rückschläge weitermacht und *aus ihnen lernt.* Selbstverpflichtung bedeutet, daß man aus Erfahrungen lernt und damit rechnet, weiterzulernen.

Im Alter ebenso wie in der Kindheit spielt der Plot unserer Kompetenz meist eine geringere Rolle. Der Lohn des Alters ist die Lebensweisheit: Wer ein langes Leben hinter sich und aus seinen Erfahrungen gelernt hat, begreift sich selbst und andere besser.

Die Art, in der Sie als Erzähler die Beziehung zu Ihrer Arbeit darstellen, ist von zentraler Bedeutung für Ihren Plot:

- Haben Sie das Gefühl, daß Ihre Identität und Ihre Arbeit eng miteinander verbunden sind? Haben Sie das Gefühl, Ihre Arbeit sei ein Teil Ihrer selbst? Oder gibt Ihre Arbeit Ihnen einfach die Möglichkeit, Ihre Miete zu bezahlen, und Sie haben das Gefühl, Sie seien *eigentlich* jemand anders? Meinen Sie, Sie seien im Plot Ihrer Arbeit fehlbesetzt? (Beispielsweise: »Ich bin eigentlich gar kein Kellner, sondern ein Schauspieler.«)
- Wie stellen Sie sich in diesem Plot dar – als Suchenden, als Handlanger, als angehende Unternehmerin, als Dienstboten mit Arbeitsvertrag, als angeheuerte Hilfskraft, als Experten, als Versagerin oder als Überflieger?
- Betrachten Sie Ihre Arbeit eher als Hindernis oder als Mittel Ihrer Selbstverwirklichung?

Die Frage, ob die eigene Identität durch die Arbeit, die man tut, definiert, versteckt oder durchkreuzt wird, ist insbesondere für junge Menschen zentral. In der Jugend besteht der Plot der Kompetenz darin, seine wahre Berufung zu suchen, während man als Erwachsener danach strebt, seine Kompetenz auf dem einmal gefundenen Feld zu erhöhen. Erwachsene, insbesondere die älteren unter ihnen, sind mit ihrer eigenen Identität in der Regel zufriedener und haben seltener das Gefühl, daß ihre Identität ihnen in einer unbefriedigenden Arbeit genommen werden oder verlorengehen kann.

Die Art, in der der Erzähler mit immer wieder neuen Herausforderungen umgeht – mit dem Zusammenwirken seiner Fertigkeiten, mit den Aufgaben, die sich ihm stellen, und mit den Schwierigkeiten, die das Leben für ihn bereithält – und was er aus ihnen lernt, strukturieren den Plot seiner Kompetenz. Kompetenz bedeutet auch, daß man Rückschläge, Fehler und Mißerfolge als Teil der Suche nach einer eigenen Identität akzeptiert. Kompetenz heißt nicht, daß man losgeht, wenn die Ampel auf Grün springt, sondern sie beschreibt, was man tut, wenn sie rot ist. Wir entwickeln den Plot unserer Kompetenz nicht aus unseren Stärken und Begabungen, sondern aus dem, was uns schwerfällt, aus unserem Umgang mit Ablehnung und Einschränkung, aus dem, was wir trotz und wegen der Hindernisse tun, die sich uns in den Weg stellen. Die Schritte auf dem Weg zur Kompetenz können noch so klein sein, beispielsweise, wenn wir Antiquariate und Büchereien nach einem Buch durchstöbern, das wir für ein Projekt brauchen, wenn wir einen Zeichenkurs machen, um unsere zeichnerischen Fähigkeiten zu verbessern, oder wenn wir unseren Chef fragen, was wir verbessern könnten, wenn unsere Arbeitsleistung zu Recht kritisiert wird.

Dieser Prozeß kann eine Herausforderung sein, wenn man das Glück hat, einer kreativen und sinnvollen Tätigkeit nachzugehen – einem Beruf, der einem am Herzen liegt. Diese Herausforderung ist unter anderem durch die Selbstverpflichtung zu Qualität bestimmt. Eine sinnvolle Beschäftigung enthält darüber hinaus noch weitere Elemente der Kompetenz. Ist das nicht der Fall, muß man seine Kompetenz entwickeln, indem man sich Aufgaben und Projekte außerhalb seines Berufes sucht – in einem Hobby, im Sport oder in ehrenamtlichen Tätigkeiten. So fand Carly den Plot ihrer Kompetenz außerhalb ihrer Arbeit als Programmiererin:

Ich hatte keine Ahnung, welche Wende mein Leben mit dem Kauf unseres kleinen Bungalows nehmen würde, der von einem furchtbar heruntergekommenen kleinen Garten umgeben war. Eigentlich hatte ich vorgehabt, einen pflegeleichten Kräutergarten anzulegen, doch als ich anfing, mich in die Literatur über Kräuter einzulesen, wuchs meine Faszination immer weiter. Wer hätte gedacht, daß es so viele verschiedene Sorten Minze gibt? Meine Suche nach einigen wunderschönen, seltenen Sorten wurde zu einer weiteren Herausforderung. Inzwischen bin ich eine richtige Expertin, Mitglied im örtlichen Gartenverein und stelle meinen Garten auch für Besichtigungen zur Verfügung. Ich freue mich schon darauf, daß die Tage länger werden, weil ich dann mehr Zeit für die Gartenarbeit habe.

Der Plot des Verlusts

> Wir eignen uns nicht für die langfristigen Perspektiven,
> Die sich in jedem Augenblick des Lebens eröffnen.
> Sie ketten uns an unsere Verluste, schlimmer noch,
> Sie zeigen uns, was wir haben, wie es einst war,
> So strahlend und ungeschmälert, als hätten wir
> Nur anders handeln müssen, um es in seiner alten Schönheit zu erhalten.
>
> *Philip Larkin, ›Reference Back‹*

Der dritte und vielleicht problematischste Plot ist der des Verlusts. Gesundheit, Schönheit, Gedächtnis, Geschicklichkeit und Kompetenz, Freundschaft und Liebe – all das verlieren wir letzten Endes. Verluste sind im Leben unumgänglich, und es bleibt uns nichts anderes übrig, als sie zu akzeptieren und in unseren Plot zu integrieren.

Dabei müssen wir nicht nur mit tatsächlichen Verlusten, sondern auch mit potentiellen Verlusten und solchen Verlusten fertig werden, die lediglich in unserer Vorstellung vorhanden sind. Die Angst vor dem Verlust ist ein wichtiger Aspekt dieses Plots, die allerdings auch dazu führen kann, daß wir mit einem realen oder befürchteten Verlust allzu beiläufig umgehen oder uns darüber hinwegtäuschen. Eine solche Pseudo-Beherrschung kann allerdings auch bedeuten, daß man vor Verlustsituationen flieht oder nicht in der Lage ist, mehr als nur oberflächliche Beziehungen zu anderen Menschen zu knüpfen. Dennoch lassen sich Verlusterfahrungen nicht vermeiden; sie sind so sicher wie das Amen in der Kirche. Wir können der Belastung, die ein Verlust bedeutet, nicht entgehen: Wir leiden darunter, daß Menschen, die uns lieb sind, für uns ebenso verloren sind wie wir für sie, wir denken sehnsüchtig an verlorene Zeiten, die wir nicht wieder einholen können, wir trauern über unsere nachlassenden Kräfte, und wir beklagen verpaßte Gelegenheiten oder falsche Entscheidungen. An einem bestimmten Punkt unseres Lebens – meistens zwischen Vierzig oder Fünfzig – wird uns bewußt, daß sich das Leben nicht endlos erneuert. Wir können nicht mehr ohne weiteres beschließen, daß wir einmal Kinder haben möchten oder daß wir in einer anderen Stadt oder einem anderen Land noch einmal von vorn anfangen wollen. Ob wir wollen oder nicht – die Entscheidungen, die wir bis dahin getroffen haben, schränken die Alternativen unseres Plots ein. Außerdem sind manche Erfahrungen wie eine Sanduhr: Wenn sie abgelaufen ist, müssen wir weiter.

Verluste kann man auf zweierlei Weise erleben: Entweder will man etwas, das man nicht bekommen kann, oder man hat etwas, das man verliert. Beispiele für Verlusterfahrungen sind unerwiderte Liebe, der Verlust des Arbeitsplatzes, eine Trennung, ein Umzug, der Wegzug oder der Tod eines geliebten Menschen. Mit Verlusten umgehen zu können bedeutet auch, daß man selbst dazu in der Lage ist, Verlusterfahrungen herbeizuführen, wenn es sein muß; zum Beispiel, daß man eine Arbeitsstelle, einen Partner oder eine Stadt aufgibt, wenn sie nicht mehr gut für einen sind. In den meisten Liebesliedern geht es um Verlust und Trauer, weil sie einschneidende und universelle Erfahrungen darstellen. Jede Bindung ist dadurch charakterisiert, daß sie den möglichen oder realen Verlust impliziert. Dies macht jede emotionale Beziehung zu einem Risiko.

Die Reaktion des Erzählers auf Verluste

Verluste sind eine elementare und unumgängliche, aber auch schmerzliche Erfahrung. Wir können sie zwar nicht vermeiden, doch es liegt an uns, wie wir sie interpretieren, wie wir auf sie reagieren und welche Bedeutung sie für unser Ich haben.

Die Art, in der Sie selbst als Erzählerin oder Erzähler *in der Regel* auf Verluste reagieren, sagt etwas über Ihr inneres Ich aus. Viele Menschen erleben Verluste als Bestätigung dafür, daß sie es nicht wert sind, geliebt zu werden. Wenn jemand sie verläßt, werten sie dies als Beweis dafür, daß irgend etwas mit ihnen selbst – und nicht etwa mit dem anderen oder mit der Situation als solcher – nicht stimmen kann. Was den Verlust zu einem Plot macht, ist ein solches gewohnheitsmäßiges, verinnerlichtes Reaktionsschema, also die Geschichte, auf die wir immer wieder zurückgreifen, um uns selbst die Verluste zu erklären. Wahrscheinlich haben wir sie nie in Worte gefaßt oder sie irgend jemandem erzählt, dennoch erleben wir sie in unserer Rolle als Erzähler als wahr und gebrauchen sie, um schmerzliche emotionale Erfahrungen zu strukturieren.

Ernesto beispielsweise hatte das Gefühl, daß seine Freundin ihn verlassen hatte, weil er irgendwie nicht gut genug war. Und weil er sich diese Geschichte wieder und wieder erzählte, beeinflußte sie seine nächste Beziehung erheblich. Obwohl Linda viele seiner Bedürfnisse nicht befriedigen konnte, beschloß er, sie zu heiraten, weil er wußte, daß sie emotional so bedürftig war, daß sie ihn niemals verlassen würde. Nun war Ernestos Plot gewissermaßen in Stein gemeißelt: Er würde nie mehr damit konfrontiert sein, daß ihn seine Partnerin verließ.

Wenn wir unseren Plot des Verlusts entwickeln, überprüfen wir andere Menschen unbewußt dahingehend, wie gefährlich sie uns werden können: Wird er oder sie mich verlassen oder nicht? Daß wir uns selbst dabei als nicht liebenswert darstellen, bleibt unser persönliches Geheimnis und damit unwidersprochen. Dieses Bild von uns selbst ist gewohnheitsmäßig und festgefügt, und wir praktizieren und lernen es immer wieder neu. Oft hinterfragen wir diese Geschichte überhaupt nicht und stellen uns nie Fragen wie: Was hat dieser Verlust für mich bedeutet? Wie bin ich damit umgegangen? Warum habe ich so reagiert? Wenn wir unsere Geschichte nicht hinterfragen, wird der Verlust zu falschen

Grundüberzeugungen generalisiert wie zum Beispiel: »Nichts ist von Dauer«, »Jeder Liebhaber betrügt einen irgendwann« oder: »Ich finde nie jemanden, der mich so liebt, wie ich bin.« Was wir brauchen, ist die Distanz, die der Autor zu seinem Plot hat, und wir müssen lernen, mit dem Schmerz des Verlassenwerdens sinnvoll umzugehen.

Manche Menschen reagieren auf einen Verlust, indem sie sich emotional von ihrer Traurigkeit abschotten. Doch damit verschieben sie die notwendige Phase der Trauer lediglich auf einen späteren Zeitpunkt. Mit einem Verlust geht man nur sinnvoll um, indem man über ihn trauert – indem man also sein Gefühl zuläßt. Sich emotional abzuschotten ist keine Lösung. Zwar werden die Gefühle damit unter Verschluß gehalten, doch sie wandern unweigerlich in den Untergrund und tauchen später in einer destruktiveren Form (zum Beispiel als Sucht) wieder auf. Wer glaubt, er könne den Schmerz eines Verlusts vermeiden, unterliegt einem Trugschluß. Man kann einer Situation ein Ende setzen, nicht aber den damit verbundenen Gefühlen. Versucht man es dennoch, brechen die Emotionen später in Form einer Überreaktion hervor – man zeigt Gefühle, die im Verhältnis zum Anlaß, der sie scheinbar hervorgerufen hat, unangemessen heftig sind. Tatsächlich sind solche unangemessenen emotionalen Ausbrüche ein eindeutiger Hinweis darauf, daß verdrängte Gefühle nach einem Ventil suchen. Je heftiger ein solcher Ausbruch ist, desto geringer ist die Wahrscheinlichkeit, daß die vordergründige Ursache auch die tatsächliche ist.

Wenn Emotionen zu heftig oder zu intensiv sind, ist man unter Umständen gezwungen, eine Verletzlichkeit zuzugeben, die nur sehr schwer zu ertragen ist. Doch Verlusterfahrungen lassen sich nicht umgehen; sie sind in jeder Bindung potentiell enthalten. Man sollte allerdings bedenken, daß die Kehrseite des Verlusts Akzeptanz und Verständnis sind, und daß es keinen Weg dazwischen gibt.

Übungen zu Kapitel 4

Finden Sie Ihren Plot der Liebe

Unterteilen Sie Ihr Leben in Fünfjahresabschnitte von Ihrer ersten ernsthaften Liebesbeziehung an (beispielsweise zwanzig bis fünfundzwanzig, fünfundzwanzig bis dreißig, dreißig bis fünfunddreißig usw.). Notieren Sie dann für jeden Fünfjahresabschnitt Ihre Antworten auf die folgenden Fragen zu Ihren Liebesbeziehungen:

- Welches waren die wichtigsten Augenblicke in Ihren Liebesbeziehungen?
- Welche Frustrationen waren am schlimmsten?
- Welche Ihrer Eigenschaften konnten sich innerhalb Ihrer Liebesbeziehungen entfalten?
- Welche Ihrer Eigenschaften blieben in Ihren Liebesbeziehungen verdeckt oder ungenutzt?
- Wie würde Ihr Partner Sie beschreiben?
- Wenn Sie sich vorstellen, dieser Lebensabschnitt sei eine Reise gewesen, wohin hat diese Reise Sie dann geführt? War sie ein Umweg oder vielleicht sogar eine Sackgasse?

Überlegen Sie sich dann für sämtliche Lebensabschnitte eine Antwort auf folgende Fragen und schreiben Sie sie auf:

- Erkennen Sie ein oder zwei durchgängige Themen? Welche?
- Können Sie diese Themen zu einer Geschichte über Ihre Liebesbeziehungen verweben?
- Erkennen Sie etwas, das Sie gern anders machen würden? Was?

Entwickeln Sie Ihren Plot der Liebe

Erinnern Sie sich an eine Liebesbeziehung, die hinter Ihnen liegt. Erzählen Sie, wie sich diese Liebe entwickelt hat und beschreiben Sie die einzelnen Schritte. Beispielsweise:

Beginnendes Interesse
Verliebtheit
Sehnsucht
Liebe
Enttäuschung
Frustration
Verärgerung
Desillusion
Gleichgültigkeit
Langeweile
Abscheu
Zorn
Haß

Sie brauchen die genannten Schritte nicht alle und auch nicht in der dargestellten Abfolge einzuschließen. Wenn Sie gar keinen davon übernehmen wollen, benennen Sie selbst zumindest drei Schritte.

Erzählen Sie Ihren Plot der Liebe

Orientieren Sie sich an dem Überblick zu Ihrem Plot der Liebe, den Sie in der vorhergehenden Übung formuliert haben, und entwickeln Sie daraus eine kurze Geschichte in der dritten Person (machen Sie sich selbst zu einer Figur in der Geschichte – schreiben Sie also nicht »Ich«, sondern beispielsweise »Paul« oder »Elli«). Lesen Sie Ihre Geschichte noch einmal durch und beantworten Sie dann die folgenden Fragen:

- Wie würden Sie sich mit wenigen Worten als *Figur* innerhalb Ihres Plots der Liebe beschreiben? Als verführt oder verlassen? Als eifersüchtig? Als aufmerksam und liebevoll? Als getäuscht? Als jemand, der Macht ausübt? Als jemanden, der andere verläßt? Sehen Sie sich selbst auch so?
- Wie beschreibt der *Erzähler* Ihrer Geschichte die Liebe? Erscheint sie ihm als hoffnungslos tragisch? Langweilig? Als das Wunderbarste auf der Welt? Teilen Sie seine Meinung?

Überlegungen zur Kompetenz

Bevor Sie Ihren Plot der Kompetenz entwickeln, sollten Sie einige allgemeine Überlegungen zu diesem Thema anstellen.

- Beschreiben Sie die Leistung, auf die Sie am stolzesten sind.
- Überlegen Sie, in welchem Beruf Sie sich selbst überhaupt nicht vorstellen können. Beschreiben Sie sich in diesem Beruf.
- Stellen Sie sich vor, Sie seien in Ihrem Beruf besonders erfolgreich. Was empfinden Sie dabei?
- Stellen Sie sich vor, Sie hätten in Ihrem Beruf kläglich versagt. Was empfinden Sie dabei?

Finden Sie Ihren Plot der Kompetenz

Unterteilen Sie Ihr Leben von Ihrem zwanzigsten Lebensjahr an in Fünfjahresabschnitte (zwanzig bis fünfundzwanzig, fünfundzwanzig bis dreißig, dreißig bis fünfunddreißig usw.). Überlegen Sie nun für jeden einzelnen dieser Abschnitte, was Sie – vielleicht auch unbewußt – unternommen haben, um im Beruf und im Alltag Kompetenz zu entwickeln (zum Beispiel, daß Sie einen Kurs besucht, sich weitergebildet oder versucht haben, sich selbst eine Fertigkeit beizubringen). Gibt es im Hinblick auf Ihre Selbstverpflichtung zu Qualität einen Unterschied in Ihren beiden Listen?

- Erstellen Sie für jeden Fünfjahresabschnitt zwei Listen – eine mit Vorhaben, die Ihnen gelungen sind und eine mit Vorhaben, die Ihnen mißlungen sind. Haben Sie sich bei den erfolgreichen Vorhaben vielleicht eher selbst zu Qualität verpflichtet? Gibt es zwischen den beiden Listen andere Unterschiede im Hinblick darauf, wie Sie versucht haben, Ihre Kompetenz zu entwickeln?
- Erstellen Sie eine Liste der Schwierigkeiten und Einschränkungen, die Sie in Ihrem Plot der Kompetenz erfahren haben. Welche Schritte haben Sie unternommen, um damit fertig zu werden? Haben diese Schritte Ihrem Plot der Kompetenz genutzt oder eher geschadet? Beschreiben Sie Ihre größte Enttäuschung. Was würden Sie anders machen, wenn Sie diese Situation noch einmal erleben könnten?

Finden Sie Ihren Plot des Verlusts

Unterteilen Sie Ihr Leben vom fünfundzwanzigsten Lebensjahr an in Fünfjahresabschnitte (fünfundzwanzig bis dreißig, dreißig bis fünfunddreißig, fünfunddreißig bis vierzig usw.). Erinnern Sie sich an die größten Verluste, die Sie in Ihrem Leben erlitten haben, und ordnen Sie sie diesen Fünfjahresintervallen zu (notieren Sie auch eventuelle frühere Verluste in Ihrem Leben). Formulieren Sie zu jeder wichtigen Verlusterfahrung Antworten auf die folgenden Fragen:

- Wie bin ich mit diesem Verlust umgegangen?
- Wie kann ich diesen Verlust anders betrachten? Welche Vorteile könnte er für mich haben?
- Betrachten Sie Ihr Verhaltensmuster bei der Reaktion auf Verluste. Was sagt dieses Muster Ihrer Meinung nach über

Sie aus? Mit anderen Worten: Welche Annahmen und Überzeugungen liegen Ihren Reaktionen auf Situationen zugrunde, in denen Sie etwas wollen und nicht bekommen oder aber etwas haben und es dann verlieren? In welcher Weise hat sich Ihre Reaktion auf einen Verlust mit zunehmendem Alter verändert?

5. Die vier Hauptkomplikationen: Geld, Flucht, Sexualität und Kinder

Normalerweise weiß man nicht, wie etwas passiert ist, bis der Anfang des Geschehens eines Tages lange zurückliegt.
Gertrude Stein, ›Composition as Explanation‹

Komplikationen machen einen Plot in gewisser Weise erst reich und interessant. Sie geben ihm die Vielfältigkeit, ohne die er langweilig zu lesen wäre. Tatsächlich sind die vier wichtigsten Verwicklungen eines Plots – Geld, Flucht, Sexualität und Kinder – in der Regel durchaus erwünscht. Da sie aber häufig unbewußte, nicht hinterfragte oder auch verdrängte Aspekte des Erzählers ans Licht bringen, wohnt ihnen, im Guten wie im Bösen, eine ungeheure Kraft inne. Wird eine dieser Komplikationen selbst zu einem Grundplot, entsteht ein Ungleichgewicht, das die Erzählung kippen lassen kann.

Geld

Die Art, in der Sie sich selbst über Geld definieren – wieviel Sie verdienen, was Sie mit dem Geld anfangen, wie Sie den finanziellen Status anderer Menschen beurteilen –, beeinflußt Sie als Erzähler ebenso wie den Plot, den Sie entwerfen können. Geld zählt zu den Dingen, bei denen das Unbewußte am deutlichsten spürbar wird. Die Einstellungen des Erzählers zum Geld bringen unhinterfragte Überzeugungen zum Ausdruck: »Kümmere dich um mich«, »Ich habe nie genug Geld«, »Die Liebe eines Mannes äußert sich darin, daß er bereit ist, seine Frau finanziell zu unterstützen« oder: »Ich bringe das Geld nach Hause, also sind meine Bedürfnisse am wichtigsten«. In einem Lied der Sängerin Cindy Lauper heißt es daher zu Recht: *»Money changes everything.«*

Ebenso wie die anderen Verwicklungen sollte auch Geld nie zu einem eigenen Plot werden. Wenn die Beschäftigung mit Geld – weil man mehr haben will oder keines hat –, zum wichtigsten Element eines Plots wird, liegt ein Problem vor. Solange Geld nicht zum bestimmenden Thema eines Plots wird, kann es unser Leben positiv beeinflussen. Es kann uns das Gefühl einer gewissen Macht, ein Gefühl von Bestätigung, Leistung, Belohnung und Sicherheit geben. Es ist äußerst befriedigend, mit einer Arbeit, von der man überzeugt ist, Geld zu verdienen und damit den Lebensunterhalt für sich und seine Familie zu sichern. Auf diese Weise kann Geld den Plot der Kompetenz positiv beeinflussen.

Geld als Machtmittel

Geld ist mehr noch als Sex ein Thema, zu dem wir selten einen rationalen Zugang haben, das wir nicht hinterfragen und bei dem oft gelogen wird. In unserer Gesellschaft glauben viele Menschen, der Charakter eines Menschen hänge davon ab, wieviel Geld er angehäuft hat. Sie halten Geld für einen verläßlichen Gradmesser, der angibt, wie gut man im Leben zurechtkommt, und sie meinen, wer viel Geld habe, sei frei und einflußreich. Natürlich wird der Plot eines Menschen, der seine grundlegenden Bedürfnisse im Hinblick auf Nahrung, Wohnung und Kleidung nicht befriedigen kann, von den Notwendigkeiten des Überlebens diktiert. Für Menschen, die in Armut leben müssen, ist Geld keine Komplikation, sondern der – vielleicht sogar einzige – Plot. Doch von einem bestimmten Niveau der finanziellen Versorgung an kann Geld die persönliche Macht nicht mehr vergrößern. Kein Geld zu besitzen mag mit Machtlosigkeit gleichzusetzen sein; doch Reichtum garantiert weder Macht noch

Sicherheit – eigentlich macht er sogar verletzbarer, weil man viel mehr zu verteidigen hat als andere!

Geld hat in Beziehungen eindeutig die Funktion eines Machtmittels. Rhondas Mann beispielsweise verdiente doppelt so viel wie sie. Wenn also jemand zu Hause bleiben mußte, weil ihr gemeinsamer Sohn krank war, erwartete er von ihr, daß sie das Kind versorgte.

Auch wenn eine Beziehung nicht primär von Geld bestimmt ist, spielt es doch immer eine Rolle. Kann sich einer der Partner finanziell nicht selbst versorgen, so verändert sich das Gleichgewicht der Kräfte in der Partnerbeziehung. Wer einen anderen Menschen finanziell versorgt (die Eltern ihr Kind oder ein Partner den anderen), hat damit oft eine gewisse Macht über ihn – ob gewollt oder nicht. Es ist schwierig, wenn nicht sogar unmöglich, irgend eine Art von Autonomie zu erlangen, solange man finanziell abhängig ist.

Wie Geld Komplikationen im Plot der Liebe verursachen kann

Geld und Liebe sind wie ein altes Ehepaar. Es kann im Plot der Liebe zu Komplikationen kommen, weil ein Partner für den Geschmack des anderen zu wenig verdient, oder weil er mehr Geld nach Hause bringt, als man selbst jemals erhoffen kann. Ein unerwarteter Geldsegen kann einem die Kraft verleihen, eine Beziehung aufzulösen, die fade geworden ist. Er kann aber ebenso eine Beziehung verjüngen, die sich bisher in der Notwendigkeit erschöpft hat, für den Lebensunterhalt zu sorgen. Geld kann einen aber auch, wie im Fall von Marnie, an eine Situation binden, die man eigentlich gar nicht braucht.

Marnie lernte Howard kennen, als sie gerade zwanzig war. Howard war Bauunternehmer, fünfzehn Jahre älter als sie und schien sein Leben im Griff zu haben. Marnie zog bald bei ihm ein, und Howard bezahlte alles. Nach einigen Jahren gründete Marnie ein Catering-Unternehmen. Zwar war es kein überwältigender Erfolg, aber es brachte doch ein wenig Geld ein. Sie fühlte sich wohl mit dem Lebensstil, an den sie und Howard sich gewöhnt hatten, obwohl sie sich wegen der Finanzierung ihres Hauses bei seiner Familie hoch verschuldet hatten und an die Bank eine zweite Hypothek zurückzahlen mußten.

Als Marnie Mitte Dreißig war, begann sie ihre biologische Uhr laut ticken zu hören. Howard, der auf die Fünfzig zuging, war nicht gerade begeistert von der Idee, Vater zu werden. Marnie stellte fest, daß sie Howard nicht mehr liebte und eigentlich gar nicht mehr glücklich mit ihm war. Sie wollte ihn verlassen und allein weiterleben, befürchtete aber, sich finanziell nicht selbst versorgen zu können oder niemanden zu finden, mit dem sie ein Kind haben könnte und der sie versorgen würde.

Wenn Sie nun überlegen, in welcher Weise Geld Verwicklungen in Ihrem Plot der Liebe verursacht hat – war es eine positive Verwicklung oder wie bei Marnie eine negative? Manchmal gewöhnen wir uns an ein finanziell sorgenfreies und durch zwei Einkommen abgesichertes Leben, und unsere Angst vor dem Verlust unserer Bequemlichkeiten hindert uns an der Frage, ob wir mit unserer Partnerwahl wirklich glücklich sind.

Wie Geld Komplikationen im Plot der Kompetenz verursachen kann

Geld kann natürlich eine wunderbare Belohnung für Kompetenz sein. Für manche Menschen stellt es sogar das eigentliche Ziel dar. Geld kann aber auch erhebliche Probleme mit sich bringen. So hat man vielleicht auf einem bestimmten Gebiet eine hohe Kompetenz entwickelt, die sich niemals auszahlen wird; oder aber man jagt dem Geld hinterher und riskiert dabei, keinerlei Kompetenz zu entwickeln. Geld kann den Plot der Kompetenz auch in einer Weise beeinflussen, die im voraus gar nicht absehbar und vorstellbar ist.

Der Gartenarchitekt und Landschaftsgärtner Warren liebte es, einen Garten genau nach den Bedürfnissen seines Kunden anzulegen: Er bezog in seine Überlegungen das Haus, das Grundstück, den Wunsch und die Fähigkeit des Kunden ein, den Garten auch zu pflegen, sowie seine Vorliebe für bestimmte Pflanzen. Haus und Garten seiner Kunden sagten ihm viel über die Menschen selbst, und es erfüllte ihn mit Stolz, wenn sie schließlich zufrieden waren. Nachdem seine Frau und er ihr zweites Kind bekommen hatten, erhielt er den Auftrag, den Garten eines Unternehmers aus der Computerbranche anzulegen. Dieser Garten war extrem groß, und Warren arbeitete hart, aber erfolgreich. Nach dem Abschluß der Arbeiten bot ihm der Unternehmer an, für das Doppelte seines bisherigen Einkommens auf einer vollen Stelle die gärtnerische Betreuung des Firmensitzes zu übernehmen. Warren sagte zu, stellte aber bald fest, daß seine Arbeit ohne den Kontakt zu unterschiedlichen Menschen und ohne die Vielzahl von Pflanzen, aus denen er früher hatte auswählen können, zu einer reinen Plackerei geworden war.

Wie Geld Komplikationen im Plot des Verlusts verursachen kann

Mit Geld kann man das Glück nicht kaufen, auch wenn es manchmal so scheinen mag, und nicht zuletzt deshalb kann es zu Komplikationen im Plot des Verlusts kommen. Unkontrollierte Geldausgaben oder das Horten von Geld haben in der Regel mit Gefühlen wie Kummer und Traurigkeit zu tun, die nicht zum Ausdruck gebracht werden.

Ed und Brian beispielsweise waren zwanzig Jahre lang zusammengewesen. Nach Brians Tod machten sich Eds Freunde große Sorgen, weil er einem monatelangen Kaufrausch verfiel. Zuerst flog er nach Hawaii und logierte dort im luxuriösesten Hotel. Nach seiner Rückkehr dinierte er in den teuersten Restaurants und kaufte sich ständig neue Kleidung. Eds unablässiges Konsumieren hinderte ihn daran, über den

Verlust von Brian nachzudenken – bis dann schließlich der Gerichtsvollzieher kam.

Flucht

Man kann sich in alles flüchten, das einem die Möglichkeit verschafft, sich zu vergessen. Ein solcher Ausbruch kann wunderbar und produktiv sein: So kann man beispielsweise einem schrecklichen Arbeitstag entfliehen, indem man seinen Schreibtisch verläßt und einen Spaziergang in der Stadt macht. Man kann seiner langweiligen Wohnung entfliehen, indem man sie neu und in hellen Farben streicht. Man kann seinen Sorgen entfliehen, indem man sich Zeit für eine Meditation oder eine Massage nimmt.

Man kann aber auch negative Formen der Flucht praktizieren, indem man beispielsweise einen riesigen Schuldenberg auf seiner Kreditkarte aufhäuft, um vor der Tatsache zu fliehen, daß man kein Geld hat. Man kann sich jeden Tag um fünf heillos betrinken, um der Tatsache zu entfliehen, daß man seinen Chef haßt. Man kann sich in die Arme eines Liebhabers stürzen, um seinen Eheproblemen zu entgehen.

Ein Ausbruch aus Befangenheit und Selbstbeobachtung, aus Streß oder Unglück kann gut und notwendig sein, doch die Flucht vor unseren Gefühlen ist keines von beiden – und auf lange Sicht auch gar nicht möglich. So hart und schrecklich die Intensität unserer Gefühle auch sein mag – sie bleiben doch unsere eigenen. Es gibt kein Entkommen vor ihnen, höchstens eine zeitweilige Ablenkung. Gefühle, die verleugnet werden, kommen nach einer Weile wieder zurück, und das oft in einer Form, in der sie viel schwerer anzugehen sind – wie in den folgenden Fällen:

- Linda gab vor, nicht wütend zu sein, als ihr Mann sagte, sie sei zu dick, doch in den folgenden Wochen fiel es ihr schwer, nüchtern zu bleiben.
- Ralph wurde immer unsicherer, ob er die ganze Arbeit, die nach seiner Beförderung von ihm verlangt wurde, auch wirklich schaffen würde. Außerdem fiel es ihm schwer, mit seinem fordernden und überkritischen neuen Chef zurechtzukommen. Anstatt nun diese Probleme am Arbeitsplatz anzusprechen, ging er jeden Abend nach Hause und schrie seinen Sohn an, wenn dieser sich auch nur den geringsten Fehler in seinem Studium hatte zuschulden kommen lassen.

Wenn eine Flucht nicht mehr nur eine Verwicklung darstellt, sondern zu einem eigenen Plot wird, steht man vor ernsthaften Schwierigkeiten. Drogenmißbrauch, Eßstörungen oder eine suchtartige Abhängigkeit von der Arbeit sind Beispiele dafür, daß eine Form der Flucht zum Plot geworden ist. Wenn Fluchtverhalten zum Plot wird, besteht die Gefahr, daß zwei andere wichtige Plots, nämlich die der Liebe und der Kompetenz, zerstört werden.

Wie eine Flucht Komplikationen im Plot der Liebe verursachen kann

Eine Flucht kann den Plot der Liebe ohne weiteres zerstören. In Liebesbeziehungen werden Paare, die versuchen, ihren Konflikten und Differenzen zu entfliehen, früher oder später wieder von ihnen eingeholt. Konflikte kommen in allen Liebesbeziehungen vor – der Unterschied liegt darin, ob und wie man mit ihnen umgeht. Wenn einer oder beide Partner versuchen, Ärger oder anderen problematischen Gefühlen aus dem Weg zu gehen, kommen diese Gefühle in einer schwerer faßbaren Form an einem anderen Ort und zu einem anderen Zeitpunkt – nicht selten im Bett – wieder an die Oberfläche.

Bob beispielsweise graute vor Konflikten oder Konfrontationen. Er pflegte seinem Gesprächspartner scheinbar zuzustimmen, um dann hinter dessen Rücken doch zu tun, was er selbst für richtig hielt. Seine Freundin Elaine wurde immer ungehaltener, als sie versuchte, die Probleme in ihrer Beziehung anzusprechen, denn Bob ging Elaine aus dem Weg, indem er sich immer mehr in seine Arbeit vergrub – er arbeitete länger und fuhr häufiger auf Geschäftsreisen. Wenn Bob nicht zu Hause war, versuchte Elaine, sich auf die positiven Dinge in ihrer Beziehung zu konzentrieren. Sie sprach die Probleme nicht mehr an, woraufhin Bob nicht mehr so lange arbeitete und häufig zu Hause war. Nun begann der Kreislauf von neuem – Elaine klagte, und Bob ging den Konflikten aus dem Weg und schaffte Distanz –, und in jedem Kreislauf nahmen die Intensität der Gefühle und die Verzweiflung zu.

Wie eine Flucht Komplikationen im Plot der Kompetenz verursachen kann

Die Folgen eines Fluchtverhaltens, das außer Kontrolle gerät und allzu einflußreich wird, sich also zu einem eigenen Plot verselbständigt, sind Passivität und der Verlust von Einfluß und Freiheit. Man verliert die Fähigkeit, seinen eigenen Plot zu schreiben und zu bestimmen, weil der Plot des Fluchtverhaltens keinen Autor erfordert. Er ist dominant, unflexibel und wiederholt sich immer wieder. Drogenabhängigkeit ist ein sehr gutes Beispiel dafür, wie Fluchtverhalten zum Plot wird. Wenn man versucht, durch Drogen die Realität zu vergessen oder zu verschönern, weil sie einem so, wie sie ist, nicht befriedigend erscheint, vergibt man sich die Möglichkeit, die Realität nach den eigenen Vorstellungen zu verändern.

Gefühle, die so unangenehm sind, daß sie uns zu einer Flucht verleiten könnten, müssen wahrgenommen und empfunden werden, bevor sie verblassen können. Manchmal lassen sie sich nur schwer bestimmen oder verbergen sich vielleicht hinter der Maske von Langeweile oder Depression. Doch wenn wir tief genug schauen, finden wir sie immer. Es ist außerordentlich verführerisch, unangenehme Gefühle zu vergessen oder beiseite zu schieben, doch wir müssen uns fragen: Was wollen wir eigentlich unbedingt vergessen?

Bruce beispielsweise, der intelligente Sohn eines berühmten und erfolgreichen Anwalts, »langweilte« sich bei seiner eigenen Arbeit als Rechtsanwalt. An den Wochenenden fuhr er in einen Touristenort, wo er Tag und Nacht am Spieltisch saß. Bald war er hoch verschuldet und nicht mehr in der Lage, sich auf seinen Beruf zu konzentrieren. In der Therapie wurde ihm bewußt, daß seine Spielsucht das Resultat der Flucht vor den komplizierten Gefühlen seinem Vater gegenüber bildete, den er unbewußt stets als Konkurrenten angesehen hatte.

Natürlich kann ein Ausbruch, der nicht fehlgeleitet ist, auch belebend wirken. Er bietet die Möglichkeit, abzuschalten, sich zu amüsieren und wieder Energie zu tanken. Jeder braucht Spaß, jeder braucht Beschäftigungen, die nicht in erster Linie produktiv und die mit keiner Verantwortung verbunden sind – spielen Sie also, denn das Spiel ist auch eine Quelle der Kreativität! Der Psychoanalytiker D. W. Winnicott vermutet, daß es zwei grundlegende Einstellungen dem Leben gegenüber gibt, Kreativität und Angepaßtheit: »Mehr als alles andere ist es die kreative Wahrnehmung, die dem einzelnen das Gefühl gibt, daß das Leben lebenswert ist«, und »Anpassung bringt für den einzelnen ein Gefühl der Nutzlosigkeit mit sich und ist mit der Vorstellung verbunden, daß alles sinnlos … ist.«

Leider meinen viele Menschen – ganz zu Unrecht – daß sie, nur weil sie kein Gemälde malen oder keinen Roman schreiben könnten, nicht kreativ seien. Tatsächlich aber zeigen wir unsere Kreativität auf vielerlei Weise – in der Art, wie wir Probleme lösen, wie wir ein Fotoalbum zusammenstellen, einen Raum einrichten, ein Kostüm entwerfen, einen Garten planen, und natürlich, wie wir die Plots unseres Lebens schreiben und wieder umformulieren.

Wichtig ist die Erkenntnis, daß eine Flucht nicht einfach bedeutet, seine Impulse zu kontrollieren, wenn man etwas tun will, das einem schadet, sondern daß man in einer positiven Form der Flucht durchaus Freude finden kann. Auch der Plot unserer Kompetenz bietet uns positive Möglichkeiten der Flucht, wenn wir unsere Fertigkeiten bei einer Tätigkeit, die uns Spaß macht, mit einem Sinn für Spiel verbinden. Winnicott schreibt: »Gerade im Spielen und nur im Spielen kann das Kind und der Erwachsene sich kreativ entfalten und seine ganze Persönlichkeit einsetzen, und nur in der kreativen Entfaltung kann das Individuum sich selbst entdecken.«

Wie eine Flucht Komplikationen im Plot des Verlusts verursachen kann

Trauer ist das Gegenteil der Flucht, denn sie setzt sich mit dem Schmerz des Verlusts unmittelbar auseinander, sie erkennt das Ausmaß des Verlusts und die Intensität des Gefühls an und stellt sich ihnen, anstatt den Schmerz zu verschleiern oder ihm zu entfliehen. (Natürlich sind manche Verluste, beispielsweise ein traumatischer Todesfall, ein Inzest oder die Tatsache, daß man Opfer eines Gewaltverbrechens wird, so überwältigend, daß man sich gar nicht unmittelbar damit auseinandersetzen kann. Die Trauer darüber kann man nur ganz allmählich zulassen, weil sie einen sonst zerstören würde.) Wer nicht trauern kann, braucht ein Ventil und flüchtet sich vielleicht in Fremdgehen, Drogen- oder Alkoholmißbrauch oder ähnliches. Doch es gibt auch eine produktive Form der Flucht. Manche Menschen lesen Romane, treiben Sport, gärtnern, betätigen sich künstlerisch oder putzen den Küchenboden, bis man von ihm essen könnte.

Wir haben gesehen, daß jeder von uns mehr als nur eine Rolle spielen kann – nicht nur in unseren eigenen Plots, sondern auch in denen anderer Menschen. Wenn uns mehr als nur eine Rolle zur Verfügung steht, kann uns dies vor Gefühlen der Unzulänglichkeit, des Versagens, der Niedergeschlagenheit und der Schuld bewahren, wenn etwas schiefgeht. Lulu beispielsweise war Reiseverkehrskauffrau, verheiratet, hatte eine dreijährige Tochter und nahm an Marathonläufen im ganzen Land teil. Als sie sich wegen chronischer Knieprobleme dazu gezwungen sah, mit dem Laufen aufzuhören, konnte sie diesen Verlust leichter akzeptieren, weil sie sich mit ihren Erfolgen auf anderen Gebieten trösten und sich, als sie endgültig mit dem Laufen aufhörte, nun stärker auf diese anderen Rollen konzentrieren konnte. Wir suchen nach einer Fluchtmöglichkeit, wenn wir mit einer extrem schmerzlichen oder schrecklichen Situation konfrontiert sind. Wer sich mit einer einzigen Rolle identifiziert, kann in eine katastrophale Lage geraten, wenn Probleme entstehen. Wer dagegen mehrere für ihn befriedigende Rollen spielt, kann sich schützen, indem er seine Aufmerksamkeit in solchen Fällen auf ein anderes Gebiet verlagert.

Selbstmord ist der ultimative Fall eines Fluchtverhaltens, weil er keine Umkehr zuläßt. Ein solcher Plot zwingt zugleich alle in der Umgebung des Betreffenden, ihre eigene Geschichte völlig umzuschreiben.

Sexualität

Sex ist die bekannteste Verwicklung eines Plots. Seit mehreren tausend Jahren, von den griechischen Dramen über Shakespeare bis hin zu den Vorabendserien im Fernsehen, hat Sexualität die Plots vorangetrieben. Das ist nicht überraschend. Sex ist die Zeugungskraft, der Stoff, der die Welt am Laufen hält. Sallie Tisdale, die Verfasserin von ›Talk Dirty to Me. Eine intime Philosophie des Sex‹, schreibt: »Es liegt Frieden im Chaos der Sexualität, weil sie ein Ort ist, an dem wir uns in uns selbst und uns selbst ineinander finden können.«

Obwohl die Sexualität einen Aspekt des Seins darstellt, der allen Menschen gemeinsam ist, geht jeder mit sexuellen

Gefühlen in einer ganz eigenen Weise um. Jeder muß mit seinem sexuellen Ich zurechtkommen. Da Sexualität nichts Rationales ist, hat sie häufig die Rolle des Jokers, der alle anderen Farben übertrumpfen und das Spiel sprengen kann. Wahre Leidenschaft ist zwar flüchtig, kann aber ein Chaos auslösen. Wer sich ganz seiner Sexualität hingibt und sich dieser Erfahrung überläßt, befreit sich von der Last, sich seiner selbst bewußt zu sein. Selbstvergessenheit und die Ausschaltung der Selbstbeobachtung sind die Kennzeichen einer tief erlebten Sexualität.

Wir sind in unserer Sexualität zugleich extrem isoliert: Wir kennen nur unsere eigenen Erfahrungen, und nicht einmal davon wissen wir besonders viel, weil sie sehr eng mit unseren geheimsten Träumen und Phantasievorstellungen verwoben sind. Wie beim Thema Geld sind wir auch angesichts der Macht der Sexualität so verletzbar, daß wir nicht ehrlich sind. Wir bemühen uns, uns in sexueller Hinsicht als möglichst begehrenswert zu präsentieren und unsere Verletzbarkeit so weit wie möglich zu verbergen.

Von allen unseren Plots redigieren wir diejenigen, die mit unserer Sexualität zu tun haben, am gründlichsten. Wenn wir von unseren sexuellen Erfahrungen erzählen, neigen wir beispielsweise dazu, uns selbst als begehrenswerter, befriedigter, normaler – was immer das sein mag! – darzustellen, als wir es in Wirklichkeit sind, oder aber wir sprechen überhaupt nicht über dieses Thema. Viele erzählen ihren Freunden erst dann von einem Seitensprung, wenn die Beziehung zu Ende ist. So ist es wenig überraschend, daß berühmte Persönlichkeiten sich oft in einer Weise darstellen, die mit der Wirklichkeit ihrer sexuellen Beziehungen und Partner nicht das geringste zu tun hat. Der konservative und geradlinige FBI-Chef J. Edgar Hoover war offenbar ein Homosexueller, der gern im Tutu herumlief. John F. Kennedy, dessen Ehe mit Jackie einmal als modernes Märchen galt, hatte unzählige Affären und One-night-stands.

Viele Menschen lügen, wenn die Rede auf ihre Sexualität kommt, weil sie befürchten, die Wahrheit sei entlarvend, sozial nicht akzeptiert oder politisch nicht korrekt. (Zuweilen tun sie auch gut daran. Die Wahrheit zu sagen, kann riskant sein, wenn beispielsweise durch das Bekanntwerden der sexuellen Präferenzen die Karriere gefährdet ist.) Sie fragen sich, ob sie schlecht, pervers, sonderbar oder unersättlich sind.

Wir wissen wenig über unsere eigene Sexualität, weil die damit zusammenhängenden Emotionen so stark sind, daß wir lieber nicht so genau hinsehen. Unser Begehren macht uns unendlich verletzbar, weil es unsere sexuelle Emotion bildet – ein echtes Gefühl, wie Angst oder Freude, das man nicht mit einfacher körperlicher Lust verwechseln sollte. Leidenschaftliche Liebe und körperliche Lust sind nicht dasselbe. Körperliche Lust, so erregend sie auch sein mag, ist von kurzer Dauer. Da sie nur eine sexuelle Beziehung schaffen kann, bezieht sie sich nur auf einen Teilaspekt des Partners. Leidenschaftliche Liebe hingegen umfaßt sowohl körperliches Begehren als auch eine tiefe und von Herzen kommende Kenntnis des geliebten Menschen.

Wenn man jemanden verführen will, verhält man sich oft in einer Weise, die man selbst für sexy hält. Wahre Leidenschaft hingegen wirkt verzehrend – wie eine Art soziales und persönliches Dynamit. Sie fegt einen hinweg wie eine Sturmflut und enthüllt ganz unerwartete Aspekte der eigenen Person (Begierde, Willfährigkeit, Zügellosigkeit, Entschlossenheit, Dominanz). Wirklich leidenschaftlicher Sex ist immer gegenseitig – wer jemanden zu verführen sucht, der sexuell nicht zu haben ist, schreibt in Wahrheit eine Geschichte über den Verlust.

Da Sexualität häufig außer Kontrolle gerät, haben gesellschaftliche und religiöse Autoritäten von jeher versucht, sie zu steuern. Diese Fremdbestimmung wird in den letzten Jahren von den Medien weiter vorangetrieben, indem sie Sexualität und Gewalt zu einer Beziehung von Ursache und Wirkung verknüpfen. Diese Botschaft wird in zahlreichen Filmen propagiert. In ›Basic Instinct‹ beispielsweise ist ein Mann einer sexuell befreiten Frau verfallen und wird schließlich durch einen Angriff mit dem Eispickel getötet. In ›Eine verhängnisvolle Affäre‹ hat ein Mann, der seine Frau eigentlich liebt, eine kurze Affäre, die tödlich endet. In ›Sea of Love – Melodie des Todes‹ lernt ein Mann eine Frau durch eine Anzeige kennen; auch diese Geschichte endet mit einem Mord. Hier wird dem Publikum immer wieder dieselbe Botschaft vermittelt: Wenn du deine Sexualität auslebst, endet sie in Gewalt.

Die Sexualität ist eine der stärksten Kräfte in unserem Leben. Sie ist die Quintessenz des Lebens selbst. Als solche kann sie eine Art Motor sein, der unseren Plot ungehindert und kreativ vorantreibt. Sie wird erst dann zu einer Komplikation, wenn wir anfangen, uns in unserer Sexualität zu verstellen – wenn wir kühl reagieren, obwohl wir in Wirklichkeit erregt sind, wenn wir den brutalen Macho herauskehren, obwohl wir in Wirklichkeit verletzlich sind, wenn wir so tun, als liebten wir unsere Frau, und zugleich unsere Affären vor ihr geheimhalten – oder wenn wir keinerlei Kontakt zu unserem sexuellen Ich haben.

Sexuelle Phantasien

Über unsere Sexualität können wir uns besser kennenlernen als über irgend etwas anderes. Wenn wir auf unsere sexuellen Phantasien achten, geben sie uns unvergleichlich viel Aufschluß über unseren Charakter. Sallie Tisdale beschreibt, warum das so ist:

Was ich sexuell *tue*, ist das Produkt vieler Faktoren, die nicht alle sexuell motiviert sind. Aber was ich mir *vorstelle*, ist rein – rein in dem Sinn, daß die Bilder ausschließlich von innen kommen, vom Grund meines Unbewußten. Das Land der Phantasie ist das Land des Unausgeführten und des Ersehnten. Es bietet mir einen Privatunterricht, in dem ich ganz allein etwas über mich in Erfahrung bringen kann.

Dieser »Privatunterricht« handelt vom Kern unseres sexuellen Ich, der einige höchst komplizierte Verwicklungen des

Plots auslösen kann, wenn wir uns nicht genauer mit ihm befassen. Aus der Diskrepanz zwischen unseren sexuellen Phantasien und unserem tatsächlichen Sexualverhalten erschließt sich ein wesentlicher Teil unseres Charakters: was wir gern tun; was wir wollen, das andere mit uns tun; was wir nur in unserer Phantasie, aber nie wirklich erleben wollen; wie wir wollen, daß andere unser sexuelles Ich wahrnehmen. Eine große Kluft zwischen Phantasie und Realität kann ein Wegweiser zu gewissen unangenehmen Aspekten der eigenen Sexualität sein, die sich der Erzähler nicht eingestehen will. Wen beispielsweise die Vorstellung erregt, daß er gefesselt wird, wer aber dennoch so tut, als möge er Sex nur in der Missionarsstellung, könnte einige Probleme haben, mit denen er sich bis dahin noch nicht befaßt hat.

Unsere sexuellen Phantasien verhelfen uns in derselben Weise wie unsere Träume zu Erkenntnissen über uns selbst: Am ehesten entwickeln wir Phantasien, die ein Bedürfnis produzieren oder befriedigen. Wenn Barbara beispielsweise masturbierte, stellte sie sich oft vor, sie habe Sex mit mehr als nur einem Mann, oder sie sei nackt und sexuell erregt und werde von mehreren Männern beobachtet. Als sie über diese Phantasien nachdachte, wurde ihr klar, daß es sich nicht um Vorstellungen handelte, die sie jemals ausleben oder auch nur jemandem mitteilen wollte. Sie war in ihren Phantasien eine Göttin der Sexualität, ein Objekt der Begierde für die Männer allgemein. Barbara fühlte sich in ihren Phantasien frei, makellos schön und begehrenswert – ohne jede Befangenheit. Sie konnte den emotionalen Inhalt ihrer Phantasien annehmen, ohne sich dabei unwohl zu fühlen oder diese Phantasien tatsächlich ausleben zu müssen.

Sexuelle Phantasien funktionieren nur dann – erregen Sie also nur dann –, wenn Sie sich ihnen überlassen und ganz in ihnen aufgehen. Anders als tatsächlicher Sex, bei dem Sie zwar physisch präsent sein, aber gleichzeitig ihre Einkaufsliste zusammenstellen können, erfordern sexuelle Phantasien Ihre volle Aufmerksamkeit, wenn sie Sie voll und ganz erfüllen sollen.

Wie Sexualität Komplikationen im Plot der Liebe verursachen kann

Die meisten von uns kennen aus ihrem eigenen Leben oder aus dem Leben anderer Menschen Beispiele dafür, wie es durch Sexualität zu Komplikationen im Plot der Liebe kommen kann: Eine Affäre kann eine Ehe zerstören, schlechter Sex kann eine ansonsten glückliche Beziehung untergraben, ein Mann, der nur eine Jungfrau als Partnerin haben will, lehnt eine Frau ab, bei der er entdeckt, daß sie vor ihm schon andere Sexualpartner hatte. Diese Liste ließe sich beliebig verlängern. Die folgende Geschichte zeigt, in welcher Weise Sexualität zu Komplikationen im Plot einer kameradschaftlichen Liebe führen kann.

Christie hatte mit Ted fünf Jahre lang eine kameradschaftliche Ehe geführt. Sie schliefen höchstens einmal wöchentlich miteinander, und das schien beiden recht zu sein. Tatsächlich fand Christie schon immer, daß die Leute viel zuviel Wirbel um Sex machten. Ihr Plot der Liebe bewegte sich an diesen ein wenig eingefahrenen Gleisen entlang, bis er urplötzlich durch die Sexualität entgleiste:

An zwei Nachmittagen der Woche arbeitete ich freiwillig in der Vorschule meiner Tochter mit, genau wie Ben. Er war geschieden, seine Frau hatte das Sorgerecht für ihren gemeinsamen Sohn, und es war ihm deshalb sehr wichtig, sich bei Projekten in der Vorschule Zeit für das Kind zu nehmen. Ich kannte ihn schon ein Jahr lang, wenn auch nicht besonders gut: Für mich war er einfach einer der vielen netten Väter. Doch als wir beide eines Tages zusammen bei einem künstlerischen Projekt mithalfen, fiel mir plötzlich auf, wie attraktiv er aussah – trotz der vielen Farbe und dem Klebstoff auf seinem Hemd. Wahrscheinlich fand er mich auch attraktiv, denn er machte mir eines Tages ein Kompliment über meine Ohrringe und fuhr mich an diesem Tag auch nach Hause. Verblüfft stellte ich fest, daß ich plötzlich sexuelle Phantasien entwickelte, in denen er eine Rolle spielte – ich stellte mir vor, wie hätten im Fond seines Lieferwagens Sex miteinander – du lieber Himmel! Ich konnte nur noch an ihn denken, und wenn ich wußte, daß ich ihn in der Vorschule treffen würde, achtete ich ganz besonders auf mein Äußeres.

Schließlich kam es natürlich dazu, daß wir Sex miteinander hatten. Die

Erfahrung als umwerfend zu bezeichnen, wäre eine glatte Untertreibung. Ich hatte bis dahin gar nicht gewußt, worum der ganze Wirbel gemacht wurde. In mir schien sich eine Tür zu öffnen, und plötzlich sah ich meine Ehe ganz deutlich vor mir: Ted hatte immer viel zuviel zu tun und interessierte sich kaum für mich als Frau. Wahrscheinlich sahen das alle meine Freunde so, doch mir selbst war es erst bewußt geworden, als ich mehr Zeit mit Ben verbrachte und mich in einer Weise nach ihm sehnte, die fremd und erregend für mich war.

Ich fühlte mich meinem Körper näher als jemals zuvor in den letzten Jahren. Ich trieb häufiger Sport und kaufte mir neue Kleider, um meinen Körper glücklich zu machen. Meine Sinne waren viel lebendiger, als ich mir jemals hätte vorstellen können. Diese Veränderungen ließen sich natürlich nicht verbergen, und im Grunde wollte ich es eigentlich auch nicht. Ted spürte, daß ich mich verändert hatte, obwohl ich ihm erst Monate später von Ben erzählte. Ich weiß noch nicht, wie ich mich im Hinblick auf meine Ehe entscheiden werde: Meine neue Selbsterkenntnis hat mich verändert, und ich will nicht zurück zu meinem alten Ich, selbst wenn es mit Ted und mir dann aus sein sollte.

Christie und Ben beendeten schließlich ihre Beziehung. Dennoch konnte Christie ihre kameradschaftliche Ehe mit Ted nicht fortsetzen: Ihr sexuelles Ich, da ihr so lange unbekannt geblieben war, ließ sich nicht mehr unterdrücken.

Wie Sexualität Komplikationen im Plot der Kompetenz verursachen kann

Sexuelle Aktivitäten, die sich überhaupt nicht mit unserem übrigen Leben vereinbaren lassen, können den Plot unserer Kompetenz im Nu zerstören. Gil beispielsweise hatte sich fünfundzwanzig Jahre lang – immer mit dem Ziel, einmal ein öffentliches Amt zu übernehmen – eine Karriere als Jurist aufgebaut. Er führte eine solide Ehe und hatte drei Kinder, an deren Leben er regen Anteil nahm. Jahrelang hatten seine Freunde ihn aufgefordert, sich doch als Vorsitzender der Schulaufsichtsbehörde zu bewerben, und schließlich stimmte er zu. Er war sehr gespannt auf die Möglichkeiten, die dieses Amt ihm eröffnen würde.

Leider hatte Gil jedoch die letzten fünfundzwanzig Jahre lang versucht, sich an jeder jungen Frau zu vergreifen, die ihm über den Weg lief, und dies auch dann, wenn sie ihn zurückwies. Im Lauf der Jahre waren die Opfer seiner Annäherungsversuche immer wütender auf ihn, doch als ihre Beschwerden in seiner Firma keinerlei Bestrafung nach sich zogen, wagten sie dennoch nicht, an die Öffentlichkeit zu gehen. Als nun die Wahlen für die Schulaufsichtsbehörde anstanden, veränderte sich die Lage plötzlich. Eine junge Praktikantin aus Gils Firma zeigte ihn wegen sexueller Belästigung an. Dies ermutigte andere Frauen, es ihr gleichzutun, und bald war es mit Gils politischer Karriere vorbei.

Die Komplikationen im Plot der Kompetenz, zu denen die Sexualität führen kann, müssen nicht unbedingt negative Folgen haben, sondern können ganz im Gegenteil sehr fruchtbar sein. Henry Miller schöpfte aus der Liebesbeziehung zu seiner Frau June den Stoff für seine größten Werke und verwandelte so seine Obsession in Kunst. Nach einer Phase der abgrundtiefen Depression, in der er zehn Tage lang nicht aufgestanden war, faßte er einen Beschluß: Anstatt sich tatsächlich umzubringen, würde er darüber schreiben. Nach Louise de Salvo in ›Conceived with Malice‹ konnte er »seinen persönlichen Schmerz in ein Kunstwerk integrieren, das ›über sein individuelles Unglück hinausweisen‹ würde«.

Wie Sexualität Komplikationen im Plot des Verlusts verursachen kann

Menschen, die jemandem hinterherlaufen, der für sie unerreichbar ist, gibt es im wirklichen Leben ebenso häufig wie in der Welt der Literatur und des Films. Der Text solcher schwierigen Beziehungen handelt allerdings nicht von Nähe, sondern von Verlust. Diane beispielsweise, eine alleinstehende Frau in den Dreißigern, verliebte sich in Hal, einen verheirateten Kollegen. Er sagte ihr zwar, er werde seine Frau nie verlassen, doch sie beschloß, ihm nicht zu glauben.

Wie konnte er nur sagen, er werde seine Frau nie verlassen? Wir hatten doch so unglaublich guten Sex miteinander! Mit seiner Frau kann es einfach nicht so gut gewesen sein. Und trotzdem ist er abends immer aus dem Bett gestiegen, um zu ihr nach Hause zu fahren. Die Wochenenden und die Ferien verbrachte er auch mit ihr, und ich war immer allein. Bevor ich ihn kannte, hatte es mir nichts ausgemacht, allein zu sein, aber allein zu sein und zu wissen, daß er bei seiner Frau war, das war die Hölle für mich.

Verärgert, depressiv und überdrüssig beendete Diane schließlich die Affäre. Ein Jahr später, nachdem sie eine Weile mit ungebundenen Männern ausgegangen war, verliebte sie sich wieder leidenschaftlich in einen verheirateten Mann. Genau wie Hal ließ auch er sie abends allein und verbrachte die Wochenenden und die Ferien mit seiner Frau.

Ich fühlte mich im Stich gelassen. Eines Abends, als ich wieder einmal allein mit dem Fernseher in meiner Wohnung saß, fragte ich mich, warum ich eigentlich immer wieder verlassen wurde. Warum passierte das immer nur mir? Ich fühlte mich wie damals in meiner Kindheit – ich war fünfzehn Jahre nach meinem Bruder geboren worden und eigentlich ein »Betriebsunfall«. Meine Eltern hatten mich eigentlich nie wirklich gewollt, und ich fühlte mich in meiner Kindheit oft ziemlich alleingelassen. Doch da ging mir plötzlich ein Licht auf: Mir wurde klar, daß ich mich von Männern angezogen fühlte, die mich verlassen würden – und in einer solchen Situation fühlte ich mich auf eine schreckliche Weise wohl.

Als Diane entdeckte, daß sie sich fortlaufend in Situationen brachte, in denen sich die schmerzlichen Gefühle des Verlusts ständig wiederholten, entschied sie, daß es nun endgültig genug war. Sie beschloß, in eine Therapie zu gehen, um sich direkt mit ihren alten Verlustgefühlen auseinanderzusetzen.

Kinder

Kinder – ob erwünscht oder unerwünscht, noch klein oder schon erwachsen – können den Plot eines Lebens wirklich über den Haufen werfen. Unsere Einstellungen ihnen gegenüber und ihre Einstellungen uns gegenüber können alles kompliziert machen, was zuvor so einfach schien.

Theoretisch können Eltern und Kinder einander so bedingungslos lieben, wie es nicht einmal Freunde oder Geliebte tun. Im besten aller Fälle ist die Beziehung zwischen Eltern und Kindern eine wunderbare und erquickende Quelle in einer Welt voller Ungewißheiten. Leider ist das nicht immer so. Manchmal betrachten wir unsere Kinder oder unsere Eltern uns als Quelle einer bedingungslosen Liebe, die zwischen den Eltern nicht vorhanden ist. In vielen Ehen haben die Eltern eine bessere Beziehung zu ihren Kindern als zu ihrem Partner, und dies kann auf das Kind ebenso zerstörerisch wirken wie auf die Ehe. Fay Weldon hat diese Situation prägnant in ihrem Roman ›Du wirst noch an mich denken‹ beschrieben:

> Hilary, denkt Madeleine. Hilary, mein Kind. Was wird aus Hilary? Wozu habe ich nur all diese Jahre, diese ganze Zeit gedacht? Immer geglaubt, ich sei Jarvis' Frau, wo ich doch nur eines war: Hilarys Mutter. Was habe ich Hilary angetan.

Die Erquickung und Heilung, die aus der bedingungslosen Liebe der Kinder zu ihren Eltern erwächst, ist unbestritten eine der größten Belohnungen, die Eltern bekommen können. Außerdem kann man *selbst* bedingungslos lieben, wenn man Kinder hat, und auch das kann heilend und belebend wirken. Man sollte allerdings bedenken, daß unsere Kinder nur eine Leihgabe sind. Wir spielen in ihrem Plot nur eine Zeitlang die Hauptrolle. Eltern zu sein ist nur eine – wenn auch lange – Episode im Leben. Wenn sie zu Ende geht, und das tut sie immer, ist man als Erzähler und als Hauptdarsteller auf seinen eigenen Plot zurückgeworfen.

Die heutige Elterngeneration, die zur Zeit des Baby-Booms geboren wurde, bemüht sich, ihre Aufgabe als Eltern auf eine reflektiertere Weise zu erfüllen als ihre Vorgänger. Da sie in einer psychologisch orientierten Gesellschaft groß wurde, sieht sie die Fehler in den Erziehungsmethoden ihrer Eltern durchaus kritisch und versucht daher, sich anders zu verhalten.

Noch bis vor kurzem bedeutete die Vaterschaft keine besondere Komplikation im Plot eines Mannes. Die *Idee* der Vaterschaft war wichtig, nicht jedoch die *Aktivität.* Es gab keine tradierte Geschichte der Vaterschaft: Bei Männern galt es schon als lobenswert, wenn sie überhaupt Zeit für ihre Kinder aufbrachten. Heute allerdings scheint vieles ganz anders zu sein. Väter finden ihre eigenen Plots. Ben erinnert sich:

> Als meine Frau und ich uns scheiden ließen, war ich am Boden zerstört. Mein Sohn Dylan war mein ein und alles. Daß wir nicht mehr zusammenleben würden, war unvorstellbar. Vor Dylans Geburt war ich einfach nur Ben gewesen. Nach Dylans Geburt war ich Ben, Dylans Vater. Meine Zeit mit Dylan in der Vorschule wirkte auf mich wie eine Offenbarung über mich selbst: Ich war gern dort, ich liebte es, ihm beim Spielen mit anderen Kindern zuzusehen und dabei zu entdecken, wer er war und wie er sich in der Welt bewegte. Ich erfuhr Dinge über mich selbst, von denen ich nie gewußt hatte, daß ich sie in mir hatte.

Man muß nicht der leibliche Vater eines Kindes sein, um die Veränderungen erleben zu können, die Kinder in das eigene Leben bringen. Mitchell hatte in seiner Jugend im Ausland Theaterwissenschaft studiert. Danach war er jahrelang in der Welt umhergezogen und hatte Schauspielunterricht gegeben und selbst Theater gespielt. Er hatte viele Beziehungen gehabt, aber nie geheiratet. Jetzt, mit Fünfzig, leitete er ein Avantgardetheater in Manhattan und war mit seinem Leben so zufrieden, wie es war. Eines Tages erhielt Mitchell ein Schreiben, in dem ihm mitgeteilt wurde, daß seine Cousine, eine alleinerziehende Mutter, Selbstmord begangen und ihren zehnjährigen Sohn Adam hinterlassen hatte. Adam hatte niemand anderen als Mitchell: Keiner wußte, wer sein Vater war, und seine Großeltern waren längst tot. Er mußte also entweder zu Mitchell ziehen, oder aber er würde in ein Waisenhaus eingewiesen. Mitchell nahm ihn schließlich nach einigem Zögern bei sich auf.

Obwohl Mitchells Freiheit sofort und einschneidend reduziert wurde, stellte er zu seiner Überraschung fest, daß seine Liebe zu Adam immer größer wurde. Er ließ Adam an seinem Leben teilhaben: Er half ihm bei den Hausaufgaben, wenn sie in seinem Lieblingscafé saßen, und vermittelte ihm einen Job beim Theater, so daß sie auch dann zusammensein konnten, wenn Mitchell arbeiten mußte. Die beiden unterstützten einander liebevoll in einer Art und Weise, die beide überraschte.

Während Väter heutzutage in stärkerem Maße als früher die Freiheit haben, ihren Plot als Elternteil selbst zu bestimmen, messen sich die meisten Frauen immer noch am altehrwürdigen Plot aus der Zeit, in der die Frauen nicht außer Haus berufstätig waren und ihre Kinder jeden Tag nach der Schule mit frisch gebackenen Plätzchen begrüßten, sie auf den Sportplatz, zum Musikunterricht oder zu Spielkameraden fuhren und ihnen bei den Hausaufgaben helfen konnten. Doch die meisten Mütter stellen inzwischen fest, daß sie diesem Ideal nicht gerecht werden können, weil die Realität des Alltags oder ihre eigenen Bedürfnisse sie zwingen, berufstätig zu sein.

Trisha beispielsweise, die als Juristin in einem Unternehmen beschäftigt war, fragte sich, warum sie jemals an die Fiktion geglaubt hatte, sie könne »alles haben«. Morgens um halb sieben fuhr sie zur Arbeit, damit sie rechtzeitig wieder zu Hause war, um ihre Tochter Miranda zum Klavierunterricht und zum Tanzkurs zu bringen. Einmal pro Woche backte sie nachmittags Schokoladenplätzchen mit ihrer Tochter oder dachte sich eine andere »sinnvolle« Beschäftigung für sie beide aus. Nach dem Abendessen bereitete sie Schriftsätze für ihre Klienten vor. Doch als ihre Abende immer kürzer wurden, weil sie Miranda noch mit den Hausaufgaben half, wurde Trisha klar, daß sie kürzer treten mußte. Sie organisierte jemanden, der ihre Tochter nachmittags zu ihren Aktivitäten brachte, so daß sie selbst mit ihrer Arbeit fertig wurde, doch sie litt unter extremen Schuldgefühlen.

Die Familie, die es niemals gab

Es fällt uns unter anderem deshalb schwer, unseren Plot der Familie klar zu erkennen, weil wir uns häufig nostalgisch an einen Familienplot erinnern, den es so wahrscheinlich nie gegeben hat. Die Kernfamilie, wie sie in den Sitcoms im Fernsehen dargestellt wird, scheint diese Art von Wunschfamilie zu verkörpern. Wenn meine Klientinnen ein Ideal nennen sollen, mit dem sie sich vergleichen (und gegen das sie abfallen), nennen sie in der Mehrzahl der Fälle ›Mutter ist die allerbeste‹ mit Donna Reed. Das Bild von Donna, die immer mit trockenem Humor, immer als Herrin der Lage und immer um ihre Familie besorgt in gestärkten Hemdkleidern, mit Perlenkette und Stöckelschuhen daherkommt, verfolgt sie bis zum heutigen Tag.

Betrachten wir die Meinungen zweier Experten zum Thema Familie. Die in der Forschung tätige Psychologin Arlene Skolnick weist darauf hin, daß die gängige Meinung vom Verschwinden »familiärer Wertvorstellungen« von einer idealisierten Vorstellung einer Vergangenheit ausgeht, die es in der Form nie gegeben hat: »Unabhängig davon, ob das Goldene Zeitalter [des Familienlebens] in den fünfziger Jahren unseres Jahrhunderts, im Viktorianischen Zeitalter oder in der vorindustriellen Vergangenheit angesiedelt wird, gleicht seine Darstellung in diesen Schriften der historischen Wirklichkeit etwa so sehr wie eine Szenerie in Disneyland ihrem historischen Gegenstück entspricht.«

Stephanie Coontz, die zahlreiche Arbeiten zur Geschichte der Familie verfaßt hat, beschreibt die Auswirkungen solcher

Mythen auf die Familie: »Die häufigste Reaktion auf eine solche Diskrepanz zwischen Mythos und Realität sind Schuldgefühle. Meine Studenten und Kollegen berichten, sie hätten sich schon als Kinder schuldig gefühlt, weil ihre Familie sich nicht so verhielt wie die Familien im Fernsehen. Die zweithäufigste Reaktion ist wahrscheinlich Verärgerung – das Gefühl des Betrogenseins und der Wut darüber, daß man selbst oder seine Familie nicht so leben kann, wie die Mythen es suggerieren.

Da viele Menschen der Auffassung sind, daß man erst durch Kinder richtig erwachsen wird, werden Kinder der Umwelt oft als Zeichen der Legitimation präsentiert. Wie die Eltern in den Fernsehserien bekommen auch wir durch unsere Kinder Seriosität und Macht: »Ich bin dein Vater, und ich weiß, was für dich am besten ist«; »So macht man das, weil ich es so sage.« Eltern sind der Mittelpunkt der Welt ihrer Kinder, und Kinder meinen, ihre Eltern hätten auf alles eine Antwort. (In Wahrheit haben Eltern allerdings höchstens *gelegentlich* eine Antwort parat.)

Obwohl Paare mit Kindern oft hartnäckig an ihrer Ehe festhalten, so schlecht sie auch sein mag, kann eine Scheidung sowohl ein positives als auch negatives Element des Plots sein. Wenn eine Ehe aufrechterhalten wird, gilt dies oft als Beweis dafür, daß die Beziehung »funktioniert«, während eine Scheidung als Hinweis darauf gewertet wird, daß sie »nicht funktioniert«, obwohl solche verallgemeinernden Formeln oft eine ganz andere Realität verschleiern. Traditionell gilt die Auffassung, daß eine intakte Familie für Kinder besser sei als eine »zerbrochene Familie«, doch Arlene Skolnick stellt diese weitverbreitete Ansicht in Frage:

Immer mehr Hinweise bestätigen, daß eine konfliktreiche Beziehung zwischen den Eltern, ob diese sich nun in Schreien, Schlagen oder in einem kühlen und feindseligen Umgang miteinander äußert, sowohl in intakten Familien als auch in Scheidungsfamilien einen Schlüsselfaktor für das psychische Wohlergehen der Kinder darstellt. Dennoch gibt es wenige Untersuchungen, in denen die Auswirkungen einer Scheidung verglichen werden mit der Situation in einer intakten Familie mit hohem

Konfliktniveau ... Wenn uns das Wohl der Kinder am Herzen liegt, sollten wir uns weniger mit der Form der Familie befassen, in der sie leben, und statt dessen unsere Aufmerksamkeit stärker darauf richten, wie ihr Wohlergehen in jeder Art von Familie gefördert werden kann. Wir müssen uns mit der Tatsache abfinden, daß es, solange es die Familie gibt, auch Scheidungen, berufstätige Mütter und alleinerziehende Eltern geben wird.

Eine Scheidung ist für ein Kind niemals einfach, doch das Wie ist für ein Kind wichtiger als das Was. Eine schlechte Ehe kann für Kinder schlimmer sein als eine Scheidung. Wenn Kinder in einer konfliktreichen, feindseligen oder emotional toten Atmosphäre aufwachsen, kann eine Scheidung ein positives Element des Plots sein. Was wir brauchen, sind neue Plots für Familien, in denen Kinder nach einer positiv verlaufenen Scheidung glücklich sind und zu beiden Eltern eine gute Beziehung haben.

Wenn Kinder nicht sehen, daß man in seinem Leben ins Straucheln geraten und sich wieder fangen kann, haben sie kein realistisches Lebensmodell, aus dem sie lernen könnten. Wie mir eine alleinerziehende Mutter sagte: »Ich konnte meiner Tochter keine ideale Hausfrau und Mutter zeigen, denn die gab es hier nicht mehr. Aber sie sah, wie ich mich aufregte und immer mehr aufregte, und wie ich dann darüber hinwegkam und weitermachen konnte.«

Wie Kinder Komplikationen im Plot der Ehe oder festen Beziehung verursachen können

Das Bild einer Ehe oder festen Beziehung nach außen kann sich erheblich von ihrem Funktionieren im Inneren unterscheiden. Eines aber ist sicher – jede Ehe oder feste Beziehung ist eine Geschichte, oder eigentlich mindestens vier Geschichten: seine, ihre, »unsere« und die für die Öffentlichkeit bestimmte Geschichte.

Kinder sehen eine ganz andere Geschichte, weil sei die Beziehung ihrer Eltern aus einer ganz besonderen Perspektive betrachten. Sie sehen die Geschichte, die sich die Eltern häufig nicht eingestehen und die erzählt, was *tatsächlich* geschieht und wer Macht über wen hat – der Vater tyrannisiert beispielsweise die Mutter, und die Mutter verbirgt das vor ihren Freundinnen, oder die Mutter ist in der Öffentlichkeit freundlich zum Vater, doch zu Hause behandelt sie ihn von oben herab. Kinder bemerken, wenn das, was der Außenwelt präsentiert wird, sich grundsätzlich und häufig von dem unterscheidet, was sie zu Hause erleben. Sie beobachten die Diskrepanz zwischen Worten und Verhalten und lernen, daß sich die Wahrheit immer im Verhalten zeigt. Außerdem lernen sie, daß – wenn Beschreibung und Erfahrung sich unterscheiden – die Erfahrung geheimgehalten werden muß, zum Beispiel in Brendas Geschichte:

Ich erinnere mich noch, wie ich Abend für Abend am Eßtisch mithören mußte, wie meine Mutter meinen Vater anschrie und ihm sagte, er sei dumm und ein beruflicher Versager. Vater neigte dann immer nur seinen Kopf über den Teller, weil er sich schämte und sich unterlegen fühlte. Ich wußte, er haßte es, wenn sie ihn vor uns Kindern so respektlos behandelte. Ich begriff einfach nicht, wie sie ihm das antun konnte und warum sie ihn so sehr haßte. Bei anderen Gelegenheiten war ich dabei, wenn meine Mutter mit ihren Freundinnen Karten spielte und über ihren Mann sprach. Sie glühte förmlich dabei! Sie prahlte damit, welchen beruflichen Erfolg er hatte und wie gut er mit Menschen umgehen konnte. So lernte ich die Bedeutung der Heuchelei schon sehr früh kennen.

Eltern neigen dazu, sich allzusehr auf ihre Kinder zu konzentrieren, wenn etwas Entscheidendes in ihrer Beziehung fehlt – wenn sie ihre Bedürfnisse nicht gegenseitig befriedigen können und wenn sie in ihrem beiderseitigen Plot keine positive Hauptrolle spielen. Wenn es zwischen den Eltern keine wirkliche Nähe gibt, wird das Kind in den Vordergrund gedrängt und erhält im Plot der Beziehung seiner Eltern eine zu gewichtige Rolle. In einer solchen Konstellation ist das Kind das wichtigste gemeinsame Projekt der Eltern, und ihre eigene Beziehung wird zweitrangig. Doch Kinder wollen im Beziehungsplot ihrer Eltern eine Nebenrolle spielen und brauchen diese Nebenrolle. Sie sind nicht in der Lage, das Gewicht der elterlichen Beziehung zu tragen; und wenn sie doch gezwungen werden, eine größere Rolle zu spielen, opfern sie einen Teil ihrer Fähigkeit zu spielen, zu experimentieren und zu lernen, um dafür diese Bürde zu übernehmen. Die Bedeutung, die ihnen daraus erwächst, verhilft ihnen zwar zu einer gewissen Machtposition – doch diese Macht ist eine Täuschung, weil sie ihnen zu Unrecht zugewiesen ist, weil sie nicht darauf vorbereitet sind und weil sie aus einem unehrlichen Handel der Eltern hervorgeht.

Renee und Raymond beispielsweise waren extrem auf ihren Sohn Cody fixiert. Wenn er einmal einen schlechten Tag in der Schule gehabt oder jemand mit ihm gestritten hatte, war das eine Tragödie für die Eltern. Seine Eß- und Schlafgewohnheiten waren Thema endloser Diskussionen. Tatsächlich kamen Renee und Raymond dann am besten miteinander zurecht, wenn sie sich über Cody unterhielten. Im übrigen hatten sie nämlich wenig gemeinsam. Als Paar hatten sie sich auseinandergelebt, und nur in der Sorge um Cody konnten sie ihre Beziehung zueinander noch aufrechterhalten.

Kinder zu haben führt häufig zu Komplikationen im Plot der Ehe oder Beziehung der Eltern. Wenn man Kinder hat, eskaliert die Anzahl und Häufigkeit der Aufgaben im Haushalt. Wer übernimmt sie? Man kann nicht einfach ein Essen auslassen oder beschließen, daß man das Baby erst nächste Woche wickelt. Die Bedürfnisse von Kindern sind gewaltig, drängend und unmittelbar. Arlie Hochschild gab ihrem Buch zu diesem Thema den Titel ›Der 48-Stunden-Tag‹, um auf die Vielzahl von Aufgaben hinzuweisen, die Eltern vor und nach ihrer Berufstätigkeit zu Hause erledigen müssen. Eine solche typische Situation beschrieben ihr das Ehepaar Nancy und Evan Holt, das ein kleines Kind hat:

Eines Tages legte ich Nancy eine lange Liste der Arbeiten vor, die im Haushalt anfallen. Ich bat sie, mir zu sagen, wie diese Aufgaben zwischen ihr und Evan verteilt seien. Sie unterbrach mich mit einer ausholenden Handbewegung und meinte: »Ganz einfach, für die obere Etage bin ich zuständig, für die untere Evan.« Ich bat sie, das näher zu erklären. Sie antwortete ganz sachlich. »Oben« umfaßte das Wohnzimmer, das Eßzimmer, die Küche sowie die beiden Schlaf- und Badezimmer, »unten« die Garage, die als Abstell- und Hobbyraum genutzt wurde – als Hobbyraum für Evans Hobbys wohlgemerkt. Nancy erläuterte mir die neue Regelung ohne jeden ironischen Unterton – wie übrigens auch Evan später. Beide hielten sie für den besten Weg, ihren Streit beizulegen. Evan kümmerte sich nun um den Wagen, die Garage und Max, den Hund. Nancy dazu: »Der Hund ist allein Evans Sache. Ich habe damit nichts zu tun.« Nancy besorgte den Rest des Haushalts.

»Alles andere«, umfaßte also auch alles, was mit dem Kind zu tun hatte. Eine solche »Oben-unten«-Lösung läßt sich nur dann durchhalten, wenn der Plot in einer irreführenden Weise umgeschrieben wird. Eine solche scheinbare Arbeitsteilung erlaubte Nancy, ihre für sie ausbeuterische Ehe fortzuführen, ohne ihren letzten Rest an Selbstwertgefühl zu verlieren. Der Preis für eine solche irreführende Umschreibung ist ein Leben voller Lügen, das einen hohen emotionalen Tribut fordert und echte Nähe ausschließt (die Ehe der Holts wurde demzufolge auch immer schlechter).

Arlie Hochschild traf allerdings auch Paare, denen es gelungen war, die anfallende Arbeit gleichmäßig zu verteilen, so daß beide Partner zufrieden waren. Bei den Männern war es so, daß sie »die traditionelle Rolle der Hausfrau und Mutter nicht der Frau aufluden und diese Rolle nicht abwerteten, so wie man heute etwa geringschätzig auf bäuerliche Lebensformen von früher herabschaut. Sie teilten sich diese Rolle. Wenn solche Ehepaare sagten, sie hätten ›einen guten Draht zueinander‹, so bedeutete dies in der Regel, daß sie den kleinsten Dienst an der Familie registrierten und dem anderen dafür dankbar waren.«

Das verwöhnte Kind

Eine weitere unerfreuliche Komplikation des Plots ist das »Superkind«: das verwöhnte, in allzu viele Termine eingebundene Kind. In einem solchen Plot werden nicht einfach die elementaren Bedürfnisse des Kindes befriedigt, sondern es wird regelrecht verwöhnt. Sobald die Bedürfnisse der Eltern und des Kindes voneinander abweichen, gehen die Bedürfnisse des Kindes vor, während die Eltern zu reinen Requisiten werden.

Diese Gefahr besteht besonders bei der Generation der Baby-Boomer, von denen viele in einer privilegierten Situation aufgewachsen sind und ihre Wünsche und Hoffnungen in der Gesellschaft verwirklicht sehen. Sie verlieren leicht die Perspektive des Erwachsenen – ihr Kindheits-Ich ist oft so vorrangig, daß sie nicht in der Lage sind, die Bedürfnisse des Erwachsenen und die des Kindes zu integrieren.

Das galt jedenfalls für Trisha, die Anwältin, die nicht in der Lage war, mit dem Terminplan klarzukommen, den sie für ihre Tochter Miranda aufgestellt hatte. Sie war davon überzeugt, daß es eine Tragödie wäre, wenn Miranda nicht die Tanzstunden und den Klavierunterricht hätte, die ihr selbst so viel Spaß gemacht hatten. Leider fragte Trisha ihre Tochter nie nach deren eigenen Bedürfnissen. Hätte sie das getan, so hätte sie entdeckt, daß Miranda es haßte zu üben, und daß sie auf dem besten Wege war, eine tiefe Abneigung gegen klassische Musik zu entwickeln. Schlimmer noch, sie fühlte sich in ihrem Körper, der sich mitten in der Pubertät befand, nicht wohl und empfand es als eine unglaubliche Folter, sich für die Ballettstunden in ihr Trikot zwängen zu müssen. Mit ihrer Mutter sprach sie allerdings nie über diese Gefühle, weil Trisha so ganz offensichtlich ihr eigenes Leben aufopferte, um ihrer Tochter diese »Geschenke« zu machen.

Das Kind als Requisit

Trisha war gefährlich nahe daran, Miranda als Requisit oder, schlimmer noch, als Trophäe in ihrem eigenen Plot zu mißbrauchen. Leider behandeln Eltern ihre Kinder nicht immer als eigenständige Persönlichkeiten, sondern gelegentlich als eine Art Zeugnis, das Auskunft gibt über ihr eigenes Leben.

Ein Kind zu haben ist ein öffentlicher Akt und provoziert bei anderen scharfe Urteile über Sie als Eltern und letztendlich auch als Person. »Mein Sohn, der Arzt« klingt für andere besser als »mein Sohn, der Zimmermann«. Viele Menschen haben das Gefühl, andere beurteilten sie nach dem Aussehen, den Leistungen oder dem Körperumfang ihrer Kinder. Hier handelt es sich um eine aufgerüstete Version der alten Vorstellung, man könne in seinen Kindern weiterleben. Doch wenn Kinder als Spiegelbild des eigenen Erfolgs oder Versagens gesehen werden, haben sie keine Chance, ihre eigenen Fehler zu machen, fett zu werden, Pickel oder schlechte Noten zu bekommen, weil sie lediglich Requisiten in *Ihrem* Plot darstellen und Sie diese Elemente nicht in Ihrer Geschichte haben wollen. (Natürlich ist es wichtig, daß Sie sich wirklich um das Wohlergehen Ihres Kindes kümmern, aber dieses Anliegen ist dann anders motiviert.) Ihrer Kontrolle über andere Menschen müssen bestimmte Grenzen gesetzt sein. Dieses Thema werden wir weiter unten eingehender besprechen.

Wie Kinder Komplikationen im Plot der Liebe verursachen können

Kinder können Verwicklungen in Ihrem Plot der Liebe verursachen, wenn Sie sie benutzen, um Distanz zwischen Ihnen und Ihrem Partner zu schaffen, oder wenn Sie Ihre Kinder und deren Bedürfnisse benutzen, um Ihrem Partner Ihre eigenen Bedürfnisse auf indirektem Wege mitzuteilen.

George beispielsweise teilte sich mit seiner Ex-Frau das Sorgerecht für ihre gemeinsame Tochter Elizabeth, die jeweils die eine Hälfte der Woche bei ihm lebte. Im ersten Jahr nach der Trennung hatte er viel Zeit für Elizabeth aufgebracht – er war mit ihr ins Kino gegangen, hatte viel mit ihr gespielt und oft etwas Besonderes für sie gekocht. Aus einer Mischung von Liebe und Schuldgefühlen heraus war es ihm fast nicht möglich, auch einmal nein zu sagen. Eines Tages verliebte er sich in eine Frau namens Rosa, die er über einen

Freund kennengelernt hatte. Elizabeth hatte sich inzwischen daran gewöhnt, im Zentrum der Aufmerksamkeit ihres Vaters zu stehen, und wenn sie dabei war, konzentrierte George sich ausschließlich auf sie. Er bestand darauf, daß Rosa und er alles unternahmen, was Elizabeth wollte. Als Rosa schließlich darauf hinwies, daß diese Situation für sie selbst schwierig und für Elizabeth wahrscheinlich ungesund war, ging George in die Defensive und gab die Beziehung auf. George nutzte seine Unfähigkeit, seiner Tochter Grenzen zu setzen dazu aus, Distanz zu seiner Freundin zu schaffen.

Wie Kinder Komplikationen im Plot der Kompetenz verursachen können

Kinder können den Plot der Kompetenz komplizierter machen, wenn wir ihre Bedürfnisse vorschieben, um nicht die eigenen Bedürfnisse im Hinblick auf unsere Kompetenz verwirklichen zu müssen. Wenn Sie beispielsweise davor zurückschrecken, einen Kurs zu besuchen oder andere Schritte zu tun, um sich nach einer Kinderpause wieder mehr der Welt zuzuwenden, können Sie einfach sagen: »Meine Kinder brauchen mich«, zu Hause bleiben und es Ihren Kindern später nachtragen. Natürlich bringen die meisten Eltern gewisse berufliche Opfer, um mehr Zeit für ihre Kinder zu haben, aber das ist etwas anderes, als wenn man sich hinter seiner Rolle als Eltern versteckt, um sich nicht mit seinen eigenen Ängsten auseinandersetzen zu müssen.

Virginia war freiberufliche Autorin und Lektorin und sorgte sich, was aus ihrer Karriere werden würde, wenn sie den sechsjährigen Max nach der Scheidung allein erziehen müßte. Doch es zeigte sich, daß ihr im Hinblick auf ihren Beruf nichts Besseres hätte passieren können. Vorher hatte sie, mit der Sicherheit zweier Einkommen, immer alles vor sich hergeschoben, und jede kleine Unpäßlichkeit hatte ihre Produktivität eingeschränkt. Nachdem Max nun aber allein von ihr abhängig war, gelang es ihr, ihr Arbeitstempo zu erhöhen, ihre Zeit einzuteilen und ihren negativen Gefühlen nicht mehr so stark nachzugeben. Ihre neugewonnene Fähigkeit, mit ihrer Zeit und ihren Emotionen sinnvoll umzugehen, führte dazu, daß sie beruflich viel besser vorankam als zuvor.

Wie Kinder Komplikationen im Plot des Verlusts verursachen können

Manchmal verlassen wir uns auf unsere Kinder, um das zu ersetzen, was wir verloren haben. Simone und ihre Schwester Carol hatten sich ihr ganzes Leben lang sehr nahegestanden. Als Kinder hatten sie alles gemeinsam unternommen, im College teilten sie sich ein Zimmer, und selbst nach ihrer Heirat telefonierten sie täglich miteinander. Als Carol im Alter von fünfundzwanzig Jahren plötzlich an einem Gehirntumor starb, brach Simone zusammen. Sie spürte eine Leere in sich, die so groß war, daß niemand sie hätte füllen können. Sie konnte nicht mehr arbeiten und war völlig von ihrem Mann Gary abhängig. Nach einem Jahr der tiefen Trauer ging es ihr immer noch schlecht, aber sie fing an, ihr Leben wieder in die eigenen Hände zu nehmen. Sie dachte nicht mehr ständig an Carol und konnte wieder ihrem Beruf als Dekorateurin nachgehen.

Plötzlich kam sie auf die Idee, daß sie ein Kind haben wollte, obwohl sie und Gary ausdrücklich beschlossen hatten, keine Kinder zu bekommen. Sie setzte ihr Verhütungsmittel ab, ohne Gary etwas davon zu sagen. Innerhalb von drei Monaten war sie schwanger, und neun Monate später brachte sie ein kleines Mädchen zur Welt, das sie Carol nannte.

Unbewußt bemühte sich Simone, die Nähe, die sie ihrer Schwester gegenüber empfunden hatte, mit einem neuen, von ihr selbst geschaffenen Menschen wiederherzustellen. Das barg allerdings die Gefahr in sich, daß sie das Baby niemals als eigenständige Person, sondern immer nur als Ersatz für ihre Schwester betrachten würde. Gary liebte seine Tochter zwar, aber er ärgerte sich darüber, daß Simone ihn nicht an ihrer Entscheidung beteiligt hatte, und er sorgte sich wegen ihrer zwanghaften Hinwendung zu dem Baby.

Übungen zu Kapitel 5

Wie Geld Komplikationen in Ihren Plots verursachen kann

- Stellen Sie sich vor, Sie haben 30 Millionen DM im Lotto gewonnen. Schreiben Sie ein paar Zeilen darüber, wie dieser Gewinn ihr Leben verändert. Was für ein Gefühl haben Sie? Verändern sich Ihre Beziehungen zu anderen Menschen? Geben Sie Ihre Arbeit auf?
- Stellen Sie sich vor, Sie kommen in eine Welt, in der es kein Geld gibt. Schreiben Sie ein paar Zeilen darüber, wie diese Reise Ihr Leben verändert. Vermissen Sie den Umgang mit Geld oder sind Sie eher erleichtert? Wie vertreiben Sie sich die Zeit?
- Verfassen Sie einen kurzen Text darüber, welche Rolle Geld in Ihrer Kindheit gespielt hat. Haben Sie Taschengeld bekommen? Mußten Sie sich Ihr Taschengeld selbst verdienen? Waren Ihre Eltern »reich« oder »arm«? Schreiben Sie anschließend einen kurzen Text über die Rolle, die Geld heute für Sie spielt. Welcher Zusammenhang besteht zwischen den beiden Texten, die Sie geschrieben haben?
- Nachdem Sie sich in das Thema Geld hineingedacht haben, überlegen Sie sich bitte, in welcher Weise Geld zu Verwicklungen in Ihren Plots der Liebe, der Kompetenz oder des Verlusts geführt hat (beispielsweise die Stelle, die Sie wegen des ungewöhnlich hohen Gehalts angenommen haben; die Frau/der Mann, zu der/dem Sie die Beziehung abgebrochen haben, weil sie/er keine finanzielle Zukunft

hatte; die Zeit, in der Ihr Vater sein ganzes Geld bei einer Spekulation an der Börse verlor und Ihre Familie ein Jahr lang in einer Notunterkunft leben mußte). Beschreiben Sie die Komplikation in einem oder zwei kurzen Texten. Wirkt sich diese Geschichte heute noch auf Ihr Leben aus?

Wie eine Flucht Komplikationen in Ihren Plots verursachen kann

- Denken Sie an eine Zeit in Ihrem Leben, in der Sie aus einer bestimmten Situation ausbrechen wollten (aus einem Job, einer Beziehung, aus dem Haus Ihrer Eltern). Schreiben Sie ein paar Zeilen darüber, wie Sie (physisch oder emotional) geflüchtet sind oder nicht. Haben Sie sich einen Plan gemacht, oder sind Sie einem Impuls gefolgt? Oder haben Sie gar nichts unternommen?
- Denken Sie an eine Phase in Ihrem Leben, in der Sie einem überwältigenden Gefühl entkommen wollten – Verzweiflung, Zorn, Traurigkeit, dem Gefühl, emotional zu ersticken oder eingeschränkt zu sein. Schreiben Sie ein paar Zeilen über das, was Sie getan haben bzw. nicht unternommen haben, um diesem Gefühl zu entfliehen.
- Erinnern Sie sich an eine Zeit, in der Ihr Bedürfnis zu fliehen zu Verwicklungen in Ihrem Plot der Liebe, der Kompetenz oder des Verlusts führte. (Sie mußten zum Beispiel aus einer Beziehung ausbrechen, eine Stelle aufgeben oder aber dem Schmerz entfliehen, den die Pflege eines sterbenden Freundes in Ihnen auslöste.) Schreiben Sie ein paar Zeilen darüber, wie Ihr Fluchtversuch den Konflikt löste oder aber verschlimmerte.

Wie Sexualität Komplikationen in Ihren Plots verursachen kann

- Erstellen Sie zwei Listen mit Ihren schönsten und Ihren schlimmsten sexuellen Erfahrungen. Wählen Sie je eine Erfahrung von jeder Liste aus, und schreiben Sie ein paar Zeilen darüber, wie Sie sich bei diesen Erfahrungen gefühlt und wie Sie reagiert haben. Welche Entscheidungen für sich selbst und für Ihre Sexualität haben sie aufgrund dieser Erfahrungen getroffen? Welche Erfahrung hat Ihre Sexualität stärker beeinflußt, die gute oder die schlechte?
- Stellen Sie möglichst viele Listen zusammen: Was erregt Sie sexuell? Was mögen Sie nicht? Was fasziniert Sie? Was ängstigt Sie? Was geben Sie gern? Was bekommen Sie gern? Worüber phantasieren Sie gern, ohne es wirklich tun zu wollen? Wählen Sie sich einen Punkt aus jeder Liste, und schreiben Sie einen kurzen Text darüber, indem sie entweder eine tatsächliche Erfahrung oder aber eine Phantasievorstellung beschreiben. Achten Sie darauf, wie Sie als Erzähler oder Erzählerin die Geschichte darstellen. Beschreibt Ihr Text Sie so, wie Sie im wirklichen Leben sind?
- Denken Sie an eine Zeit zurück, in der die Sexualität zu Verwicklungen in Ihrem Plot der Liebe, der Kompetenz oder des Verlusts geführt hat. (Sie haben mit Ihrem besten Freund/Ihrer besten Freundin geschlafen; Sie haben mit Ihrem Chef/Ihrer Chefin geschlafen; Sie haben mit jemandem geschlafen, den Sie dann nie wiedersahen). Schreiben Sie ein paar Zeilen über den Konflikt und sein Ergebnis. War der Konflikt durch dieses Ergebnis gelöst? Oder verstärkte das Ergebnis die Komplikation, bis diese schließlich einen der Plots beherrschte? Beschreiben Sie, wie es dazu kam.

Wie Kinder Komplikationen in Ihren Plots verursachen können

Wenn Sie Kinder haben, schreiben Sie einen Text darüber, wie Ihr Leben wäre, wenn Sie sie nicht hätten. Wenn Sie keine haben, schreiben Sie einen Abschnitt darüber, wie Ihr Leben mit Kindern aussähe.

Überlegen Sie, in welcher Weise die Tatsache, daß Sie Kinder haben oder keine Kinder haben, zu Verwicklungen in Ihren Plots der Liebe, der Kompetenz oder des Verlusts geführt haben (Sie haben geheiratet, um Kinder zu haben; daß Sie ein Kind haben, macht es schwer, sich mit jemandem zu verabreden; Sie haben Ihre Kinder zugunsten Ihrer Karriere vernachlässigt; Sie haben Angst davor, ein Kind zu verlieren, und haben deshalb nie eines bekommen). Beschreiben Sie in einigen Zeilen eine solche Situation. Was war der Konflikt und sein Ergebnis? Wurde der Konflikt durch dieses Ergebnis gelöst? Wurde der Konflikt durch dieses Ergebnis eher noch schlimmer? Beschreiben Sie, wie es dazu kam.

6. Was bringt Bewegung in die Sache? Sich selbst und andere verstehen lernen

Ich kann in dir lesen wie in einem Buch.
Anonymus

Wenn wir einen Plot entwickeln, kommt es vor allem auf die *Interpretation* an: auf die Art und Weise, in der wir unsere Erfahrungen in einen Sinnzusammenhang bringen. Vielleicht meinen Sie, jede Wiedergabe einer Erfahrung sei im Grunde eine mehr oder weniger objektive Darstellung eines Ereignisses und Ihrer Reaktionen darauf, bei der Sie nichts weglassen oder hinzufügen – doch so ist es fast nie. In Wirklichkeit stellen Sie das jeweilige Ereignis aus genau der Perspektive dar, die zu Ihrem Plot paßt.

Manches in unserem Leben können wir kaum beeinflussen; doch wie wir solche Erfahrungen interpretieren, und welche Bedeutung wir ihnen geben, bleibt uns selbst überlassen. Bewußt leben heißt, daß Sie Ihren Plot überprüfen, daß Sie herausfinden, wie Sie Ihre eigene Geschichte schreiben und inszenieren, und daß Sie auf diese Weise das Rätsel lösen, warum sich Ihr Leben so und nicht anders entwickelt. Wir erzählen Geschichten aus vielerlei Gründen: um aufzuklären oder Einfluß zu nehmen, um zu enthüllen oder zu täuschen, um Nähe oder Distanz zu schaffen, um uns selbst zu verwirklichen, um zu unterhalten und um zu verführen. Durch unsere Geschichten vermitteln wir uns anderen Menschen. Doch die wahre Funktion einer Geschichte ist es nicht, Inhalte zu vermitteln, sondern aufzuzeigen, wer wir sind. Ebenso liegt die wahre Funktion eines Plots darin, daß wir aus ihm erfahren, wer wir selbst und wer die anderen sind. Um erfolgreich an unserem Plot arbeiten zu können, müssen wir nicht nur uns selbst begreifen, sondern auch die Persönlichkeit der Menschen in unserem Umfeld. Während wir also unseren eigenen Plot verfassen, »lesen« wir zugleich in anderen Menschen wie in einem Buch, indem wir ihnen zuhören und sie beobachten, indem wir vergleichen und beurteilen. Ist mein neuer Freund Max ehrlich, intelligent, nett und humorvoll? Oder verbirgt sich hinter seinem charmanten Äußeren das Herz eines Serienkillers?

Der sinnvolle Zusammenhang von Ereignissen

Eine gute Interpretation führt zu zwei möglichen Ergebnissen: Sie gibt entweder Antwort auf Fragen, die Sie beschäftigen und gibt Ihnen ein Gefühl der Ruhe und einer befriedigenden Konfliktlösung, oder aber sie bewirkt das Gegenteil und beunruhigt noch mehr, zieht wie ein Magnet ähnliche Erfahrungen an und veranlaßt Sie, Ihre Vergangenheit nach Einzelheiten abzusuchen, die Ihre neue Sicht der Dinge bestätigen. Selbst eine gute Interpretation muß nicht endgültig sein. Wenn Sie sich weiterentwickeln, gelangen Sie häufig zu einer tieferen Interpretation, die ganz neue Aspekte umfaßt.

Eine gute Interpretation verbindet einzelne Aspekte des Verhaltens einer Person, macht sie nachvollziehbar und zeigt, daß sie charakteristisch für ihre Persönlichkeit sind. Natürlich sind manche Interpretationen zutreffender als andere. Roberta beispielsweise wollte unbedingt ihre Ehe retten und versuchte es deshalb mit einigen Veränderungen, die sie zunächst allerdings auf eine Fehlinterpretation stützte:

Als Stan fand, wir sollten uns trennen, war ich am Boden zerstört. Ich wußte, daß es meine Schuld war, und meinte, wenn ich bei mir selbst einiges ändern würde, bliebe er sicher bei mir. Ich wurde also Mitglied in einem Fitneß-Club, fing eine Diät an, ließ mir die Haare schneiden und kochte jeden Abend ein auserlesenes Menü. Doch sein Interesse schien nur noch geringer zu werden. Eigentlich ärgerte er sich sogar über alles, was ich da allein unternahm.

Roberta konnte ihre Situation auf mindestens zwei unterschiedliche Weisen interpretieren: Entweder kam sie zum Schluß, daß sie für ihren Mann nie gut genug sein würde, weil sie einfach nicht liebenswert war, oder aber sie nahm an, daß ihr Mann sich fest entschlossen hatte, sie zu verlassen, so daß keine ihrer Bemühungen ihn von seinem Entschluß abbringen würde.

Wir entwerfen unseren Plot nicht nur, um Erfahrungen in einer Geschichte zu ordnen und sie damit zu interpretieren, sondern auch, um bestimmte Kategorien der Erfahrung auszublenden. Wer sich selbst für ungebildet und unintelligent hält, wird wahrscheinlich Menschen und Situationen meiden, von denen er befürchtet, daß sie seinen wunden Punkt aufzeigen könnten. So wird er es tunlichst vermeiden, sich mit sachkundigen Freunden an einem Gespräch über einen Roman oder einen Film zu beteiligen.

Heimtückischer ist die Gefahr, daß man durch seinen Plot die Selbsterkenntnis ausblendet. Diese defensive Funktion des Plots ist von entscheidender Bedeutung und wird doch oft übersehen. Wir sollten nicht nur erkennen, welche Möglichkeiten uns unser Plot eröffnet, sondern auch überlegen, wovor er uns schützt.

Harry litt unter Platzangst und reagierte panisch, wenn er sich allzu weit von seiner Wohnung entfernte. Wann immer er wegen einer Einladung oder eines Termins den engen Radius der Orte überschreiten mußte, die er als sicher definiert hatte, redete er sich ein, daß er sich zu müde oder zu krank fühlte, daß der Film, der im Kino lief, nicht besonders gut war, daß die Leute ihn langweilten oder daß er besser zu Hause bleiben und arbeiten sollte. Er betrachtete jede seiner Absagen als einmalig und erkannte nicht, daß sie einem Muster der Furcht und des Vermeidens folgten. Erst als er sein Verhalten in der Therapie überprüfte, stellte er fest, daß sein durch Krankheit, Überarbeitung und mangelnde Geselligkeit gekennzeichneter Plot ihn vor den angstbesetzten Gefühlen der Hilflosigkeit an »unsicheren« Orten und den tieferen Implikationen seiner systematischen Ablehnungen geschützt hatte.

Abwehrhaltungen verbergen den Plot des wahren – verletzlichen und authentischen – Ich. Wer sich in seinem Plot verfängt und sich in seinem Leben immer wieder im Kreis dreht, schreibt wahrscheinlich nicht an seiner authentischen Geschichte, sondern an der Geschichte seiner Abwehr.

Eine richtige Interpretation deckt Ihre Gefühle auf und nicht die Strategien, die Sie einsetzen, um Ihre Gefühle zu verbergen. Alice beispielsweise schien nach einer brillanten Doktorarbeit eine ebenso brillante Karriere als Historikerin vor sich zu haben. Gleichzeitig vernachlässigte sie aber völlig ihr Äußeres und schien sich ihres eigenen Körpers überhaupt nicht bewußt zu sein. Als ihr klar wurde, daß ihr Aussehen zum Hindernis für ihre akademische Karriere werden könnte, beschloß sie, dieses Problem in einer Therapie zu bearbeiten.

Als ich noch ein Kind war, gab meine Mutter vor ihren Freundinnen immer mit meinen Leistungen an; aber meine Kleidung und meine Frisur kritisierte sie immer nur. Das verletzte mich sehr, denn mein Aussehen war mir wirklich wichtig. Doch sie machte mir dafür nie auch nur ein einziges Kompliment. Nach einer Weile lernte ich, ihre Kritik einfach auszublenden und nur noch ihr Lob zu hören. Wahrscheinlich dachte ich einfach nicht mehr über mein Äußeres nach – wenn ich in dieser Hinsicht unsichtbar war, konnte mir ihre Kritik irgendwann nichts mehr anhaben.

Die meisten Menschen haben solche emotionalen Fehlinformationen erlernt, die sie daran hindern, sich selbst so zu sehen, wie sie wirklich sind. Haben sie solche überkritischen Urteile – »Ich bin häßlich«, »Ich bin dumm« – erst einmal verinnerlicht, sind sie chronisch verängstigt oder traurig. Um zu vermeiden, daß ihre Gefühle ans Licht kommen, entwickeln sie Strategien, die sie in ihrer Verletzlichkeit schützen und ihre Gefühle verbergen sollen. Sie zeigen der Welt ein gepanzertes Ich. Im Lauf der Zeit kann es passieren, daß sie den Kontakt zu dem, was sie verteidigen wollen, verlieren und das defensive Ich für ihr wahres Ich halten. Da die Entstehungsgeschichte ihrer Problematik nicht bearbeitet wird, kann sie auch nicht gelöst werden.

Solange Sie sich nicht mit Ihren Ängsten, Bedürfnissen und Ihren schmerzlichen Erfahrungen auseinandergesetzt haben, können Sie auch keinen authentischen Plot schreiben, der auf Ihren wahren Stärken und Schwächen beruht. So wie ein Arzt Sie erst dann untersuchen kann, wenn Sie sich ausgezogen haben, so können Sie selbst erst dann Ihre wirklichen Emotionen richtig einschätzen, wenn Sie Ihre Abwehrstrategien beiseite geschoben und Ihre »inakzeptablen« Gefühle untersucht haben.

Wenn eine Abwehrstrategie lange genug aufrechterhalten worden ist, kann es schwierig werden, sich zu erinnern, was man mit dieser Strategie eigentlich ursprünglich verbergen wollte, wie im folgenden Beispiel: »Ich wollte gar nicht mit allen Männern, mit denen ich ausging, Sex haben, aber ich wußte einfach nicht, was ich mit ihnen reden sollte – ich war schüchtern und konnte mich nicht ausdrücken.«

Ein anderes Beispiel: Der Plot von Luannas Abwehr besagte, daß sie ein schönes Leben führen und einfach keine Kinder haben wollte. Ihre authentische Geschichte erwies sich dann aber als völlig anders. Luanna war eine vierzigjährige Architektin, der nichts über ihre Karriere, ihren Mann und ihre beiden Dalmatiner ging. Ihr war schon immer klar gewesen, daß sie keine Kinder haben wollte. Als sie nach dem Tod ihrer Mutter in die Therapie kam, verwandte sie viel Zeit darauf, die Beziehung zu ihrer Mutter zu klären. Sie beschrieb sie zunächst als »gut, normal, wie andere auch«. Bald aber wurde deutlich, daß Luanna keinesfalls so werden wollte wie ihre Mutter, die sie als unglückliche, vom Leben zutiefst enttäuschte Frau erlebt hatte. Luannas Mutter hatte ihre Unzufriedenheit an der Tochter ausgelassen und sie für jedes Fehlverhalten kritisiert und bestraft. Als Luanna darüber nachdachte, wurde ihr klar, daß ihr authentischer Plot wie folgt lautete: »Ich will keine Kinder, weil ich Angst habe, ihnen gegenüber ebenso grausam zu sein, wie meine Mutter mir gegenüber gewesen ist.«

Abwehrstrategien können zu eigenständigen Elementen des Plots werden. Vielleicht verhalten Sie sich, um Ihre Verletzlichkeit zu verbergen, so gefühllos und aggressiv, daß andere Menschen Sie tatsächlich für hartherzig halten und auch entsprechend auf Sie reagieren. Oder Sie versuchen, es in Ihrem Leben vor allem zu Geld zu bringen, weil Sie sich mittellos und gefährdet fühlen. Doch wenn Sie dann finanziell besser dastehen, verstärken sich Ihre Ängste, anstatt kleiner zu werden, weil zehnmal so viel Geld auch zehnmal so viel Sorgen für Sie bedeuten.

Fallstricke bei der Interpretation von Ereignissen

Ein Ereignis wird erst durch seine Darstellung zur Erfahrung, und in diesem Prozeß wird es unweigerlich in zweierlei Weise umgeformt: Zum einen verwechseln wir Interpretationen mit Fakten, zum anderen stellen wir Ereignisse zusammenfassend und selektiv dar.

Häufig verwechseln wir Interpretationen oder Schlußfolgerungen mit Fakten. Haben Sie auch schon den Arzt angerufen, um ihm zu sagen: »Ich habe eine Nebenhöhlenentzündung«, nur um daraufhin von Ihrem Arzt über die eigentlichen Symptome befragt zu werden? Der Arzt will Fakten, nicht die Schlußfolgerung, die Sie gezogen haben, und dies selbst dann nicht, wenn Ihre Schlußfolgerung richtig sein sollte. Ein anderer Fall: Ihre halbwüchsige Tochter kommt sehr spät von einer Verabredung nach Hause, und Sie schreien sie an. Als Ihre Tochter später ihre Freunde anruft, sagt sie, Sie hätten sie »beleidigt«. Diese Äußerung ist eine Interpretation, die sich darauf stützt, daß Sie zornig und aufgebracht genug waren, um Ihre Stimme wütend zu erheben. Ihre eigene Interpretation wäre wahrscheinlich ganz anders.

Wir gestalten Ereignisse auch dadurch um, daß wir *zusammenfassen* und *auswählen*, also auffällige Einzelheiten herausgreifen und andere auslassen, um unsere Interpretation in eine bestimmte Richtung zu lenken und zu begründen, warum wir ganz bestimmte Charakterzüge haben. Das ist selbst dann so, wenn wir – wie so oft – die meisten unserer Geschichten niemandem erzählen. Häufig gehen wir Ereignisse einfach im Geiste durch und probieren verschiedene Interpretationen und Darstellungen aus. Die meisten von uns tun das mehrmals am Tag, ohne sich dessen bewußt zu sein.

Gail beispielsweise lernte auf einer Party einen interessanten Mann kennen. Es schien sofort zwischen ihnen zu funken, und sie tauschten ihre Telefonnummern aus. Als Gail an diesem Abend nach Hause kam, war sie sehr aufgeregt und hatte ganz deutlich das Gefühl, daß sich da eine neue Beziehung anbahnte. Als der neue Bekannte aber bis zum nächsten Abend immer noch nicht angerufen hatten, interpretierte sie die Ereignisse neu und gelangte nun zu der Schlußfolgerung, er habe ihr seine Telefonnummer nur aus Höflichkeit gegeben. Sie geriet in eine emotionale Schieflage und tat sich einen ganzen Tag lang entsetzlich leid. Schließlich sagte sie sich, sie sei wohl einfach paranoid, und beschloß, ihn am besten selbst anzurufen, um festzustellen, was er wirklich über sie dachte.

Mit wachsender Einsicht und Selbsterkenntnis wird es immer leichter und sogar interessanter, unsere Interpretationen von Ereignissen zu verändern. Betrachten wir eine Reihe von Konzepten, die Ihnen helfen werden, wenig ergiebige Interpretationsmuster aufzubrechen und neue zu entwickeln.

Verbinden Sie die Punkte zu einem Bild

Wenn wir Ereignisse in unserem Leben so interpretieren, daß sie in unseren Plot passen, ist das ähnlich wie bei Bilderrätseln für Kinder, bei denen man die einzelnen Punkte mit Linien zu einem Bild verbinden muß: Wie die Punkte des Rätsels sind auch die Ereignisse in unserem Leben festgelegt, doch wir können die Verbindungslinien zwischen ihnen neu ziehen, so daß andere Bilder entstehen. Mit wachsender Selbsterkenntnis und Einsicht in das Verhalten anderer erinnern wir uns vielleicht an eine Situation in der Vergangenheit und stellen fest, daß sich die Fakten anders und besser interpretieren lassen, als wir es über Jahre hinweg getan haben. So erinnern Sie sich vielleicht daran, daß Ihre Eltern verärgert reagierten, als Sie Stunden nach dem Zubettgehen noch einmal in ihr Schlafzimmer kamen, um sich einen letzten Gute-Nacht-Kuß zu holen. Im Rückblick erkennen Sie, daß Ihre Eltern wahrscheinlich irritiert waren, weil sie miteinander schlafen wollten, und nicht, weil sie darauf bestanden, daß Sie möglichst rasch einschliefen.

Wir können durch unsere Interpretation nicht den Ablauf der Ereignisse verändern, doch wir können frei entscheiden, welche Ereignisse wir in einen bestimmten Plot integrieren und wieviel Raum und Gewicht wir ihnen geben wollen. Natürlich kann das Haus nicht in Flammen stehen, bevor das Streichholz angezündet wurde; die Kindheit kann nicht auf den Hochschulabschluß folgen; und wir können uns auch nicht in einen gutaussehenden Fremden verlieben, den wir seit Jahren kennen. Wie in dem Bilderrätsel hängt das endgültige Bild davon ab, in welcher Reihenfolge wir die einzelnen Punkte verbinden, und Fehler, die uns dabei unterlaufen, können unsere Interpretation verzerren. So meinen Sie vielleicht, Ihre Freundin habe Sie nicht zu ihrer Party eingeladen, weil Sie sich vor einiger Zeit so kritisch über ihren Liebhaber geäußert haben. Doch es kann ebenso gut sein, daß sie die Einladungen schon vor dem mißlichen Gespräch abgeschickt hat. Oder aber Ihre Kollegin kommt herein und stolziert an Ihnen vorbei, ohne Sie zu grüßen. Zuerst denken Sie, sie sei verärgert, weil Sie dem Chef gesagt haben, daß sie am Freitag eine Stunde früher nach Hause gegangen ist. Doch es ist ebenso möglich, daß sie von Rückenschmerzen geplagt wird, weil sie nach einem Streit mit ihrem Freund die Nacht auf der Couch zugebracht hat, daß sie ein Los mit einer Gewinnummer verloren hat oder daß sie sich wegen des Ergebnisses ihres AIDS-Tests Sorgen macht.

Seien Sie flexibel

Bei der Interpretation von Ereignissen sollten Sie flexibel sein. Je mehr Komplexität Sie ohne Schwierigkeiten akzeptieren können, desto freier sind Sie, sich neue Geschichten auszudenken und zu inszenieren. Peter beispielsweise konnte sich nie vorstellen, daß er seiner Frau Kontra bieten würde, wenn sie mit ihm stritt. Ihre Tränen schienen jede Argumentation im Keim zu ersticken. Da seine eigenen Eltern viel gestritten hatten und diese Auseinandersetzungen immer damit geendet hatten, daß seine Mutter in Tränen aufgelöst war, erschien ihm ein Mann, der eine Frau zum Weinen brachte, völlig unmenschlich. Peters Frau war sich durchaus im klaren darüber, welche Macht sie auf diese Weise über ihn ausübte, und sie setzte ihre Tränen auch gezielt ein, um ihn zum Nachgeben zu zwingen. Irgendwann merkte Peter, daß seine Frau ihn damit regelrecht terrorisierte – genau so, wie sein Vater mit seinen hemmungslosen Tobsuchtsanfällen seine Mutter terrorisiert hatte. Mit dieser neuen Interpretation des Verhaltens seiner Frau konnte er nun erfolgreich seinen Standpunkt vertreten, anstatt jedesmal zurückzustecken.

Flexibilität erwächst aus der Erkenntnis, daß keine Handlung und kein Ereignis auf eine einzige Ursache zurückzuführen ist. Das trifft insbesondere dann zu, wenn andere Personen ins Spiel kommen. Tatsächlich reicht manchmal auch noch so viel Einsicht nicht aus, um die Suche nach einer umfassenden Erklärung der Ereignisse zu befriedigen. Will Ihre Bekannte – nachdem sie Ihnen monatelang ausgewichen ist – nun doch mit Ihnen schlafen, weil Sie inzwischen abgenommen haben? Oder weil ihr Freund sie verlassen hat? Oder aus beiden Gründen, oder aus keinem von beiden? Vielleicht hat sie einen Roman gelesen oder ein Musikstück gehört, das eine verborgene Saite in ihrem Inneren angeschlagen und dazu geführt hat, daß sie Sie in einem neuen Licht sieht. Wie sollen Sie das wissen, wenn sie selbst es vielleicht gar nicht eindeutig sagen kann?

Episoden sind zufällige Ereignisse oder Umstände in unserem Leben, die keinen offensichtlichen Bezug zu unserem jeweiligen Plot haben. Oft sind sie nichts anderes als Katalysatoren, die uns von einem Stadium unseres Plots zum nächsten tragen. Einer der Fallstricke der Interpretation wäre es nun, solchen Episoden eine allzu große Bedeutung beizumessen. Nicht jede Affäre kann unsere große Liebe sein; nicht jede Freundschaft währt ein Leben lang; nicht jeder Job kann der Beginn einer Karriere oder unsere wahre Berufung sein; und unsere Fehler wirken sich (glücklicherweise) nicht immer ein Leben lang aus. Oft finden die Dinge ein natürliches Ende, wenn wir alles aus ihnen – oder sie aus uns – herausgeholt haben, was herauszuholen war.

Brooke beispielsweise, die als Redakteurin bei einer Zeitschrift arbeitete, hatte eine glückliche Beziehung mit ihrem Freund Alan. Sie waren schon monatelang ein Paar und überlegten, ob sie nicht zusammenziehen sollten. Eines Tages lernte Brooke in der Zeitschriftenredaktion die Schriftstellerin Theresa kennen, die zu einer Projektbesprechung in ihre Stadt gekommen war. Beide fühlten sich sofort zueinander hingezogen. Aus einem Flirt wurde eine Verabredung, und in den folgenden drei Nächten liebten sie sich leidenschaftlich in Theresas Hotel. Dann flog Theresa wieder zurück, weil ihre geschäftlichen Angelegenheiten erledigt waren.

Brooke war völlig durcheinander. Sie hatte sich noch nie von einer Frau sexuell angezogen gefühlt, und spontaner Sex, egal, ob mit einem Mann oder einer Frau, lag ihr eigentlich überhaupt nicht. So etwas tat sie einfach nicht. Nun war nach drei Tagen leidenschaftlicher Intensität alles vorbei, ganz so, als sei nie etwas gewesen. Was sollte sie damit anfangen? War sie in Wirklichkeit lesbisch? Liebte sie Alan gar nicht? Hieß das, daß sie eine Lügnerin war, die ihn betrog? Brooke wurde fast wahnsinnig, als sie versuchte, die tiefere Bedeutung dieser Episode zu ergründen.

Schließlich beschloß sie, ihr Erlebnis einfach als Episode

zu werten, als einen spontanen Augenblick des Vergnügens in ihrem Leben. Tatsächlich fühlte sie sich irgendwie belebt. Überrascht stellte sie fest, daß sie sich fester an Alan binden wollte. Sie schlug ihm vor, nicht einfach zusammenzuziehen, sondern zu heiraten.

Ebenso wie wir im voraus nicht wissen können, mit was für Persönlichkeiten wir in einer bestimmten Situation oder Beziehung zu tun haben werden, so können wir auch nicht wissen, welche Bedeutung diese Situationen haben und wie lange sie dauern werden. Episoden sind Exkurse in der Geschichte unseres Lebens. Vielleicht werden sie im nachhinein zu einem Teil unseres Plots, wenn wir einen Standpunkt erreicht haben, von dem aus wir das übergreifende Muster unseres Plots erkennen können. Vielleicht bleiben sie aber auch Inseln im Meer unserer Erfahrung, Vorfälle, die in sich selbst abgeschlossen sind, ohne jemals in einen engen Zusammenhang mit den Grundthemen unseres Lebens eingebunden zu sein.

Manche Episoden, wie die von Brooke, stellen Katalysatoren dar – kurzfristige Ausbrüche, die uns in unserer persönlichen Entwicklung vorantreiben. Andere dauern länger. Auf den ersten Blick mögen sie als Zeitvergeudung erscheinen, in Wirklichkeit aber handelt es sich um Meilensteine. Amy beispielsweise war als Kind ganz besonders phantasievoll gewesen und wäre gern Schriftstellerin oder Schauspielerin geworden. Doch ihre Eltern, chinesische Einwanderer der ersten Generation, bestanden darauf, daß sie Jura studierte, und so arbeitete sie schließlich in einer Kanzlei, die sich auf Schadensersatzfälle spezialisiert hatte. Ihre Berichte waren immer voller Details und interessanter Formulierungen – in den Augen ihrer Vorgesetzten eine reine Zeitverschwendung. Nach zwei negativen Beurteilungen durch ihren Chef behielt man sie nur noch bis zum Ende der Probezeit. Als Amy überlegte, warum sie in dieser Firma nicht erfolgreich war, wurde ihr klar, daß sie einfach nicht in die Kanzlei paßte. Sie gehörte in den Gerichtssaal, wo sie ihre sprachlichen und darstellerischen Fertigkeiten sinnvoll einsetzen konnte. Daher bewarb sie sich als Staatsanwältin und ist seitdem mit ihrem Beruf vollauf zufrieden. Im Rückblick sieht sie ihre Zeit in der Kanzlei für Schadensersatzfälle als eine Episode, in der sie lernte, wo ihre eigentliche Begabung lag.

Es ist wichtig, daß wir Episoden als solche identifizieren und sie nicht überbewerten. Das fällt uns im Augenblick des Ereignisses meist schwer und gelingt oft erst im Rückblick. Eine Faustregel lautet, daß Episoden zunächst einmal für die Grundplots unseres Lebens keine Bedeutung haben und sich nicht in sie integrieren lassen. Nebenhandlungen (Subplots) dagegen lassen sich sinnvoll mit anderen Ereignissen verbinden. Ein Leben, in dem sich eine Episode an die andere reiht, ist ein Leben ohne einen sinnvollen Zusammenhang.

Manche Ereignisse bleiben eben Episoden, und dies zu akzeptieren, ist Teil des Prozesses unserer Selbsterkenntnis. Leider betrachten wir Episoden gelegentlich nicht als in sich abgeschlossen, sondern als Mißerfolg, und interpretieren sie damit falsch. Nicht jede Beziehung oder Situation wird mit der Zeit besser. Als Brooke beispielsweise über Theresa nachdachte, wurde ihr klar, daß sie nicht viele Gemeinsamkeiten hatten, und daß drei Tage voller Intimität wahrscheinlich genau die Zeit waren, die sie hatten durchhalten können. Wäre die Dauer ihrer Affäre nicht zwangsläufig durch die kurze Geschäftsreise begrenzt gewesen, wäre es sicher zu gegenseitigen Vorwürfen und Verletzungen zwischen den beiden gekommen.

Denken Sie zurück an einige solche Episoden in Ihrem Leben, die dann zu Ende gingen. Sind Sie nicht – selbst dann, wenn nicht Sie selbst sie beendet haben – bei manchen froh, daß sie tatsächlich vorbei sind? Wenn es uns schwerfällt, eine Situation zu beenden, heißt das noch lange nicht, daß wir das, was wir verloren haben, wirklich gebraucht oder geliebt haben. Vielleicht geht es Ihnen einfach so wie vielen anderen Menschen, denen es schwerfällt, etwas abzuschließen. Wir bringen uns immer wieder in Situationen, aus denen wir dann schwer wieder herausfinden, obwohl wir erkennen, daß es notwendig ist, sie zu beenden. In einem Lied von Bob Dylan heißt es über eine solche Erkenntnis: »I hate myself for loving you and I'm glad the curtain fell.«

Ist es wirklich als Mißerfolg zu werten, wenn eine Situation sich auflöst? Nicht unbedingt, denn nicht immer ist eine Fortsetzung die bessere Lösung. Zuviel des Guten muß keine Steigerung bedeuten, sondern kann auch eine Verschlechterung sein. Vielleicht ist Ihre Ehe mit einem Kind wunderbar, wäre mit zwei Kindern jedoch eine Katastrophe.

Episoden können zu Problemen führen, wenn Sie sich ernsthaft mit etwas auseinandersetzen wollen, aber Zeitpunkt, Ort und Personen falsch gewählt sind. Auf solche Sackgassen-Situationen vergeuden wir oft unnötig viel Mühe und Kraft. Wenn etwas ohne erkennbaren Grund zu Ende geht, sollten wir bedenken, daß manche Situationen (genau wie unser Urlaub) einfach auf eine kurze Dauer begrenzt sind.

Außerdem sollten wir uns klarmachen, daß Episoden nicht gleichbedeutend sind mit Mißerfolgen. Selbst wenn manche Dinge von vornherein nicht von Dauer sind, mindert das nicht ihren Wert – es erhöht vielleicht sogar ihre Schönheit. Eine Beziehung als emotionale »Investition« zu betrachten, ist materialistisch und in gewisser Weise geizig, denn eine solche Auffassung impliziert, daß man nur einen bestimmten Betrag an Liebe zu geben hätte. Wenn dieser Betrag in eine Person investiert wird, die ihn nicht zurückgibt, erscheint er nach dieser Auffassung als unwiederbringlich verloren oder verschwendet, und der Liebende als übervorteilt. Ich plädiere nicht gegen unsere Verantwortung in Beziehungen zu anderen Menschen, ganz im Gegenteil: Aber manche Beziehungen sind es wert, daß man an ihnen arbeitet, andere nicht. Natürlich ist es schwer, die richtige Entscheidung zu treffen. Sie hängt davon ab, ob wir die Persönlichkeit anderer Menschen richtig verstehen.

Wenn wir Dinge übermäßig aufblähen oder wirklich wichtige Dinge auf die leichte Schulter nehmen, wenn wir also die Dimensionen der Dinge falsch einschätzen, kann das unsere Interpretation beeinträchtigen. Solche Fehler machen wir oft am Beginn einer Episode, solange sie noch am ehesten wie ein tatsächlicher Plot aussieht.

Vielleicht sind Sie seit der Trennung von Ihrer Freundin vor einem Jahr ziemlich einsam. Sie beginnen eine Affäre mit einer Frau, die Sie sehr gern mögen, obwohl Sie wissen, daß die Beziehung letzten Endes keine Zukunft hat. Bald aber stellen Sie fest, daß Sie sich genau wie in der Situation verhalten, in der Sie wirklich verliebt waren. Sie reagieren sensibler als angemessen, obwohl Sie tief in Ihrem Herzen wissen, daß Sie und Ihre neue Partnerin nicht besonders gut zusammenpassen. Hier haben Sie die Situation falsch eingeschätzt: Ihre Gefühle für diese Frau sind größer geworden, als sie sollten, weil es an Ihrem emotionalen Horizont nichts gab, womit Sie sie hätten vergleichen können. Wenn Ihnen ein Bezugspunkt fehlt, kann das allwöchentliche zufällige Zusammentreffen mit dem Müllmann zu einer schicksalhaften Begegnung werden.

Auch der umgekehrte Fehler kann einem leicht unterlaufen: daß man nämlich die wahre Bedeutung eines Elements in seinem Leben unterschätzt. Nehmen wir an, Sie haben eine große Wohnung mit einer Aussicht, die Ihre Stadt zu einer Art Fischerdorf am Mittelmeer macht. Eines Tages verlieren Sie die Wohnung und ziehen um. Ihr Leben erscheint Ihnen plötzlich dunkel, armselig, eingeengt und freudlos. Sie haben ein für den Plot Ihres Lebens zentrales Element – in diesem Fall Ihre äußere Lebenssituation – unterschätzt, weil sie Ihnen so vertraut war, daß Sie sie zu gering bewerteten. Es war Ihnen nicht klar, daß Ihre Sicht auf das Leben identisch war mit der Sicht aus Ihrer wunderschönen Wohnung.

Ihre Rollen und die der Nebenfiguren

Jede Person, mit der Sie in Ihrem Leben zu tun haben, kann als Haupt- oder Nebendarsteller in Ihre Geschichte integriert werden. Bei einer genaueren Betrachtung Ihrer Geschichten werden Sie sehen, daß in Ihrem Leben oft ähnliche Charaktere auftreten. (»Warum gable ich immer wieder Männer auf, die mich irgendwann sitzenlassen?«, »Alle Frauen, die ich kennenlerne, gleichen meiner Mutter.«) Solche Einsichten können Ihnen die Kraft geben, neue Figuren mit eher mehrdimensionalem Charakter zu entwickeln. Denken Sie daran, daß auch Sie in den Geschichten anderer Menschen bestimmte Rollen spielen, die ganz anders sein können als die Rolle, die Sie für sich selbst geschrieben haben.

Vielen Geschichten, die wir anderen Menschen erzählen, liegt das Motiv der Verführung zugrunde. Mit Verführung meine ich nicht unbedingt die sexuelle Verführung, auch wenn diese durchaus ein Bestandteil sein kann. Vielmehr gestalten wir unsere Geschichten, um unseren Zuhörern zu gefallen, um sie von unserer Misere, unserem Anliegen, unserer Persönlichkeit oder unserem Standpunkt zu überzeugen. Wir wollen, daß unsere Zuhörer unsere Interessen teilen, daß sie verführt sind von der Persönlichkeit, als die wir uns darstellen. So betrachtet, sind wir prosaische Scheherazaden, die sich um die Gunst anderer Menschen bemühen, indem sie sie fortlaufend unterhalten und mit ihren Geschichten verführen. Eine solche Form des Geschichtenerzählens entsteht aus der willentlichen und ausdrucksvollen *Darstellung* des eigenen Ich. Die Betonung liegt hier auf dem Inhalt der Geschichten. Unter all den Geschichten, die Menschen erzählen, ist dies die »autorisierte« Biographie.

Menschen versuchen immer, sich selbst möglichst positiv darzustellen. Verlieren Sie aber nicht die Spur der heimlichen Aufforderung aus den Augen, die jede Geschichte in sich birgt: »Akzeptiere mich. Glaube mir. Finde mich nett.« Leider fügt nie jemand hinzu: »Ich lüge wie gedruckt – glaube kein Wort von dem, was ich sage!« oder: »Die vier letzten Menschen, mit denen ich eine Beziehung hatte, halten mich für die schlimmste Erfahrung ihres Lebens. Wirf mich am besten gleich hinaus!«

Wenn wir einer Geschichte zuhören, müssen wir den Erzähler beobachten und beurteilen, inwieweit unsere Kenntnisse über ihn und seine Selbstdarstellung übereinstimmen. Diese Form des Geschichtenerzählens hat mit der *Enthüllung* des Ich zu tun – das Ich des inneren Geschichtenerzählers und Verfassers –, und die Betonung liegt hier auf dem Prozeß und nicht auf dem anekdotischen Inhalt der Geschichten. Wenn Katherine Ihnen beispielsweise erzählt, sie trinke so gut wie nie Alkohol – aber immer dann, wenn Sie sie treffen, eine Ausnahme macht, weil ihr Arbeitstag so schrecklich war oder weil sie eine gute Nachricht erhalten hat, können Sie mit ziemlicher Sicherheit nicht nur bestimmte Schlußfolgerungen auf ihr Trinkverhalten, sondern auch auf ihre Ehrlichkeit und ihre Selbstkenntnis ziehen.

Sie beobachten in diesem Fall, daß sich jemand selbst belügt, indem er sich zahlreiche Ausnahmen von selbstauferlegten Regeln zugesteht. Die von der Erzählerin präsentierte Anekdote (»Du kannst dir nicht vorstellen, wie schrecklich mein Arbeitstag war«) widerspricht dem ungewollt dargestellten Prozeß (»Ich finde jeden Tag einen Grund, um Alkohol zu trinken, aber ich tue so, als hätten diese Gründe nichts miteinander zu tun«). Bedenken Sie, daß die Geschichten, die Menschen sich selbst erzählen, nicht identisch sind mit den Geschichten, die sie anderen erzählen. Ihre Version der Ereignisse in ihrem Leben ist nicht identisch mit den Interpretationsmustern, die andere ständig an ihnen beobachten.

Menschen offenbaren sich in kleinen, unverbundenen, bruchstückhaften Episoden. Wenn wir sie begreifen wollen, müssen wir zurücktreten, um aus der Distanz die übergreifenden Muster und Formen erkennen zu können. Wenn Sie den Geschichten eines Menschen eine Zeitlang zugehört haben, werden Sie anfangen, bestimmte Themen zu erkennen: »Man kann sich auf niemanden verlassen, jeder will mich hereinlegen«, »Mit der Welt geht es immer weiter bergab. In der guten alten Zeit wäre so etwas nicht passiert«, »Ich bin ein Genie, aber das sieht keiner; dabei müßte jeder dankbar sein, wenn ich ihn unterstütze.« Aus diesen Themen und aus den Details im Verhalten einer Person entsteht allmählich ein zusammenhängendes Bild, das sich fast immer von dem Bild unterscheidet, das diese Person selbst in ihrem Spiegel sieht.

Stellen Sie fest, wie es den anderen Figuren ergangen ist

Achten Sie darauf, wie es in den Geschichten, die ihnen andere Menschen und vor allem neue Bekannte erzählen, den übrigen Beteiligten ergeht. Sind sie am Ende der Geschichte immer noch präsent und spielen eine positive, wenn auch vielleicht veränderte Rolle im Leben Ihres Gesprächspartners, so ist dies ein gutes Zeichen. Tragen sie hingegen einen (metaphorischen) Betonpanzer, dann seien Sie vorsichtig! Machen Sie sich klar, daß es Ihnen ohne weiteres ebenso ergehen könnte wie den Personen in den Geschichten Ihres neuen Freundes, die ihm früher wichtig waren. Sprechen die Ex-Freundinnen Ihres neuen Bekannten nicht mehr mit ihm, ist die Wahrscheinlichkeit groß, daß Sie es bald genauso halten. Sie unterliegen einer extremen Selbsttäuschung, wenn Sie glauben, nur Sie allein würden anders behandelt oder Sie allein seien in der Lage, den Bann zu brechen und das Verhaltensmuster zu ändern. Man kennt diese heroische Vorstellung aus Filmen und Liedtexten, doch das Leben zeigt, daß es anders ist. Allein die Macht der Liebe kann keinen davon heilen, zwanghaft immer wieder neue Beziehungen aufzunehmen, gewohnheitsmäßig zu spielen oder Suchtmittel zu konsumieren.

Eine tiefe Beziehung zu einem Menschen entsteht erst dann, wenn wir ihm seine Geschichte glauben können und bestimmte Situationen aus seiner Perspektive sehen. Wenn wir jemanden kennenlernen, der uns sympathisch ist, und dann die Geschichten seiner Interaktionen mit anderen hören, identifizieren wir uns mit *diesem Menschen*. Enttäuscht er uns allerdings, identifizieren wir uns immer mehr mit den Geschichten von Leuten, die sich über ihn beklagen, und wir erkennen, was andere problematisch an ihm finden:

Als ich Bill kennenlernte, sagte er mir, er wolle wirklich eine enge Beziehung, aber die meisten Frauen, die er kennenlerne, seien irgendwie überkritisch – es gelinge ihm einfach nicht, ihnen näherzukommen. Ich sympathisierte mit ihm, weil ich eine ganze Reihe ziemlich kritischer Frauen kenne. Meine Sympathie hielt genau bis zu unserer zweiten Verabredung, bei der er es auch nach zwei Stunden Verspätung nicht für nötig hielt, mich anzurufen. Als ich deshalb bei ihm anrief, sagte er: »Frauen sind mir gegenüber immer so nörgelig und feindselig.« Für mich hatte sich die Sache damit erledigt – wahrscheinlich gehöre ich jetzt zu einer langen Reihe überkritischer Ex-Freundinnen.

Eine solche Perspektive ist Gift für eine potentielle Beziehung. Das gilt natürlich auch für Sie. Wenn sie bei Ihrer geschiedenen Freundin über Ihre Ex-Frau klagen und sie daraufhin ablehnend oder noch schlimmer reagiert, sollten Sie bedenken, daß die Perspektive Ihrer Freundin als Hörerin dieser Geschichte der Perspektive Ihrer Ex-Frau viel näher ist als Ihrer.

Worte und Taten

Wenn Sie zwischen den Worten und Taten eines Menschen eine Diskrepanz feststellen, sollten Sie sich *immer* nach seinen Taten richten. Der Orientierungsrahmen ist das Verhalten, nicht die Sprache. Eine fehlende Übereinstimmung zwischen Text und Handlung ist oft ein Hinweis darauf, daß sich hier unter der Oberfläche und unbewußt eine Nebenhandlung, ein Subplot, abspielt. Die Geschichte, die Sie hören, enthält den Keim dieses Subplots:

Als ich mich mit Larry verabredete, blickte er mir tief in die Augen und sagte: »Wenn ich jemanden wirklich liebe, so wie dich, dann kann ich andere Frauen gar nicht mehr attraktiv finden.« Ich muß zugeben, daß ich überaus geschmeichelt war. Aber als wir dann eine Woche später zum Essen ausgingen, starrte er jeder Frau nach, die an unserem Tisch vorbeiging – nicht einmal unserem Gespräch konnte er mehr folgen!

In diesem Beispiel zeigt sich die Nebenhandlung, der Subplot darin, daß die sexuelle Attraktivität anderer Frauen geleugnet wird. Legen Sie an dieser Stelle des Subplots ein geistiges Lesezeichen ein und warten Sie ab, ob er sich zu etwas Größerem entwickelt.

Befinden Sie sich in einem Plot oder in einer Nebenhandlung?

Manche Menschen spielen in Ihrem Leben eine größere Rolle als andere. Wenn Ihnen jemand wichtig wird, müssen Sie sich deshalb vergewissern, ob der Betreffende Sie auch als Teil eines zentralen Plots oder als Teil einer Nebenhandlung wahrnimmt. Martin, der erst seit kurzem geschieden war, hatte eine Affäre mit Ava. Jedesmal, wenn Ava sich in Martins Armen ausweinte und darüber klagte, daß ihr Mann sie nicht beachtete und immer nur kritisierte, hoffte er, sie werde ihre Ehe aufgeben. Ein solches Ergebnis wäre durchaus denkbar gewesen, ebenso wahrscheinlich war es aber, daß sie ihre Ehe nie aufgeben würde.

Wenn es Ihnen gelingt, jemandem das Verhalten aufzuzwingen, das Sie erwarten – wenn sie oder er sich beispielsweise widerstrebend dazu bereit erklärt, mit niemand anderem als Ihnen zu schlafen – taucht die Problematik unweigerlich als Nebenhandlung wieder auf. Ihr Sieg ist ein Pyrrhussieg. Probleme entstehen aufgrund von Charaktereigenschaften, über die man einfach nicht verhandeln kann. Auch wenn jemand, den Sie kennen, etwas völlig Unerwartetes tut, also beispielsweise eine Affäre hat oder seine Stelle plötzlich aufgibt, entsteht dieses Verhalten aus einer Nebenhandlung heraus, die neben dem zentralen Plot einherläuft. Entweder Sie haben die parallele Geschichte nicht gehört, oder aber Sie haben die andere Person falsch interpretiert. Wenn sie allerdings Ihre Interaktionen mit dem Betreffenden noch einmal überdenken, werden Sie immer Hinweise auf diese Nebenhandlung finden, die sie überhört oder falsch interpretiert haben.

Die Neuinterpretation anderer Menschen

Wenn sich Ihnen neue Charakterzüge eines Menschen offenbaren und die neuen Informationen über ihn nicht zu dem passen oder sogar dem widersprechen, was Sie bisher über ihn gedacht haben – wie vereinbaren Sie dann diese neuen Informationen mit Ihrer bisherigen Interpretation? Bedenken Sie erstens, daß ein Charakter sich erst nach und nach über Tun und Handeln und nicht über Worte und Selbstdarstellungen offenbart. Achten Sie darauf, wie jemand Sie und andere behandelt, und nicht so sehr, wie er behauptet, Sie zu behandeln. Der Schriftsteller E. M. Forster schreibt dazu: »Ein zufälliges Wort oder ein Seufzer sind so deutliche Hinweise wie eine Rede oder ein Mord: Das Leben, das sie offenbaren, hört auf, geheim zu sein, und tritt ein in das Reich des Handelns.«

Denken Sie zweitens daran, daß eine Verlusterfahrung unumgänglich ist, wenn Sie einen anderen Menschen falsch interpretieren. Falls Sie davon überzeugt sind, daß Ihr Sohn der geborene Arzt ist, Ihr Sohn dann aber Kunstglaser wird, müssen Sie den Verlust Ihres »zukünftigen Arztes« betrauern, bevor Sie anfangen können, Ihr Kind wirklich zu verstehen. Wenn Sie davon überzeugt sind, daß Ihre Firma für die Angestellten wie eine große Familie ist, und dann feststellen, daß die Belegschaft einen Streik plant, um höhere Löhne zu erkämpfen, müssen Sie zuerst über den Verlust Ihrer alten

Vorstellung trauern, bevor Sie sich mit den tatsächlichen Bedürfnissen Ihrer Angestellten auseinandersetzen können.

Menschenkenntnis setzt drittens voraus, daß Sie Ihre Hypothesen über andere Menschen überprüfen. Dazu müssen Sie mit ihnen reden. Stellen Sie Fragen. Wenn Sie das Gefühl haben, Ihr verheirateter Geliebter wolle seine Frau trotz all seiner Liebesschwüre nicht wirklich verlassen, fragen Sie ihn. Wenn er sagt, daß er sie natürlich verlassen wolle, dann fragen Sie ihn, wann. Das birgt ein gewisses Risiko in sich. Wir sind häufig bereit, lieber den Worten als den Taten anderer Menschen zu glauben, weil wir fürchten, die Wahrheit könnte uns verletzen. Doch wer sich eine falsche Interpretation zu eigen macht, wird ohnehin irgendwann einen Verlust erleben. Wenn sie fragen, tragen Sie wenigstens dazu bei, selbst den Gang der Ereignisse zu bestimmen. Sie haben dann zumindest die Genugtuung, daß sich Ihre Intuition bestätigt hat, und Sie können sich in Ihrer Fähigkeit üben, den Charakter eines anderen Menschen zu erkennen, damit Sie beim nächsten Mal nicht wieder denselben Fehler machen.

Vergessen Sie schließlich nicht, daß bei unserer Interpretation anderer Menschen alle Zuschreibungen und Schlußfolgerungen lediglich Versuche darstellen. Wir versuchen immer wieder neu, andere Menschen zu verstehen. Selbst Urteile, die zu überdauern scheinen, werden in der Regel auf einer subtileren Ebene immer wieder revidiert. Jede Entscheidung muß ihrem Wesen nach immer wieder neu bestätigt werden, weil wir auf destabilisierende Kräfte und Ereignisse reagieren. Ebenso wie der Entwurf eines Plots eine kontinuierliche Aktivität darstellt, müssen wir auch unsere Interpretationen anderer Menschen ständig überprüfen, weil Menschen sich manchmal nur geringfügig, aber doch ständig ändern.

Fallstricke bei der Interpretation anderer Menschen

Wir lesen die Plots anderer Menschen deshalb nicht unvoreingenommen oder objektiv, weil wir ständig nach dem Ausschau halten, was wir sehen wollen. Wir projizieren unsere Vermutungen und unsere Bedürfnisse in andere und verwandeln emotionale Hinweise in Beschreibungen ihrer Persönlichkeit. So lernen Sie beispielsweise eine Frau kennen, die Ihnen sagt, sie habe für ihren Ex-Freund eine tiefe Liebe empfunden. Das interpretieren Sie als Hinweis darauf, daß Sie zu einer tiefen emotionalen Bindung fähig ist, und Sie denken sich: »Sie wäre eine wunderbare Freundin, denn sie ist offen und loyal.« Dabei ist sie in Wirklichkeit vielleicht nur in der Lage, das zu lieben, was sie *verloren* hat.

Diese Tendenz, unsere Bedürfnisse in »Fakten« zu verwandeln, hat Jane Austen im ersten Satz ihres Romans ›Stolz und Vorurteil‹ ein wenig ironisiert: »Es ist eine allgemein anerkannte Wahrheit, daß ein alleinstehender Mann, der ein beträchtliches Vermögen besitzt, einer Frau bedarf.« Je mehr jemand unseren Bedürfnissen und unseren Träumen entspricht, desto weniger sind wir bereit, ihn oder sie klar zu sehen.

Spaltungen

Probleme bei der Interpretation anderer Menschen entstehen unter anderem aus einer Art Spaltung (Dissoziation), einem psychischen Abwehrmechanismus, der bewirkt, daß miteinander unvereinbare – also absolut positive und absolut negative Gefühle – gegenüber anderen Menschen total voneinander getrennt werden. Die Betreffenden wechseln unvermittelt vom extrem positiven zum extrem negativen Bild eines anderen Menschen und umgekehrt – du bist eine Göttin/du bist eine Hure – ohne eine Vorstellung entwickeln zu können, die so stabil wäre, daß sie die widersprüchlichen Gefühle zusammenfassen würde. Es gibt zwei Arten von Dissoziationen. Entweder spaltet man die äußere Welt in zwei Lager auf, z. B. »Christen sind gut – Juden sind schlecht«. Oder aber man spaltet seine Gefühle für einen bestimmten Menschen oder eine Sache auf, z. B. »meine Frau ist wunderbar – meine Frau ist entsetzlich«. Wenn jemand in Ungnade fällt, dann aber richtig.

Ob eine solche Spaltung entsteht, hängt davon ab, wie man mit negativen Gefühlen gegenüber Menschen umgeht, zu denen man eine emotionale Beziehung hat, und worauf man diese Gefühle statt dessen richtet, wenn man sie gegenüber dem geliebten Menschen unterdrückt. Als Rick sich beispielsweise von Helen trennte, konnte er nur noch Schlechtes an ihr entdecken, während umgekehrt seine neue Freundin Maude ihm alles nur recht machen konnte. Diese Reaktion schützte ihn vor der Liebe und der Verletzlichkeit, die er Helen gegenüber immer noch empfand. Sie bewahrte ihn aber auch vor der Erkenntnis, daß Maude einige gar nicht so schöne Seiten hatte. Man kann auch zwischen widersprüchlichen Gefühlen von Liebe und Haß für denselben Menschen innerlich gespalten sein. Donnas Mann Todd beispielsweise verbrachte mit seinen Freunden ganze Abende in der Kneipe, brachte ihr danach aber immer ein kleines Geschenk mit, um ihren Ärger zu besänftigen. Donna empfand zugleich Freude über die Aufmerksamkeit, die immer von einer liebevollen Umarmung und einer ernstgemeinten Entschuldigung begleitet war, und Frustration, weil sie ihren Mann noch so oft bitten konnte, abends mit ihr zu Hause zu bleiben, und er trotzdem immer wieder mit seinen Freunden loszog. In ihrer Vorstellung waren das Bild des liebevollen Todd und das Bild des rücksichtslosen Todd sehr nahe beieinander.

Donnas Gefühle ihrem Mann gegenüber waren schließlich extrem gespalten. Sie konnte ihre beiden widersprüchlichen Einstellungen ihm gegenüber nicht mehr vereinbaren und sah Todd nie als ganzen Menschen. Einmal hielt sie ihn für einen wunderbaren Mann – und idealisierte ihn als unrealistisch gut und stark – und dann wieder tobte sie vor Wut und bedachte ihn mit allen Beschimpfungen, die ihr gerade einfielen. Man sollte nie vergessen, daß der Weg vom Podest immer nur nach unten führen kann!

Die positiven und negativen Eigenschaften, die man an einem Menschen oder an einer Gruppe wahrnimmt, lassen sich dann integrieren, wenn man seine Augen offenhält und einfach ohne positive oder negative Voreingenommenheit beobachtet, und wenn man sich davor hütet, das Verhalten anderer Menschen gleich persönlich zu nehmen. Je besser man jemanden kennt, desto schwieriger ist es, ihn zu idealisieren oder geringzuschätzen. Suchen Sie eher nach den Ähnlichkeiten als nach den Unterschieden zwischen Ihnen und anderen. Das Gefühl der Solidarität und Verwandtschaft, das daraus erwächst, läßt Sie die guten und die schlechten Eigenschaften anderer Menschen mit größerem Gleichmut hinnehmen – so anders als Sie sind sie nämlich gar nicht.

Sobald man andere Menschen besser einschätzen kann, kann man auch eher die Verantwortung für eigene Entscheidungen übernehmen, selbst wenn man dafür den Verlust eines Wunschtraums hinnehmen muß. Vielleicht haben Sie immer davon geträumt, einmal Vater zu sein, und nun will die Frau Ihres Lebens keine Kinder. Werden Sie mit dem Verlust Ihres Wunschtraums fertig, ohne Ihrer Frau deshalb Vorwürfe zu machen? Wenn Sie darauf verzichten, einen anderen Menschen zu idealisieren oder schlechtzumachen, dann bedeutet das zugleich, sich mit dem Verlust eines Wunschtraums zu arrangieren.

Wenn sie als Erzähler einer Geschichte gute und schlechte Eigenschaften oder gute und schlechte Menschen voneinander abspalten, schränkt dies die Möglichkeiten Ihres Plots ein und erzeugt flache, unrealistische Charaktere und vorhersehbare Ereignisfolgen. Heilige und Schurken haben als Charaktere kein großes Entwicklungspotential, und ihre Handlungsmöglichkeiten sind ziemlich begrenzt. Mit Menschen, die Sie als extrem gut oder schlecht darstellen, kann es keine aufrichtigen, vielfältigen und dauerhaften Beziehungen geben. Wenn die Figuren Ihres Plots Ihnen ausschließlich gut oder schlecht erscheinen, ist es an der Zeit, sie neu einzuschätzen und besser zu verstehen.

Projektionen

Auch eine Projektion – wenn man seine eigenen Wünsche, Gefühle und Motivationen auf andere projiziert – kann einen Plot verzerren. Ann beispielsweise schrieb ein Buch und wurde dazu im Radio interviewt. Als sie wieder zu Hause war, ärgerte sie sich, daß ihre beste Freundin Rebecca nicht anrief, um ihr zu gratulieren, obwohl sie doch gesagt hatte, sie wolle sich das Interview anhören. Wäre Rebecca interviewt worden, hätte Ann sie sofort angerufen, um Anteil zu nehmen und sie zu loben. Nun erwartete sie von ihrer Freundin, daß sie sich genauso verhielt. Was Ann nicht bedachte, war, daß Rebecca, indem sie gerade kein Aufhebens machte, sie genauso behandelte, wie *sie selbst* behandelt werden wollte.

Ann versuchte, Rebecca ihre Vorstellung davon aufzuzwingen, wie sie sich fühlen und verhalten sollte. Doch eine derart vorgefertigte Art, einen Plot zu entwickeln, kann nicht funktionieren, weil sie die Realität anderer Menschen nicht berücksichtigt. Diejenigen Charakterzüge, die man auf andere Menschen projiziert, sind in der Regel die eigenen, und so interagiert man in einem solchen Fall im Grunde mit sich selbst.

Projektionen offenbaren uneingestandene Aspekte der Persönlichkeit des Sprechers. Wenn sie selbst beispielsweise grundehrlich sind und jemand anderer Ihnen vorwirft, Sie hätten gelogen, dann können Sie sicher sein, daß der andere selbst ohne weiteres lügt, oder daß er zumindest meint, Lügen ließen sich rechtfertigen. Ein Mann, der glaubt, alle attraktiven Frauen, die er kennenlernt, würden Ihr Leben für ein Verhältnis mit ihm geben, und er bräuchte nur mit dem Finger zu schnipsen, damit sie alle angelaufen kämen, offenbart lediglich seinen eigenen Narzißmus, seine Neigung zu häufigem Partnerwechsel und seine Unfähigkeit, sich anders als nur oberflächlich für einen anderen Menschen zu interessieren.

So wie die Farben und die Handlung eines Films die Realität der weißen Leinwand verbergen, so verstellt eine Projektion unseren Blick auf die wahre Bedeutung dessen, was wir vor uns haben. Wenn eine Freundin jeden Abend bei Ihnen anruft, um gemeinsam mit Ihnen zu essen, meinen Sie vielleicht, sie sei wirklich an Ihnen interessiert. In Wahrheit aber ißt sie einfach nur ungern allein, und Sie sind der einzige Freund, der Zeit für sie hat.

Wir begehen auch dann den Fehler der Projektion, wenn wir Verhaltensfragmente anderer Menschen zu Charakterbeschreibungen aufblähen. In Antonios und Daphnes Verlobungszeit beispielsweise war Antonio sehr ordentlich und staubsaugte häufig in seiner Wohnung. Nach der Heirat jedoch faßte er den Staubsauger nie wieder an. Staub zu saugen war für ihn akzeptabel gewesen, solange er allein lebte, aber als verheirateter Mann war es für ihn unvorstellbar – der Haushalt war schließlich Aufgabe der Frau. Daphne hingegen hatte sein Verhalten als Indiz dafür gewertet, daß Ordentlichkeit zu seinen Charakterzügen zählte. Schließlich war das bei ihr selbst auch nicht anders!

Unsere Projektionen sprechen Bände, aber nur über uns selbst. Ein gutes Beispiel ist Gretas Geschichte:

Ich verliebte mich wahnsinnig in Henry, einen verheirateten Mann, und zu seiner Überraschung verliebte er sich ebenso wahnsinnig in mich. Wir hatten jahrelang ein intensives Verhältnis, das sicherlich nicht einfach nur Verliebtheit war. Irgendwann hatte ich das Gefühl, es sei an der Zeit, daß Henry den Bruch mit seiner Frau vollzog – schließlich wußte ich, daß er mehr Zeit mit mir als mit ihr verbrachte. Zu meinem großen Erstaunen sagte er jedoch, er habe beschlossen, seine Ehe aufrechtzuerhalten, obwohl er zugab, daß es eine Beziehung ohne Liebe war, die er nur »wegen der Kinder« fortführte.

Ich war am Boden zerstört. Ich konnte einfach nicht verstehen, wie er mir das antun konnte. Für mich ging nichts über Leidenschaft und Nähe.

Ich brauchte ein ganzes Jahr ohne ihn, um zu erkennen, daß dies meine und nicht Henrys Prioritäten waren. Er zog die Ruhe und Vertrautheit seiner Familie vor, weil sie ihm sicherer erschienen.

Gute Absichten und Gefühle projizieren wir ebenso häufig auf andere Menschen wie schlechte. So erkennen wir beispielsweise Illoyalität und Verlogenheit bei anderen Menschen nicht, wenn wir selbst unfähig zu solchem Verhalten wären. Sind wir selbst ehrlich, bemerken wir es vielleicht als letzte, wenn uns jemand getäuscht hat.

Stereotype sind eine universelle Form der Projektion, und sie sind tendenziell negativ. Wenn Ihr Verständnis von anderen Menschen von Stereotypen beeinflußt ist – Arme sind faul, schöne Frauen sind dumm, Männer dominieren gern –, schreiben Sie von vornherein einen falschen Plot. Wer in Stereotypen denkt, projiziert auf andere bestimmte Möglichkeiten und Grenzen eines Plots. Stereotype sind immer das Ergebnis einer mangelnden Vorstellungskraft beim Entwurf eines Plots. Sie sind verwandt mit der egoistischen Sichtweise der kindlichen Perspektive, weil es ihnen am Sinn für die Realität anderer Menschen als Individuen fehlt.

Erwartungen

Wenn wir beim Entwurf unseres Plots unsere Projektionen auflösen wollen, müssen wir unsere Erwartungen an andere Menschen genau überprüfen. Die meisten von uns lassen ungern von ihren Erwartungen, dennoch ist es entscheidend, daß wir eine Möglichkeit finden, sie zu überprüfen. Liebgewordene Erwartungen aufzugeben, ist schmerzlich. Doch jeder Verlust – insbesondere der Verlust von Illusionen – verschönert und vertieft unseren Plot.

Es ist wichtig, daß wir unsere Erfahrungen auch dann akzeptieren, wenn sie schmerzlich sind, denn sie verleihen uns eine Vergangenheit und geben uns das Gefühl, unser Leben tatsächlich *gelebt* zu haben. Die Traurigkeit, die Sie empfinden, ist *Ihre* Traurigkeit. Ihre Erfahrungen, Ihr Plot,

Ihr Leben ist alles, was Sie haben. Liebesbeziehungen können schmerzlich sein, doch sie geben Ihnen auch das Gefühl, daß Sie Ihr Leben selbst bestimmen. Die Fähigkeit, im Leben Freude zu empfinden, hängt eng mit der Fähigkeit zusammen, Risiken eingehen zu können. Verlusterfahrungen bereichern unseren Plot. Unsere Lebensweisheit erwächst aus der Bejahung unserer Vergangenheit, denn das Leben ist ein fortlaufender Prozeß.

Wir können ohne Erwartungen nicht existieren. Wenn wir beim Zubettgehen nicht erwarten würden, daß wir morgens wieder aufwachen und den nächsten Tag erleben, würden wir es nicht weit bringen – doch unsere Erwartungen sind oft auch falsch. Erwartungen vervollständigen unsere Geschichte, stützen sich aber manchmal auf falsche Prämissen. So wollen Sie vielleicht Ihrer Freundin bei der Lösung ihrer Probleme helfen, weil Sie selbst – wenn Sie in einer solchen Situation wären – gern Hilfe annehmen würden. Bedenken Sie dabei aber, daß Ihre Freundin vielleicht gar keine Hilfe will und sich ärgert, wenn Sie es dennoch versuchen. Vielleicht sind ihr ihre vertrauten »Probleme« lieber, oder sie will selbst eine Lösung finden.

Im allgemeinen lassen sich verfügbare Informationen durchaus unterschiedlich interpretieren. Offenheit für neue Informationen und flexible Einschätzungen von Ursache und Wirkung sind die Schlüssel zu einer richtigen Bewertung. Seien Sie nachsichtig mit sich selbst – schließlich können Sie nicht immer recht haben. Realistischer ist es, Erwartungen mit einem Spielstand zu vergleichen: Ein gewonnenes Match im Tennis ist zwar phantastisch, aber es kann dennoch sein, daß Sie jedes Spiel nur mit einem Punkt Vorsprung gewonnen haben!

Ob Sie dazu neigen, ein Glas als halb voll oder als halb leer wahrzunehmen, hat mit Ihren Erwartungen und Interpretationen des Verhaltens anderer zu tun – also damit, was Sie aufgrund Ihrer Erfahrungen aus den emotionalen Kontakten ableiten, die Sie mit anderen Menschen haben. Wenn Sie in Ihrer Ehe einmal wöchentlich Sex mit Ihrem Mann haben, fühlen Sie sich vielleicht unbefriedigt und zurückgesetzt, so daß Sie meinen, das Glas enthalte nur ein paar wenige Tropfen, während Ihr Mann vielleicht meint, einmal pro Woche sei eine Menge Sexualität für eine so lange Beziehung, so daß für ihn das Glas fast überläuft. Wie flexibel können Sie einem Ereignis eine Bedeutung zuschreiben, und wie leicht fällt es Ihnen, sich andere Interpretationsmöglichkeiten als die nächstliegende vorzustellen? Jede Situation läßt sich aus vielen verschiedenen Perspektiven betrachten und darstellen.

Der Entwurf einer eigenen Lebensperspektive ist eine Art Bilderrätsel, in dem, wie bereits erwähnt, verschiedene Punkte miteinander verbunden werden – die Punkte sind die Ereignisse in unserem Leben, die wir zu Mustern verbinden, aus denen sich schließlich unser Plot zusammenfügt. Unsere Erwartungen engen unsere Perspektive ein und entscheiden darüber, welche Erfahrungen wir als banal oder unwichtig betrachten und welche wir für so wichtig halten, daß wir sie zu einem »Punkt«, das heißt zu einem wichtigen Ereignis machen. Wir selbst bestimmen, welche Punkte wir aufnehmen, und dies wiederum entscheidet über die möglichen Bilder, die wir hervorbringen, indem wir diese Punkte miteinander verbinden.

Überinterpretation und Unterinterpretation

Es ist faszinierend und schwierig zugleich zu entscheiden, welche Schlußfolgerungen sich zu Recht aus dem Verhalten anderer Menschen und aus den Geschichten, die sie uns erzählen, ziehen lassen. Wenn wir allzuviel in sie hineinlesen – den Nuancen in ihrem Verhalten allzuviel Bedeutung beimessen –, kann dies ebenso verheerend sein, wie wenn wir sie unterbewerten. Obwohl sich vieles rasch erraten läßt, läßt sich nur weniges unmittelbar beurteilen; denn es dauert eine gewisse Zeit, bis man genügend Bruchstücke zusammengetragen hat, um aus einer gewissen Distanz ein Muster hervortreten zu sehen und um feststellen zu können, welche Elemente typisch für den Charakter eines anderen und welche zufallsbedingt sind.

Unsere Vermutungen und Erwartungen vervollständigen die Geschichte, doch es kann leicht passieren, daß sie sich auf falsche Voraussetzungen stützen. Als Jane beispielsweise ihren Chef darauf ansprach, daß er sich ihrer Ansicht nach seinen Angestellten gegenüber falsch verhielt, fand Frank es sehr mutig, daß Jane ihren Chef so direkt anging. Als Frank ihr deshalb später ein Kompliment machte, sagte sie ihm, sie sei keineswegs so mutig. Es war ihr einfach egal, ob sie entlassen wurde oder nicht, denn ihr Mann hatte gerade eine ordentliche Gehaltserhöhung bekommen. Ähnlich erging es Bill. Er wurde unsanft mit der Realität konfrontiert, als er feststellen mußte, daß seine Annahmen über seine neuen Freunde der Wahrheit diametral entgegengesetzt waren:

Meine Frau und ich lernten zwei ganz besonders nette Paare kennen. Sie respektierten einander, gingen nett miteinander um und teilten sich Kindererziehung und Hausarbeit – sie waren einfach vorbildlich. Eigentlich fand ich es schade, daß meine Frau und ich nicht auch so gut miteinander auskamen. Deshalb fiel ich aus allen Wolken, als ich erfuhr, daß der Mann von Paar A und die Frau von Paar B schon seit zwei Jahren eine Affäre miteinander hatten, während die Frau von Paar A und der Mann von Paar B seit neuestem auch zusammen waren. Ich fing wirklich an, an meiner Wahrnehmung zu zweifeln. Im Rückblick wurde mir klar, daß ich aufgrund meiner eigenen Annahmen eine ganze Reihe von Hinweisen dahingehend fehlinterpretiert hatte, daß die beiden Paare glücklich verheiratet waren.

Im Rückblick können wir oft feststellen, daß unsere ersten Eindrücke tatsächlich vor allem mit unseren eigenen Erfahrungen zu tun haben. Eine Interpretation kann aber nur dann zutreffend sein, wenn wir über einen wirklich breiten Erfahrungshintergrund verfügen, der uns erlaubt, aus dem Verhalten eines anderen Menschen Schlußfolgerungen auf seinen Charakter zu ziehen.

Wenn wir jemanden neu kennenlernen, können wir noch nicht sagen, ob er in unserem Plot eine Hauptrolle, die Rolle eines Statisten oder die eines Gaststars übernehmen wird. Es läßt sich fast nie vorhersagen, welche Rolle andere Menschen in unserem Leben spielen werden. Vielleicht bedauern wir im nachhinein, daß wir so viel Zeit und Energie auf jemanden verschwendet haben, der schließlich doch nur eine kleinere Rolle gespielt hat; doch im Grunde ist das ungerecht, denn das war dann eine Episode, die als solche auch ihren Sinn hatte. Wir müssen unterscheiden zwischen dem, was wir am Beginn einer Beziehung wissen können, und dem, was wir nicht wissen können. Genauso schwer läßt sich vorhersagen, ob jemand eine besonders wichtige Rolle für uns spielen wird. Der Plot der »Liebe auf den ersten Blick« – der unmittelbaren Erkenntnis – kommt seltener vor als allgemein angenommen. Allerdings spukt er in vielen Köpfen herum, und im nachhinein kann die Geschichte einer Bekanntschaft auch oft so aussehen.

Die ganze Welt ist eine Bühne

Im frühen Stadium einer Beziehung deuten, hören, prüfen und spekulieren wir viel, um von der Geschichte des anderen möglichst rasch und möglichst viel zu erfahren. Weil so viel auf dem Spiel steht, ist diese erste Phase auch mit viel Angst verbunden. Außerdem ist es fast unmöglich zu wissen, an welchem Punkt im Plot eines anderen Menschen man in dessen Leben getreten ist. Hier ist es das richtige Timing, das darüber entscheidet, ob der eigene Plot und der Plot des anderen aufeinander abgestimmt sind. Der Mann, der zu einem bestimmten Zeitpunkt in Ihrem Leben wie ein Frosch aussah, entpuppt sich später vielleicht als Märchenprinz. Oder aber Sie verstehen sich wunderbar mit einem Mann, der Ihnen dann allerdings sagt, daß bedauerlicherweise der Zeitpunkt falsch sei – weil er sich nämlich noch nicht von den Nachwirkungen seiner kurz zurückliegenden Scheidung erholt habe.

Wir spielen im Lauf unseres Lebens in den Plots anderer Menschen viele Rollen, die gelegentlich sogar gleichzeitig ganz verschieden sein können. So hat eine Frau vielleicht eine zwiespältige Haltung zu der Frage, ob sie eigene Kinder haben will, sie kann aber trotzdem eine gute Mutter sein, oder eine Frau ist gleichzeitig die betrogene Ehefrau und die begehrte Geliebte ihres Liebhabers. Zuweilen ist gar nicht klar, welche Rolle man eigentlich spielt. So meint ein Mann vielleicht, er zerstöre eine Familie, weil er eine Affäre mit einer verheirateten Frau hat, während seine Geliebte in Wahrheit sexuell befriedigter ist, aber auch mehr Schuldgefühle hat und deshalb alles tut, um sich ihrem Ehemann gegenüber aufmerksam zu verhalten und seine positiven Seiten zu schätzen. Unbeabsichtigt sorgt der Liebhaber damit für den »Kitt«, der die Ehe seiner Geliebten zusammenhält.

Das Vorsprechen

Es kommt auch vor, daß man unbewußt für eine Rolle im Plot eines anderen Menschen vorspricht, das heißt die Rolle probehalber vorspielt. Das klingt zwar merkwürdig, beschreibt aber doch eine bestimmte Art von Begegnung. Dan beispielsweise beschloß mit fünfunddreißig, daß es jetzt an der Zeit sei, zu heiraten und Kinder zu bekommen. Er übertrug also das Bild seines Ideals einer perfekten Frau auf alle Frauen, mit denen er ausging und prüfte, ob sie zu seinem Bild paßten. Seine Frau sollte einen ganz besonderen religiösen Hintergrund und bestimmte außergewöhnliche Eigenschaften haben, und als er die richtige fand, heiratete er sie.

Menschen wie Dan, die nach einem Partner mit bestimmten Eigenschaften suchen, vergessen darüber oft, auf den Charakter zu achten, und wer einen anderen Menschen probespielen läßt, rechnet nicht mit Überraschungen – auch wenn sie sich häufig einstellen. Ein paar Jahre später sagt Dan:

Ich wollte heiraten und Kinder haben. Als ich Pam kennenlernte, hielt ich sie für die perfekte Ehefrau: Sie war attraktiv, intelligent, erfolgreich, kinderlieb und Methodistin wie ich. Ich hielt sie für die ausgeglichenste, ruhigste Frau, die ich je kennengelernt hatte. Wir verliebten uns und heirateten. Ich war sicher, es besonders schlau angestellt zu haben. Doch nach einem Jahr zeigte sich, daß sie eigentlich das Gegenteil von dem war, wofür ich sie gehalten hatte. Sie war nicht ruhig, sondern unnachgiebig, und sie hatte einen ganzen Berg persönlicher Probleme, die sie aber nicht wahrhaben wollte. Bei uns war einiges zu klären.

Trophäen und Requisiten

Es kann Ihnen auch passieren, daß Sie die Rolle eines Requisits oder einer Trophäe spielen. Wenn Sie im Plot eines anderen Menschen ein Requisit oder eine Trophäe darstellen, dienen Sie ungewollt seinen Zwecken. Sie haben im Plot dieses anderen Menschen eine ganz bestimmte Funktion und sind nur über Ihren Nutzen für ihn definiert.

Die Rolle eines Requisits läßt sich so zusammenfassen, daß man im Leben eines anderen Menschen eine bestimmte Rolle zugeschrieben bekommt. Cynthia beispielsweise wurde adoptiert, weil ihre Adoptivmutter fand, die Familie brauche ein zweites Kind, damit ihr erstes Gesellschaft hatte. Sie betrachtete Cynthia nie als einen eigenständigen Menschen mit Bedürfnissen, die befriedigt, und einer Persönlichkeit, die gefördert sein wollte, sondern als jemanden, der ihre Fotos und ihre Familie vervollständigte und ihrem ersten Kind Gesellschaft leistete. Manche Menschen behandeln ihre attraktiven Partner wie modische Accessoires, mit denen man gern schläft oder zum Essen ausgeht. Im Plot eines Narzißten sind alle anderen Menschen lediglich Requisiten für seine eigene Persönlichkeit, da eine wahre Bindung sich mit einer narzißtischen Persönlichkeit nicht vereinbaren läßt.

Trophäen sind darüber definiert, wie sehr der Glanz ihres Aussehens, ihres Vermögens oder ihres Ruhms auf das Ansehen ihres Besitzers abstrahlt. Der erfolgreiche Geschäftsmann beispielsweise, der sich, wenn die Kinder aus dem

Haus sind, von der Frau scheiden läßt, die ihm die Ausbildung finanziert hat, um daraufhin eine gutaussehende Dreiundzwanzigjährige zu heiraten, tritt so häufig auf, daß er schon zum Klischee geworden ist. Doch während ein Requisit wenigstens eine tragende Rolle im Drama eines anderen Menschen spielt, hat die Trophäe überhaupt keine eigene Persönlichkeit. Es ist vielmehr so, daß sie auf Ablehnung stößt, sobald ihre Bedürfnisse als eigenständiger Mensch deutlich werden.

Vielleicht ist es Ihnen unangenehm, sich überhaupt Gedanken darüber zu machen: Es kann nämlich durchaus sein, daß Sie manche Menschen in Ihrem Leben zu Trophäen oder Requisiten machen. (Denken Sie beispielsweise an die Mitbewohnerin, die für Sie nichts anderes war als eine Mitzahlerin, oder an den Dummkopf, mit dem Sie an der Uni befreundet waren, nur weil Sie sich im Glanz der Blicke anderer sonnten.) Überlegen Sie, welchen Stellenwert Sie selbst im Leben dieser Menschen hatten. Waren Sie ähnlich unwichtig für sie? Entdecken Sie eine große Diskrepanz zwischen den beiden Rollen – weil Sie beispielsweise nur ein Requisit im Drama eines anderen Menschen sind, während er in Ihrem Drama eine Persönlichkeit mit vielen Facetten darstellt –, dann sollten Sie überprüfen, ob diese Situation wirklich Ihren Bedürfnissen entspricht.

Statisten

Es kann auch sein, daß Sie im Leben eines anderen Menschen nur Statist sind. Ein Statist ist mehr als ein Requisit, aber weniger als ein echter Charakter. In diesem Fall ist Ihre Bedeutung für den Plot auf Ihre Funktion als Lehrer, Nachbarin, Ratgeber usw. beschränkt. Die Beziehung zwischen Ihnen und diesem Menschen existiert nicht außerhalb dieser Rolle, und wenn Ihre Funktion endet, wird auch die Beziehung wahrscheinlich nicht andauern.

Oft spielen wir mehrere Rollen gleichzeitig, und zwar sowohl in unseren eigenen Plots als auch in denen anderer Menschen. Im letzten Kapitel Ihres Plots waren Sie vielleicht die sexuell frustrierte Ehefrau, während Sie in Ihrem jetzigen Plot, mit einem anderen Mann, die Rolle der Sexgöttin spielen. Sie können Anwalt in Ihrer eigenen Kanzlei und Mandant in der Kanzlei eines anderen Anwalts sein. Ein und dieselbe Frau kann eine gute Ehefrau, eine sinnliche Geliebte, eine Kinderhasserin, eine treusorgende Mutter und eine fähige Ärztin sein. Aus unseren Rollen in den verschiedenen Plots entsteht eine fließende Identität. Wir sollten das als etwas Wertvolles sehen, aus dem wir die Fähigkeit schöpfen, uns in andere einzufühlen und unseren Plot flexibel und formbar zu machen.

Unsere Rollen unterscheiden sich, je nachdem, mit wem wir zusammen sind, doch unser Plot greift über unser jeweiliges Gegenüber hinaus. Natürlich verwischen sich in unseren wichtigsten Beziehungen tendenziell die Grenzen unserer Identität. Manche Menschen definieren sich allerdings über ihre Beziehungen. Mutter oder Ehefrau zu sein, kann das Erleben einer Frau als eigenständiges Ich so weit überschatten, daß sie nicht mehr weiß, wer sie selbst ist, wenn ihre Kinder erwachsen werden oder ihr Mann sie verläßt. Viele Berufstätige fühlen sich durch ihre Arbeit definiert und empfinden einen tiefgreifenden Verlust, wenn sie ihre Stelle verlieren.

Wie wir gesehen haben, zeigen Menschen ihr Eingebettetsein in verschiedene Rollen schon durch ihre Art zu sprechen. Wenn Ihr Freund Brent beispielsweise von seiner Frau (die Sie sehr gut kennen) als »meine Frau« spricht, anstatt sie einfach »Mary« zu nennen, beschreibt seine Wortwahl die Einbettung seiner Rolle. Er spricht in diesem Fall eigentlich nicht zu Ihnen, sondern zu sich selbst. Sagt er »meine Frau« (anstatt »Mary«), so ist dies Ausdruck eines Tagtraums, in dem er sie als seine Ehefrau und sich selbst als ihren Ehemann sieht: Er spricht hier nicht über Mary als Person. Dasselbe gilt natürlich auch dann, wenn jemand von »meinem Kind/meiner Tochter/meinem Sohn« gegenüber jemandem spricht, der dieses Kind gut kennt.

Manchmal bleibt man in einer Rolle stecken und hält sie für ein wesentliches Definitionsmerkmal: »Ich bin Chef und nicht Sekretärin«, »Ich bin reich und nicht arm«, »Ich bin verheiratet und nicht alleinstehend.« Aus einer solchen Einstellung heraus entsteht eine Wir-gegen-die-anderen-Haltung. Man betrachtet den anderen als beängstigend und unheimlich, auch wenn (oder vielleicht weil) man selbst einmal zu jenen anderen gehört hat. Wenn sich Ihr Leben so verändert, daß Sie mehr Einfluß auf Ihre Umwelt gewinnen, eröffnet sich Ihnen auch die Möglichkeit, eine neue Rolle zu übernehmen. Oft schämen wir uns im nachhinein so sehr, weil wir einmal ganz ohne Einfluß oder zumindest weniger einflußreich waren, daß wir uns von unserer alten Rolle distanzieren. Wir wollen nichts mehr mit unserer früheren Machtlosigkeit und unserem damaligen Ich zu tun haben. Machtlos zu sein macht uns angst, deshalb erzählen wir uns eine Geschichte, die besagt, daß das niemals der Fall war, und versuchen, diese Geschichte wahr werden zu lassen.

In Wahrheit aber ist es keineswegs so, daß uns unsere Macht oder Machtlosigkeit als Ich definiert – sie eröffnet oder verhindert nur bestimmte Entwicklungsmöglichkeiten unseres Plots. Wir sind zunehmend in unsere Rollen eingebettet und vergessen dabei, daß unsere Erfahrungen uns eigentlich dazu befähigen, uns in andere Menschen einzufühlen.

Unsere Geschichte zu schreiben heißt nicht, etwas zu erfinden, was gar nicht geschehen ist, oder etwas Geschehenes in Abrede zu stellen. Vielmehr geht es darum, den Reichtum unserer *Erfahrungen* einzufangen. Das gelingt uns aber nur dann, wenn wir die Vielfalt unserer Rollen anerkennen und uns nicht auf eine einzige Rolle festlegen lassen. Je größer die Anzahl der Rollen ist, an die wir uns erinnern und von denen wir wissen, daß wir sie gespielt haben, desto größer sind unser Einfühlungsvermögen und unsere Solidarität mit anderen.

Wenn Sie jemanden kennenlernen, bieten Sie ihm vielleicht eine Rolle in Ihrem derzeitigen Drama an, oder er bietet Ihnen eine Rolle in seinem an. Vielleicht bringen Sie aber auch einen ganz neuen Plot hervor, der nicht auf Notwendigkeiten beruht, sondern Ihren Wünschen entspricht. Gemeinsam einen Plot zu erschaffen, ist ein Sieg des echten Gefühls über vorgespielte Emotionen und äußere Umstände.

Als sich Helga und Peter beispielsweise in einem Botanikkurs kennenlernten, waren beide ganz auf ihr eigenes Leben konzentriert – er als Zimmermann und sie als Buchhalterin. Doch ihr Interesse an Pflanzen brachte sie zusammen, und so beschlossen sie schließlich, gemeinsam einen Versandhandel für Orchideen zu eröffnen. Gemeinsam entwickelten sie eine Erfolgsstory in einer neuen Branche, in der sie beide eine gleichberechtigte Rolle spielten.

Bei der Entwicklung Ihres eigenen Plots sollten Sie darauf hinarbeiten, möglichst viele abgerundete und mehrdimensionale Figuren miteinzubeziehen. Auf diese Weise sehen Sie die Menschen nicht nur als Mittel, sondern vielmehr in ihrem Wert an sich, und Sie laufen auch nicht Gefahr, sie als Requisiten und Trophäen zu mißbrauchen. Vielseitige Figuren behalten die Fähigkeit, Überraschungen und Freude zu bereiten (oder einen wütend zu machen), indem sie einfach so sind, wie sie sind. Der kürzeste Weg zu einer solchen Charakterisierung führt darüber, daß man sie richtig interpretiert und liebt – nicht um der Vorstellung willen, die man sich von ihnen macht, oder um des Nutzens willen, den sie für das eigene Selbstbild haben, sondern um ihrer selbst willen.

Übungen zu Kapitel 6

Zusammenfassen und auswählen

Denken Sie an ein wichtiges Ereignis, an eine wichtige Erfahrung oder eine Entscheidung, die Sie getroffen haben: Warum Sie eine Stelle aufgegeben haben, wie Ihre letzte Liebesbeziehung zu Ende ging, wie Sie dazu kamen, in die Großstadt (in die Kleinstadt, aufs Land) zu ziehen.

- Beschreiben Sie in Ihrem Heft drei *wahre, aber unterschiedliche* Versionen dieses Ereignisses. Achten Sie darauf, welche Einzelheiten Sie jeweils ausgewählt oder ausgelassen haben.
- Warum haben Sie diese Details ausgewählt oder ausgelassen – welche Aspekte Ihrer Persönlichkeit wollten Sie also auf Kosten anderer Aspekte betonen?

Abwehrstrategien

Konzentrieren Sie sich auf eine Situation in Ihrem Leben, in der Sie sich extrem verletzbar fühlen, weil Sie sich beispielsweise davor fürchten, negativ beurteilt oder sogar abgelehnt zu werden (zum Beispiel, wenn Sie vor einer größeren Gruppe sprechen sollen oder wenn Sie eine Auseinandersetzung mit Ihrem Chef haben). Stellen Sie fest, auf welche Weise Sie dann versuchen, Ihr Gefühl der Verletzlichkeit zu verbergen.

- Beschreiben Sie Ihre Gefühle möglichst genau in Ihrem Heft. Es geht hier um Ihre Abwehrstrategien, mit deren Hilfe es Ihnen zwar gelingt, Ihre Furcht teilweise zu unterdrücken, doch Sie bezahlen einen hohen Preis dafür, weil Sie nämlich gleichzeitig die Möglichkeiten Ihres Plots einschränken.

- Erstellen Sie nun eine Liste aller Möglichkeiten Ihres Plots, die durch Ihre Abwehrstrategien eingeschränkt sind. Woran hindern Sie Ihre Abwehrstrategien? Nennen Sie auch die kleinen Dinge, nicht nur die großen Träume, die auf diese Weise niemals wahr werden. (Wer sich beispielsweise davor fürchtet, dumm auszusehen, wird nicht nur niemals eine begeisternde Rede vor Tausenden von jubelnden Zuschauern halten, sondern er wird auch nicht den Mut finden, als Erwachsener noch radfahren zu lernen.)

Veränderte Darstellungen

Wählen Sie ein Ereignis, eine Erfahrung oder eine Situation aus den letzten fünf Jahren Ihres Lebens aus, in der Sie sich als extremer Versager erlebt haben. Beschreiben Sie diese Erfahrung als Episode, die in Ihrem Plot zum Sprungbrett oder zu einem verbindenden Glied wurde.

Nebenhandlungen

Erinnern Sie sich an drei oder mehr Erfahrungen in Ihrem Leben, die ein gemeinsames Thema haben, und schreiben Sie sie auf. So fallen Ihnen vielleicht eine Reihe von Erfahrungen ein, die sich alle an der allgemein akzeptierten Vorstellung orientieren, daß man sich nie zufriedengeben, sondern immer weiter nach oben streben soll. Ein solcher konventioneller roter Faden besagt, daß man sein Potential nicht wirklich ausschöpft, wenn man in einem bequemen, ruhigen, jedoch nicht besonders angesehenen Job bleibt, anstatt nach einer ehrgeizigen, aber stressigeren Karriere zu streben; daß eine Liebesbeziehung, wenn sie Bestand haben soll, zum Zusammenleben und dann zur Ehe führen muß und daß eine solche Beziehung zwar in getrennten Mietwohnungen beginnen kann, schließlich aber zum Erwerb einer gemeinsamen

Eigentumswohnung führen muß. Findet sich in einem solchen roten Faden eine Bruchstelle, so deutet dies auf das Vorhandensein einer Nebenhandlung hin.

Verborgene Anweisungen

Achten Sie beim Zuhören auf die verborgenen Anweisungen in den Geschichten anderer Menschen. Wählen Sie drei Geschichten aus, die Ihnen Ihre Mutter, ein anderer enger Verwandter, Ihre beste Freundin oder Ihr Partner oft erzählt. Schreiben Sie diese Geschichten getrennt voneinander auf und lesen Sie sie auf ihre Grundthemen hin durch.

- Wie zeigt jede dieser Geschichten, in welcher Weise der Erzähler bzw. die Erzählerin die Welt sieht? Als gefährlich, schön, als logisch oder als allein vom Zufall bestimmt? Vielleicht sogar als völlig unkontrollierbar?
- Welche Rolle gibt sich der Erzähler bzw. die Erzählerin im Verhältnis zu anderen Menschen?
- Sind in den verborgenen Anweisungen Hinweise darauf enthalten, welche Rollen die Erzähler gern in ihrem Leben spielen würden?

Projektionen

- Wählen Sie aus den Personen Ihrer eigenen Lebensgeschichte jemanden aus, dem gegenüber Sie ein heftiges Gefühl empfinden – Angst, Bewunderung, Neid usw. Erinnern Sie sich an einen Zwischenfall, an dem Sie beide beteiligt waren, und der dieses Gefühl deutlich werden ließ (als Sie beispielsweise meinten, Ihr Freund zeige Ihnen auf einer Party die kalte Schulter, oder als Sie das Gefühl hatten, Ihre Mutter sei egoistisch, weil sie so viel von Ihrer Zeit in Anspruch nahm). Beschreiben Sie diesen Zwischenfall in einem kurzen Absatz.

- Lesen Sie diese Geschichte und fragen Sie sich, ob die Gefühle, um die es dabei geht, wirklich zu der anderen Person und nicht eher zu Ihnen selbst gehören. Finden Sie im Verhalten des anderen einen unsympathischen Zug, der für Sie selbst charakteristisch ist, oder einen nicht eingestandenen Anteil der Persönlichkeit, den Sie gern ausleben würden? Können Sie sich an eine Zeit erinnern, in der Sie ähnlich reagiert haben?

Spaltungen

Die meisten Menschen erscheinen uns, als seien sie mehrere Persönlichkeiten zugleich – der Mensch, der gern Vorabendserien sieht, der Mensch, der sich für moderne Lyrik interessiert, und der Mensch, der bis Mitternacht am Flipperautomaten steht; der liebevolle Vater und der Abenteurer, der gern zum Bungee-jumping geht.

- Wählen Sie eine Person aus Ihrem Leben aus und beschreiben Sie zwei Situationen, in denen sie sich wie zwei verschiedene Menschen verhielt.
- Wählen Sie eine andere Person aus Ihrem Leben aus. Beschreiben Sie eine Situation, in der sie sich so verhielt, daß Ihre ganzen bisherigen Vorstellungen über den Charakter dieser Person hinfällig wurden. Erzählen Sie eine neue Geschichte, die beide Anteile des Charakters dieser Person in sich vereint.

Besetzen Sie die Rollen in der Geschichte Ihres Lebens neu und schreiben Sie sie um

Versuchen Sie, in Ihrer Besetzung drei Personen zu finden, deren Rolle in Ihrem Leben sich verändert hat, die aber immer noch auf eine positive Weise wichtig für Sie sind. Schreiben Sie ihre Namen, ihre alte Rolle und ihre neue Rolle auf.

(Beispielsweise: Jack war mein Freund und ist jetzt mein Geliebter. Beverley war meine Nachbarin und ist jetzt meine Freundin, die mich in wichtigen Dingen berät.)

- Suchen Sie nach einem gemeinsamen Thema oder Element in Ihrem Umgang mit diesen Personen, das deren Übergang von der einen in die andere Rolle erleichtert haben könnte (beispielsweise, daß Sie viel Zeit mit gemeinsamen Gesprächen verbracht haben).
- Denken Sie nun an drei Personen, die inzwischen in Ihrem Leben keine Rolle mehr spielen. Haben diese Personen etwas gemeinsam? Würden Sie sie gern wieder in Ihren Plot einbeziehen und ihnen eine neue Rolle geben? Welche Vorstellungen von ihnen (oder von Ihnen selbst) müssen Sie aufgeben oder verändern, um in Ihrem Leben einen neuen Platz für sie zu finden?

Ihre zahlreichen Rollen

Gehen Sie Ihre Rollenbesetzung durch und zählen Sie möglichst viele der Rollen auf, die Sie im Umgang mit den Personen auf dieser Liste gespielt haben. Seien Sie ehrlich – auch wenn sie auf einige der Rollen nicht besonders stolz sind. Bedenken Sie, daß Sie desto mehr mit anderen Menschen gemeinsam haben, je mehr – gute und schlechte – Rollen Sie gespielt haben. Beispiele könnten sein: Freundin, Geliebter, Märtyrer, Lehrerin, Vater oder Mutter, Narr, Verführer, Verräterin, Klatschbase, Angestellter, Retter, Rebellin, Opfer, Clown, Diktatorin, Ernährer, Pfleger, Verbündeter, Feind, Fachmann, Neuling, Suchender – diese Liste läßt sich beliebig fortsetzen.

Betrachten Sie nun Ihre Liste. Ist sie vielfältig und abwechslungsreich? Wenn nicht – wenn Sie beispielsweise fast durchgängig die Rolle des Pflegers hatten – besteht bei Ihrem Plot eindeutig die Gefahr, daß er banal wird.

Notieren Sie einige der neuen Rollen, die Sie gern auf Ihrer Liste hätten, und überlegen Sie, wie Sie sie anlegen könnten.

Die Weiterentwicklung von Rollen

Zählen Sie die drei engsten Beziehungen in Ihrem gegenwärtigen Leben auf:

- Bestimmen Sie, welche Rolle Sie selbst zur Zeit in jeder dieser Beziehungen spielen.
- Bestimmen Sie, welche Rolle die drei anderen Personen gegenwärtig in diesen Beziehungen spielen.
- Wie hat sich Ihre Rolle im Laufe der Zeit verändert?
- Wie hat sich die Rolle der anderen Personen im Laufe der Zeit verändert?
- Wie sollte sich Ihre Rolle im Verhältnis zu diesen Personen zukünftig verändern? Würden Sie gern neue, zusätzliche Rollen übernehmen?
- Wie sollte sich die Rolle der anderen Personen in Ihrem Leben zukünftig verändern? Würden Sie Ihnen gern neue, zusätzliche Rollen geben?

Verhaltensweisen, die Aufschluß über den Charakter geben

- Erinnern Sie sich an einen Vorfall in Ihrem Leben, den Sie als einen »Augenblick der Wahrheit« bezeichnen würden – einen Augenblick, in dem es im kleinen oder im großen darauf ankam, daß Sie sofort handelten, und beschreiben Sie, wie Sie sich verhielten. (Sie beschädigten beispielsweise beim Einparken einen anderen Wagen und entfernten sich, ohne eine Nachricht zu hinterlassen.) In welcher Weise gab Ihr Handeln oder Nichthandeln Aufschluß über Ihren Charakter? Überraschte Sie Ihr eigenes Verhalten angenehm oder unangenehm?
- Schreiben Sie eine Szene, die auf einem tatsächlichen Konflikt zwischen Ihnen und Ihrer/Ihrem Geliebten oder Ihrer besten Freundin/Ihrem besten Freund beruht und die in neuartiger Weise über ihren/seinen Charakter Aufschluß gibt. Welche Rückschlüsse auf den Charakter er-

laubte das Verhalten dieser Person? Überraschte es Sie angenehm oder unangenehm?

Neueinschätzung von Figuren in Ihrem Plot

Gehen Sie Ihre Rollenbesetzung durch und suchen Sie eine Figur, über die Sie Ihre Meinung von Grund auf ändern mußten. (So erschien Ihnen beispielsweise Minnie, als Sie sie kennenlernten, nett und rücksichtsvoll, während sie Ihnen inzwischen rücksichtslos, gehässig und unzuverlässig erscheint.)

- Stellen Sie in jeweils ein oder zwei Zeilen Ihren ersten Eindruck und Ihren gegenwärtigen Eindruck von diesem Menschen dar. Betrachten Sie die beiden Beschreibungen und überlegen Sie, welcher Zusammenhang zwischen ihnen bestehen könnte.
- Können Sie den Betreffenden so beschreiben, daß Ihre beiden Einschätzungen sinnvoll miteinander verknüpft sind?

7. Die vergebliche Suche nach Liebe: Plots in der Populärkultur

Ein Gespräch zu beginnen, fällt uns leicht,
Es ist gewissermaßen unsere Spezialität,
Das und die Verabschiedungsszene könnten wir
Im Schlaf herbeten.
Die Mitte ist es, die uns Probleme macht,
Das Wesentliche, die alltägliche Abfolge von
Schritten,
Mit denen Ereignisse zu Mustern verwoben
werden,
Zu Strukturen, zum Dreidimensionalen …
Kate Braverman, ›Afterthoughts‹

Im Idealfall sollten die Grundideen unseres Plots aus den Wünschen und Bedürfnissen unseres authentischen Ich entstehen. Suchen wir jedoch außerhalb unseres eigenen Ich nach einer Struktur, so holen wir uns die Grundelemente unseres Plots häufig aus der erstbesten Quelle. Für die meisten Menschen heißt dies, daß sie ihr Leben an Personen orientieren, die sie aus Film und Fernsehen kennen, an den Botschaften, die ihnen aus der populären Musik vertraut sind, an Büchern, die sie lesen, und daran, wie sie das Leben bekannter Persönlichkeiten und Freunde wahrnehmen – mit dem Ergebnis, daß sie ständig versuchen, das Unerreichbare zu erreichen: einen Plot mit einem Beginn, einer Mitte und einer raschen und glücklichen Auflösung.

Plots aus der Populärkultur

Obwohl wir versuchen, uns selbst in Film und Fernsehen wiederzuerkennen, ist es höchst unwahrscheinlich, daß wir dabei Geschichten entdecken, die zeigen, wie Menschen wie wir selbst ihr Leben leben. Wenn jemand gezielt darauf hinarbeiten würde, uns Bilder zu präsentieren, die uns unzufrieden mit unserem Schicksal machen, könnten als Resultat genau die Bilder herauskommen, die wir uns anschauen. Leider scheint es einen unmittelbaren Zusammenhang zwischen unserer Bereitschaft zur passiven und unbewußten Übernahme von Plots und deren Klischeehaftigkeit und illusionistischer Täuschung zu geben.

Viele Menschen übernehmen die grundlegenden Plotelemente ihres Familienlebens aus Fernsehen, Filmen und Unterhaltungsmusik. Sobald eine bestimmte Art von Plot sich in einer Kultur breitmacht – wie beispielsweise die Vorstellung, daß die Kernfamilie jedes Problem, das das Leben bereithält, lösen kann (und das in einer halben Stunde!), oder daß wahre Liebe alle Hindernisse überwindet – tendieren wir dazu, wesentliche Anteile unseres Ich im Kontext solcher Geschichten zu begreifen. Vergleichen wir diese Geschichten über enge und familiäre Beziehungen mit unseren eigenen Beziehungen, so erscheinen uns unsere eigenen Beziehungen unweigerlich dürftig, oder unser eigenes Leben erscheint uns weniger real als das, was wir auf dem Bildschirm sehen.

Wir wollen etwas über die Beziehungen von anderen Menschen erfahren, um besser beurteilen und bewerten zu können, was uns in unserem eigenen Leben widerfährt. Film und Fernsehen bieten dem Zuschauer die Möglichkeit, gedanklich am Leben anderer Menschen teilzuhaben und zu sehen, wie sie in ihren Beziehungen zurechtkommen. Im wirklichen Leben sind die Haken und Ösen von Beziehungsplots privat und daher für Außenstehende letzten Endes nicht zugänglich. Vor allem sexuelle Plots, die uns außerordentlich interessieren, werden in der Regel besonders gut unter Verschluß gehalten. In Film und Fernsehen dagegen werden gerade die sexuellen Plots besonders häufig und offen dargestellt.

Die Geschichten der Populärkultur verbreiten moralisierende Botschaften wie: »Am Ende siegt die Gerechtigkeit«, »Ein Kind festigt jede Ehe« oder: »Liebe heilt alles und jeden.« Gleichzeitig vermittelt uns die Populärkultur Bilder des Erfolgs, in denen die innere Befriedigung zugunsten der materiellen Befriedigung verdrängt wird, und sie idealisiert sexuelle Beziehungen.

Die Populärkultur stellt das eigene Ich in Frage. Sie wertet die Realität des Alltags mit ihren wahren Möglichkeiten und Schwierigkeiten, ihren wirklichen Körpern und Gesichtern ab. Was sie unterstreicht, verkürzt nicht nur die Realität, sondern vermittelt Klischees, die für niemanden zu verwirklichen sind: Frauen wie Männer werden mit der unerreichbaren, aber glanzvollen Vorstellung konfrontiert, »alles« haben zu müssen, verheiratet zu sein, Kinder zu haben und Karriere zu machen. In diesem Sinne porträtieren die Medien alleinerziehende Mütter häufig als überfordert und abgehetzt und zeigen alleinstehende Frauen, deren einziges Ziel der Ehering ist – als »warnendes Vorbild« für alle Frauen, die sich nicht für Ehe und Kinder entscheiden! Diese Bilder gehen allerdings so weit an der Realität der meisten Menschen vorbei, daß inzwischen eine gewisse Annäherung an die Realität gesucht wird. Die Medien – und insbesondere das Fernsehen – beharren nicht mehr darauf, die Kernfamilie der Sitcom als Ideal darzustellen. Neuere Serien zeigen jetzt auch alleinerziehende Elternteile, das heißt vor allem Frauen, die ihre Kinder allein großziehen. Doch trotz mancher Fernsehfamilien wie den chaotischen Connors in ›Roseanne‹, die das Bild der heilen Familie von seinem Sockel stürzen, ist die klassische Kernfamilie, wie sie in den früheren Sitcoms dargestellt wurde, zu einem Teil unseres nationalen Mythos geworden.

Die grundlegende Plotstruktur solcher Sitcoms unterstützt massiv das Ideal der Kernfamilie und gibt bestimmte Formen der Konfliktlösung in dieser Familie vor. Aus älteren Sitcoms wie der ›Bill Cosby Show‹ haben Millionen von Fernsehzuschauern gelernt, wie eine Familie zu funktionieren hat. Gerard Jones schreibt in einer Untersuchung über Sitcoms:

> Der häusliche Frieden ist gefährdet, wenn ein Familienmitglied ein Bedürfnis entwickelt, das dem Interesse der gesamten Familie zuwiderläuft, wenn es aufgrund einer Fehlkommunikation eine Situation mißversteht oder wenn es Kontakt zu einem störenden Außenstehenden aufnimmt. In einem solchen Fall versucht der Sprecher der Gruppe – in der Regel der Vater oder der Inhaber einer entsprechenden Führungsposition – die familiäre Harmonie wiederherzustellen, was ihm aber nicht gelingt. Daraufhin greift der Abweichler zu einer einfachen und oft einseitigen Lösung. Dieser Lösungsversuch schlägt fehl, und der Abweichler muß seine Rettung wieder in der Gruppe suchen. Es zeigt sich, daß der Konflikt letzten Endes gar nicht so schlimm war, wenn sich nur jeder wieder darauf besinnt, mit den anderen zu kommunizieren und seine selbstsüchtigen Ziele aufzugeben. Dies ist der Beweis für die überlegene Weisheit der Gruppe und ihres Anführers. Jeder, auch der Abweichler, ist hinterher glücklicher als zuvor.

Zudem gelangt die Sitcom-Familie in nur dreißig bis sechzig Minuten und ohne Hilfe von außen zu einer Lösung ihres Konflikts. Die Vorstellung, daß Probleme allzu hartnäckig oder komplex sein könnten, als daß sie nicht durch die Gruppe oder ihren Anführer gelöst werden könnten, oder daß Mitglieder auch in ein Leben außerhalb der Gruppe eingebettet sein könnten, hat im typischen Plot der Sitcom keinen Raum. Errungenschaften der Familienmitglieder müssen in die Gruppe eingebracht und von ihr gebilligt werden. Die Sitcom-Familie existiert allerdings in einer gefährlichen Isolation – ihre Mitglieder entfernen sich im konkreten wie im übertragenen Sinne nie sehr weit von zu Hause.

Die tiefere Botschaft des Fernsehens ist Passivität. Anders als beim Radio oder einem geschriebenen Text erfordert das Fernsehen nicht, daß man eigene Vorstellungen entwickelt – die Bilder werden direkt ins Haus geliefert. Da man vergleichsweise zurückgezogen vor seinem Gerät sitzt, fördert das Fernsehen eine Art Voyeurismus. Das Fernsehen ermöglicht uns einen Einblick in das Leben anderer Menschen, ohne daß wir deshalb unser eigenes enthüllen müßten. Wir brauchen für unsere Reaktionen keine Verantwortung zu übernehmen. Das Fernsehen vermittelt uns die Illusion, unter Menschen zu sein – wenn wir uns beispielsweise regelmäßig beim Griechen aus der Fernsehserie ›Lindenstraße‹ einfinden, bei dem »jeder jeden kennt«. In Wirklichkeit jedoch treffen wir niemanden; wir haben lediglich ein Rendezvous mit Bildern aus einem Kasten. Wir kennen *ihre* Namen, aber sie nicht unsere. Wir haben das Gefühl, in ihrem Haus zu sein, in Wirklichkeit sind sie in unserem. Diese Nähe und Geselligkeit ist nichts als Illusion.

Einige unserer Vorstellungen darüber, wie Männer sich den Plot einer Beziehung vorstellen, beziehen wir von männlichen Liedertextern, vor allem aus dem Bereich der Rockmusik und der Country- und Westernmusik. Ihre Wirkung auf Frauen rührt daher, daß sie sich als sensibel, verletzlich und loyal darstellen. In ›Female Desires‹ schreibt Rosalind Coward:

> Diese Texte zeigen immer wieder Männer, die ganz anders sprechen, singen und denken als die Männer außerhalb der Popsongs. Hier sind Männer rettungslos verliebt, unendlich verletzbar und trotz unüberwindlicher Schwierigkeiten in ihrer Liebe beständig. Hier sind Männer untröstlich, sie leiden unter einem gebrochenen Herzen, sind sensible und sanfte Verführer – merkwürdig angesichts der vielen Klagen von Frauen darüber, wie gefühllos Männer im Bett, wie unsensibel sie in Beziehungen und wie unbeständig sie in der Liebe sind.

Manche Rock 'n' Roll-Songs stellen nichts anderes als männliche Sexprahlerei dar. Wenn es in den Songs jedoch um eine Beziehung geht, sind die Männer abwechselnd von Schuld, Scham und Verlustgefühlen gekennzeichnet. Sie flehen die Frau um eine zweite Chance an, versichern sie ihrer unsterblichen Liebe oder kehren ihre geheimsten Gedanken und Überlegungen zu der Beziehung nach außen – und all das in einer Weise, wie man sie außerhalb der Songs kaum einmal erlebt.

Das Bild, das Männer im Rock 'n' Roll von sich vermitteln, ist subversiv, weil es die Unzufriedenheit der Frauen mit ihrem eigenen Mann verstärkt. Frauen meinen, wenn sie nur den richtigen Mann finden würden oder den richtigen Weg in das Herz des Mannes, den sie schon haben, könnten auch sie eine solche Sensibilität, Hingabe und emotionale Offenheit erleben. Wie Frank Zappa einmal sagte: »Der Schaden, den Liebeslieder im Lauf der Jahre angerichtet haben, ist unermeßlich.«

Bevor das Fernsehen in den fünfziger Jahren seine simplen Lösungen anbot, bezogen viele Menschen ihre Plots aus den Melodramen, die sie im Kino sahen. Diese überlebensgroßen Bilder hatten eine überwältigende Intensität; und obwohl die Intimität des Fernsehens fehlte, ließen sich viele Kinogänger zum Handeln anregen, oder aber sie ließen einfach ihren Tränen freien Lauf. Woody Allens ›The Purple Rose of Cairo‹, ein Film, in dem der Leinwandheld buchstäblich aus dem Film heraus in das wahre Leben einer Frau springt, ist wahrscheinlich die ultimative Phantasievorstellung des Kinogängers. Da wir Filme inzwischen mit dem Videorecorder ins Haus holen und unsere Lieblingsszenen immer wieder abspielen können, haben ihre Plots wahrscheinlich einen noch größeren Einfluß auf uns als früher.

Fernsehen, Kino und Rock 'n' Roll-Musik eröffnen uns Fenster auf Beziehungen. Zuschauer und Zuhörer vergleichen, manchmal auch unbewußt, ihre Beziehungen mit dem, was sie in diesen Medien sehen, und sie beurteilen vor diesem Hintergrund ihre eigenen persönlichen Beziehungen. Die nur beobachteten Plots erscheinen häufig realer als das eigene Leben, und das gerade deshalb, weil sie *beobachtet* sind. Ihre innere Struktur ist übersichtlicher – sie haben einen Anfang, eine Mitte und einen Schluß – und ihre dramatische Verkürzung der Zeit läßt das Unmögliche möglich erscheinen.

Als beispielsweise der Film ›Pretty Woman‹ herauskam, stellte ich überrascht fest, wie viele meiner Klientinnen ihn ernst nahmen. Diese moderne Version des Aschenputtels – ein armes, aber hübsches und liebes Mädchen lernt einen reichen und gutaussehenden Mann kennen; sie verlieben sich ineinander; er überhäuft sie mit luxuriösen Geschenken; und wenn sie nicht gestorben sind, so leben sie noch heute – gab ihnen das Gefühl, in ihren alltäglichen Auseinandersetzungen und Beziehungen benachteiligt zu sein.

Andererseits können Filme sich auch positiv auswirken. Tania beispielsweise erinnert sich daran, wie der Film ›Jenseits von Afrika‹, den sie in der High School sah, ihr Leben veränderte. Tania war in einer Kleinstadt im Mittleren Westen aufgewachsen und hatte nie irgendwelche Reisen unternommen. Ihre Mutter und ihre drei Schwestern mit ihren Familien lebten alle in derselben Stadt und bildeten eine sehr eng verbundene Großfamilie. Tania sah sich ›Jenseits von Afrika‹ fünfmal an. Sie war fasziniert vom Porträt der Dänin Tania Blixen, die nach Afrika zog, eine Farm leitete und ein interessantes Leben führte. Diese Geschichte verinnerlichte sie so stark, daß sie nach der High School mit dem Peace Corps nach Afrika ging und sich dort schließlich auch niederließ.

Die Plots der Populärkultur bieten offensichtlich sehr einflußreiche – und oft zerstörerische – Schablonen für unser eigenes Leben an. Deshalb sollten wir sie mit Bedacht konsumieren und lernen zu unterscheiden, wann ihre Botschaften realitätsnah und sinnvoll für uns sind und wann nicht.

Fiktionale Plots

Romane enthalten einige der besten Beispiele für komplexe und subtile Plots, in denen die Informationen über andere Menschen sich erst nach und nach entfalten. Gute fiktionale Literatur bietet dem Plot-Schreiber drei Dinge, die er sonst nirgendwo bekommt: Beispiele für nuancenreiche Plots, Zugang zu den Überlegungen und Empfindungen des Erzählers und die Gelegenheit, die Ebene der Zeit selbst zu erfahren, denn es dauert einige Zeit, einen Roman zu lesen.

Im Gegensatz zum passiven Konsumenten von Fernsehen und Kino erlebt der Leser eines Romans durchgängig, daß seine *aktive* Vorstellungskraft gefordert ist. Wer in einen guten Roman vertieft ist, für den wird die Welt der Phantasie manchmal so umfassend, unmittelbar und real, daß der Alltag weit zurücktritt.

Cervantes' ›Don Quixote‹ ist das klassische Modell eines stark in seine Lektüre vertieften Lesers. Theodore Sarbin erklärt dazu in seinem Essay ›A Root Metaphor‹:

> Eines der anschaulichsten Modelle für die Entstehung einer Ich-Erzählung ist der Protagonist von Cervantes' Roman ›Don Quixote‹. Aus der Lektüre der Abenteuergeschichten von Rittern konstruierte sich Don Quixote eine eigene Identität und einen dazu passenden narrativen Plot, in dem er diese Rolle ausagieren konnte. [Der Literaturkritiker Harry] Levine verwendet das Etikett des Quixote-Prinzips für das häufig beobachtete Phänomen, daß Leser aus ihrer Lektüre eine Identität und eine Ich-Erzählung entwickeln.

Diese durch viele Facetten und strukturelle Elemente gekennzeichnete ganz persönliche Erfahrung des Lesens löst eine komplexe emotionale und mentale Reaktion des Lesers aus. Wenn man irgendwo lernen kann, einen Plot zu entwickeln, dann beim Lesen.

Stellen Sie sich ein Buch vor, das in der Ich-Perspektive geschrieben ist. Bei einem solchen Buch haben Sie uneingeschränkten Zugang zum Erzähler. Sie bekommen seine Gedanken und Wahrnehmungen aus erster Hand, und Sie erkennen, wie diese Erfahrungen seine Erzählung formen. Sie sehen aus nächster Nähe, wie er sich durchschlägt und können sich besser in den Ursache-Wirkungs-Zusammenhang zwischen seinem Charakter und seinen Erfahrungen einfühlen. In ›Der Fänger im Roggen‹ beispielsweise bezieht uns Holden Caulfield schon in der ersten Zeile in seine Gedanken mit ein: »Falls Sie wirklich meine Geschichte hören wollen, so möchten Sie wahrscheinlich vor allem wissen, wo ich geboren wurde und wie ich meine verflixte Kindheit verbrachte und was meine Eltern taten, bevor sie mit mir beschäftigt waren, und was es sonst noch an David-Copperfield-Zeug zu erzählen gäbe, aber ich habe keine Lust, das alles zu erzählen.« Holdens Vertraulichkeit und die Eigentümlichkeit seines Charakters wecken unser Interesse als Leser – wir meinen, ihn gleich richtig zu kennen.

Wenn wir nicht über überragende psychologische Fähigkeiten verfügen, geben uns nur leidenschaftliche Liebe und große Literatur die Gelegenheit, in das Denken und Fühlen eines anderen Erzählers als uns selbst einzudringen. Ethel Person schreibt dazu:

Vielleicht hat die fiktionale Literatur die Liebe deshalb so erfolgreich zu ihrem ureigensten Thema gemacht, weil sie etwas Ähnliches wie die Liebe bewirkt: Beide befähigen ihre Anhänger (also die Leser bzw. die Liebenden) dazu, in ein anderes Bewußtsein einzudringen. Im Fall der fiktionalen Literatur ist es ganz unmittelbar das Bewußtsein des Charakters, mit dessen Augen wir die Ereignisse sehen, letztendlich aber das Bewußtsein des Autors. In der Liebe ist es das Bewußtsein des geliebten Menschen, das wir mit ihm teilen.

In Romanen, die in der dritten Person erzählt werden, wie die Romane von Jane Austen oder George Eliot, wird dem Leser eine Perspektive zugewiesen, die er in seinem eigenen Leben niemals einnehmen kann. Wenn wir uns in die allwissende Perspektive des Erzählers hineinversetzen, können wir uns vorstellen, wie sich unser eigenes Verhalten für kluge und scharfsichtige Beobachter darstellt. Natürlich ist dies ein unerreichbares Ideal, denn niemand, auch kein Schriftsteller, steht dem Leben völlig objektiv gegenüber.

Der entscheidende Unterschied zwischen dem literarischen Plot und dem gelebten Plot liegt darin, *daß es im Leben keine endgültige Lösung gibt.* Der literarische Plot hat zwangsläufig einen Anfang, eine Mitte und ein Ende. Der gelebte Plot dagegen hat immer nur ein vorläufiges Ende, weil sich der Erzähler zwar oft nur geringfügig, aber doch ständig verändert, und immer noch einen Teil seines Lebens vor sich hat. (Für Menschen, die an die Wiedergeburt glauben, reichen die Möglichkeiten des Plots sogar noch weiter.) Bei dem zeitgenössischen Philosophen Richard Rorty heißt es dazu: »Gleichermaßen schwer ist es, sich Menschen vorzustellen, die ihr Leben für vollendet halten, die glücklich sterben, weil sie alles erreicht haben, was sie sich wünschten.« Solange der Erzähler danach strebt, seine Fähigkeit zu staunen, sein Verständnis und seine Solidarität mit anderen weiterzuentwickeln, bleibt seine Geschichte vielschichtig und interessant.

Häufig unterliegen wir auch dem Irrtum, die Zeit entfalte sich im Leben in gleicher Weise wie in der Kunst. Dabei vergessen wir, daß vieles im Leben sich nicht in einen Plot integrieren läßt. Wie wir gesehen haben, besteht unser Plot nicht in erster Linie aus dem, was wir planen zu tun, sondern daraus, wie wir mit den Karten spielen, die uns das Leben zuteilt.

Das wirkliche Leben ist selten ausgesprochen dramatisch. Wie wir noch sehen werden, wollen uns die Plots in der Literatur, im Theater, im Fernsehen und im Kino glauben machen, das Leben sei voller Spannung und Dramen, denn sie zeigen uns Charaktere, die an einem Scheideweg ihres Lebens stehen. Zu unserem Glück oder Unglück aber besteht unser Leben hauptsächlich aus alltäglicher Routine, aus Langeweile und Alltagstrott, endlosen Diskussionen, täglichem Essenkochen, rechtzeitigem Zubettgehen und immer wieder denselben Fehlern.

Alles Fiktionale, sei es nun ein großartiger Roman oder eine billige Seifenoper, verführt uns zu dem Irrglauben, daß auch unsere Erzählungen solche klaren Strukturen, Zeitabläufe und Lösungen haben könnten. Wer so denkt, dem entgeht einer der großen Unterschiede zwischen Kunst und Leben, und er unterliegt beim Verfassen seines eigenen Plots einer großen Selbsttäuschung. Manche Prozesse, wie die Vertiefung einer Freundschaft oder einer Ehe, lassen sich ebenso wenig beschleunigen wie die Entwicklung einer bestimmten Fertigkeit oder Sachkenntnis. Schlüsselmomente in einem solchen Prozeß lassen sich herauspicken, doch seine zeitliche Entwicklung läßt sich in der Regel nicht beschleunigen. Kunst verleiht uns unzählige Einsichten in das Leben, doch in einem täuscht sie uns: Sie schließt alles aus, was in unmerklich kleinen Schritten heranwächst oder reift.

Die Lebensgeschichten der Reichen und Schönen ...

Wir scheinen gar nicht anders zu können, als unser Leben mit dem von Prominenten zu vergleichen, die scheinbar immer mehr besitzen als wir und es immer besser haben als wir es uns jemals erhoffen können. Vom Privatleben der Stars wird regelmäßig in Zeitschriften berichtet, die versuchen, Prominente menschlicher, zugänglicher und – unter dem Lack des Glamours – als ganz normale Menschen erscheinen zu lassen. Dieser menschliche Eindruck jedoch ist sorgfältig inszeniert. Stars sind eben nicht ganz gewöhnliche Menschen, und sie sind auch dann nicht unsere Freunde, wenn wir noch so viele persönliche Einzelheiten über sie lesen. Was wir von ihnen sehen, ist nicht ihre private Realität, sondern eine Art betrügerischer Plot, der bewußt für den Konsum des Publikums erzeugt wurde. Solche pseudobekennenden Geschichten sind sorgfältig daraufhin ausgewählt, wie ein Star porträtiert werden soll.

In der Regel ist das fiktionalisierte Familienleben der Prominenten – dasjenige, an das ihre Fans glauben sollen – weit von der Realität ihrer Sexualität und Partnerwahl entfernt. Zwei der bekanntesten Beispiele aus den vergangenen zwanzig Jahren waren die Diskrepanz zwischen dem heterosexuellen Sexsymbol Rock Hudson einerseits und seinem Aids-Tod im wirklichen Leben und der darauf folgenden Enthüllung seiner Bisexualität andererseits sowie O. J. Simpsons Image als netter Kerl, das in Scherben ging, als er wegen Mordes an seiner Ex-Frau und deren Geliebten angeklagt wurde und ungeheure Einzelheiten aus seinem Privatleben bekannt wurden. Schon zu Beginn unseres Jahrhunderts hielt C. G. Jung sein Sexualleben und seine Arbeit in den Augen der Öffentlichkeit streng auseinander, obwohl beide eng miteinander verflochten waren. In seiner Autobiographie wird Antonia Wolff an keiner Stelle erwähnt, obwohl sie über dreißig Jahre lang seine Therapeutin und zugleich seine Geliebte war.

Was begeistert uns so sehr an Prominenten, von denen wir doch in unserem tiefsten Inneren wissen, daß sie Menschen sind wie du und ich? John Ellis, Professor der Filmwissenschaft, erklärt:

> Stars haben eine kittende Funktion: In ihnen verbinden sich Nachrichten und Persönliches insofern, als sie zugleich öffentlich und privat sind, und Nachrichten sind sie nur insofern, als sie Personen sind ... Stars haben außerhalb des Kinos ein weniger perfektes Image ... sie sind zugleich gewöhnlich und außergewöhnlich, erreichbar für unsere Sehnsüchte und doch unerreichbar ... Das Image von Stars ist paradox. Es setzt sich eher aus Andeutungen als aus vollständigen Bedeutungen zusammen, aus Darstellungen, die nicht so vollkommen, nicht so überwältigend sind wie die Bilder im Kino.

Das Image der Stars vermittelt uns die Vorstellung von gottähnlichen, wunderbaren Wesen in einer dramatischen und bedeutungsvollen Welt; und weil wir glauben, in ihrem Innersten seien sie ähnlich wie wir, drängt sich der Eindruck auf, deren vollkommene Welt könnte auch unsere sein, wenn wir nur gut genug aussähen und reich und berühmt genug wären.

Prominente fungieren oft als Rollenmodell oder zumindest als Wegweiser für die Möglichkeiten auf unserem Lebensweg. Sie scheinen uns Zeichen zu geben, weil sie eine Welt der alterslosen Schönheit, des uneingeschränkten Luxus, des raffiniertesten Geschmacks und des verschwenderisch belohnten Talents verkörpern. Wenn wir den Zeitschriften Glauben schenken, sind sie dennoch in ihrem tiefsten Inneren genau wie wir selbst. Das Leben der Prominenten, wie es in den Medien dargestellt ist, prägt unsere Erwartungen im Hinblick auf unser eigenes Leben. Prominente sind immer eine Verkörperung des Glamours, und dem Glamour wohnt die Kraft der Verwandlung inne. Irgendwie haben wir das Gefühl, daß unser Leben wunderbar wäre, wenn auch wir von einem solchen Glamour umgeben wären – und dieses Bedürfnis nach Verwandlung steht in Zusammenhang mit dem Bedürfnis auszubrechen, das schließlich zu extremen Komplikationen in unserem Lebensplot führen kann. Prominente bieten auch unseren Neidgefühlen ein Ventil. Wir freuen uns, wenn die Stolzen und Mächtigen von ihrem Sockel stürzen, und sehen hin und wieder ganz gern, daß sie auch Probleme haben, vor allem dann, wenn wir sie um ihr glückliches Los beneiden.

Das Starporträt, das sorgfältig geplant und inszeniert ist, das die Karriere des Stars fördern soll, indem es die »Starrolle« über den Film hinausträgt, hat nichts mit einem realen Plot zu tun. Angesichts der Fiktionalität des Lebens von Prominenten prägte der Kritiker Neil Gabler den Ausdruck des »Lebensfilms«, der weder Leben noch Film ist:

Wenn das Leben selbst ein Unterhaltungsmedium ist, zwingt es auch die Stars aus Film, Fernsehen, Schallplattenindustrie und anderen konventionellen Medien zur Anpassung. Elizabeth Taylor ... ist vielleicht die beste Theoretikerin des Lebensfilms ... [Ihr] Leben war so viel unterhaltender als alles, was sie auf der Leinwand je hätte darstellen können, daß sie gar nicht im Kino oder im Fernsehen aufzutreten brauchte, um unser Interesse wachzuhalten. Es genügte, daß sie einfach ihr Leben lebte ... Elizabeth Taylor hatte begriffen, wie man den langen Faden, der das Leben zu einem Film macht, nach und nach abspult ... Jedes Leben hat Themen und Plots, und diese Themen können einen Großteil seiner Anziehungskraft ausmachen: Sie sind der Inhalt, der die Geschichte bestimmt. Elizabeth Taylors Leben ist unter anderem deshalb so attraktiv, weil es das Thema des Überlebens so eindrucksvoll vermittelt. Was immer Liz widerfährt, sie geht siegreich daraus hervor.

Neil Gabler veranschaulicht in einem Beispiel, wie wir andere Menschen zu Requisiten oder Statisten machen:

In ›Truth or Dare‹ schlendert Kevin Costner nach einem Konzert [zu Madonna] hinter die Bühne, um ihr seine Referenz zu erweisen. Er setzt sein großes, schiefes Costner-Grinsen auf und sagt, ihr Konzert sei »ganz nett« gewesen, woraufhin er sich entschuldigt, er müsse wieder zu seinen Kindern. Kaum ist er wieder gegangen, rümpft Madonna ungläubig die Nase: »Ganz nett?« und steckt sich den Finger in den Hals, um zu würgen. Sie scheint nicht erkannt zu haben, daß sie vorübergehend als Gaststar in Costners Lebensfilm aufgetreten ist, sondern meint vielmehr, er sei der Gaststar in ihrem Leben. Das Urteil »ganz nett« war mit Bedacht gewählt und wahrscheinlich ironisch gemeint. Genau das erwartet man nämlich von Kevin Costner. Und die Entschuldigung, er müsse zurück zu seinen Kindern, ist für Costners »Film« ... zentral.

Dies ist ein schlagendes Beispiel für die Falschheit des »Lebensfilms« von Prominenten. Madonnas Konzert war sicherlich nicht vor elf Uhr abends zu Ende – als Costners Kinder wahrscheinlich schon lange schliefen. Die Szene demonstriert, wie wir als Zuschauer zu der Überzeugung verleitet werden, wir würden in das Privatleben der Stars miteinbezogen und könnten einen Blick auf ihre private Wirklichkeit erhaschen. In der Tat werden wir *miteinberechnet* – das heißt allerdings zugleich, daß wir getäuscht werden: Costners Kinder hatten die Rolle von Requisiten, die seine Lieblingsrolle in der Öffentlichkeit als hingebungsvoller Vater unterstützen sollten, eine Rolle, die sich 1994 in Luft auflöste, als er sich von seiner Frau trennte und als Weiberheld bekannt wurde.

... und die der nicht so Reichen und Schönen

Wenn wir die Möglichkeiten unseres Plots daraus ableiten, wie wir die Plots unserer Freunde und Bekannten verstehen, verfallen wir einer weiteren Form der Fiktionalisierung, die ebenfalls eine Versuchung für uns darstellt. Wir vertrauen Einzelheiten aus unserem Privatleben unseren Freunden an und messen dann unser eigenes Leben an dem, was wir meinen, aus ihrem Leben zu kennen, wie zum Beispiel: »*Sie* hat am Valentinstag Pralinen geschenkt bekommen, warum habe ich eigentlich keine bekommen?« Oder: »Mikes Frau beschwert sich nicht darüber, daß er oralen Sex will, warum tut meine das?«

Solange Menschen verliebt sind, stellen sie sich gern vor, ihre Beziehung sei ohne Ecken und Kanten. Erst wenn die

Beziehung endet, zeigen sich die Sprünge, Haken und klaffenden Diskrepanzen, die die ganze Zeit schon vorhanden waren. Wir erzeugen fiktive Vorstellungen von Ehe und Familie – sicherlich zum Vorteil anderer, aber oft auch in unserem eigenen Interesse. Wir präsentieren nach außen hin immer ein bestimmtes *Image* unserer Beziehungen, das sich aus dem zusammensetzt, was wir andere gern sehen lassen wollen. Wir erzählen ohne weiteres von Geschenken, die wir bekommen haben, von Einladungen ins Restaurant, von unseren Urlaubsplänen. Doch wenn wir aufrichtig über die Schwierigkeiten in unseren Beziehungen sprechen, über die Auseinandersetzungen, Treuebrüche und Enttäuschungen, haben wir oft das Gefühl, unseren Partner zu verraten. Insofern sind die Beziehungsplots von Freunden – die scheinbar die ehrlichste und zuverlässigste Informationsquelle darstellen – oft am weitesten von der Wahrheit entfernt.

Wir hören uns die Lebensgeschichten anderer Menschen an, um herauszufinden, wie unsere eigenen zu bewerten sind. Wir wissen nicht, wieviel Sex als befriedigend gilt, wieviel Geld man ausgeben muß, um als großzügig zu gelten, und so weiter. Daher taxieren wir oft unser Leben im Vergleich zu anderen, um mehr von dem fordern zu können, was wir wollen, oder um uns zu vergewissern, daß wir genug haben. Es ist tröstlich zu hören, daß auch andere Menschen Probleme haben, denn tendenziell idealisieren wir das Leben anderer Menschen und werten unser eigenes ab, weil wir unsere eigenen Probleme so viel besser kennen.

Wenn Sie sich wieder einmal dabei ertappen, daß Sie davon schwärmen, wieviel besser das Leben Ihrer Freundin ist, sprechen Sie doch einmal mit ihr und überprüfen Sie Ihre Vorstellungen auf ihren Realitätsgehalt hin. Dana beispielsweise beneidete Vera um die Pralinen, die sie zum Valentinstag geschenkt bekommen hatte, denn Danas Mann hatte nicht einmal mehr gewußt, an welchem Tag das war. Doch als Dana bei Vera darüber klagte, stellte sie fest, daß Vera ihren Mann für unglaublich unsensibel hielt – schließlich hätte er wissen müssen, daß sie Gewichtsprobleme hatte und viel lieber ein Geschenk bekommen hätte, das nicht zum Aufessen gedacht war!

Übungen zu Kapitel 7

Plots aus der Musik

Zählen Sie drei Liebeslieder auf, die irgendwann in Ihrem Leben zu Ihren Lieblingsliedern gehört haben. Beschreiben Sie den Plot dieser drei Lieder und warum er damals so wichtig für Sie war.

- Gehen Sie zunächst Ihre Liste daraufhin durch, ob die Lieder ein gemeinsames Thema haben. Gefallen Ihnen Lieder über unerwiderte Liebe? Über wahre Liebe? Über starke Frauen? Über einsame Menschen?
- Greifen Sie nun eines der Lieder heraus und beschreiben Sie in wenigen Zeilen, was Sie in der Zeit beschäftigte, als Ihnen dieses Lied besonders gut gefiel (beendeten Sie gerade eine Liebesbeziehung, lernten Sie für ein Examen, arbeiteten Sie oft bis spät in die Nacht, waren Sie schwanger?) und welches Gefühl das Lied in Ihnen auslöste. Wünschten Sie sich, Ihr Leben wäre wie in dem Lied? Gab Ihnen das Lied ein gutes oder ein schlechtes Gefühl, wenn Sie an Ihr eigenes Leben dachten?
- Welches Gefühl haben Sie, wenn Sie heute dieses Lied hören?

Plots aus Filmen

Notieren Sie Ihre drei Lieblingsfilme und geben Sie eine kurze Zusammenfassung der Plots und der Personen.

- Mit welchen Charakteren identifizierten Sie sich (mit dem armen Mädchen, das von einem reichen Mann aus seinem Elend geholt wurde, mit der Heldin mit dem Maschinengewehr, mit dem Mann, der das angebetete Mädchen nie bekam, mit dem einsamen Wolf, der in jeder Stadt die Herzen der Mädchen brach)?
- Können Sie ein durchgängiges Thema feststellen?
- Beschreiben Sie in wenigen Zeilen, welchen Einfluß diese Charaktere auf Ihr Leben hatten. (Empfinden Sie immer eine gewisse Sehnsucht, weil Ihr Leben nicht so romantisch ist wie Ihr Lieblingsfilm? Hätten Sie gern, daß Ihr eigenes Leben so aufregend wäre wie Ihr Lieblingsthriller? Sind Sie enttäuscht, weil Ihr Partner nicht so romantisch ist wie der Hauptdarsteller des Films?)

Plots aus der Literatur

Wählen Sie ein Buch aus, das Sie mit Genuß gelesen haben.

- Mit welcher Romanfigur haben Sie sich identifiziert?
- Was sagt das über Ihre Art aus, die Welt zu sehen?
- Wenn Sie selbst dieses Buch verfaßt hätten, hätten Sie dann etwas am Leben Ihrer Lieblingsfigur aus dem Buch geändert?

Wenn Sie mögen, können Sie zusätzlich die nächste Übung machen: Wählen Sie ein Buch aus, das Sie und Ihre Partnerin/Ihr Partner mit Genuß gelesen haben.

- Mit welcher Figur haben Sie sich identifiziert?
- Mit welcher Figur hat sich Ihre Partnerin/Ihr Partner identifiziert?
- Was sagt Ihre Wahl über die Unterschiede und Ähnlichkeiten Ihrer Weltsicht aus?
- Hatten Sie den Eindruck, das Buch beschreibe in gewisser Weise auch Ihre Beziehung?

Rollenmodelle von Prominenten

Denken Sie an eine prominente Person, die noch lebt oder bereits verstorben ist und die Ihnen als Rollenmodell gedient hat oder die Sie zumindest sehr interessant fanden.

- Beschreiben Sie ihn oder sie als einen ganz gewöhnlichen Menschen.
- Beschreiben Sie diese Person, als ob sie dem jeweils anderen Geschlecht angehört hätte. Was für ein Leben hätte sie dann geführt?
- Wie hätte das Leben dieser Person ausgesehen, wenn sie in einem anderen Zeitalter gelebt hätte?
- Welches Kompliment, das man dieser Person nie macht, hätte sie wirklich verdient?
- Worüber würde diese Person Ihrer Ansicht nach weinen?
- Stellen Sie sich vor, Sie seien plötzlich sehr berühmt und zählten nun selbst zu den Prominenten. Für wen werden Sie von anderen Menschen gehalten? Sind Sie noch derselbe Mensch oder haben Sie sich verändert? Was halten Sie von den anderen Prominenten, die Sie kennenlernen?

8. Wie sich unsere Plots verändern

> Dieses Spielerische ist das Ergebnis ... der Fähigkeit, gelten zu lassen, daß Neubeschreibung, daß Sprache die Macht hat, neue und andere Dinge möglich und wichtig zu machen; diese Macht kann man nur dann anerkennen, wenn man das Ziel hat, ein immer größeres Repertoire alternativer Beschreibungen anzusammeln, nicht aber die-eine-einzig-richtige Beschreibung zu finden.
>
> *Richard Rorty,*
> *›Kontingenz, Ironie und Solidarität‹*

Es gibt den grundlegenden und angenehmen Unterschied zwischen Fiktion und wirklichem Leben, daß wir nicht wie fiktionale Figuren, die den Launen ihres Autors ausgeliefert sind, in einem vorab festgelegten Plot stecken. Sobald wir gelernt haben, die Zügel der Erzählung selbst in die Hand zu nehmen, können wir uns neue Plots erschaffen. Wenn wir lernen zu erkennen, welchen Plot wir inszenieren, woher er kommt, und wie wir uns selbst und anderen bestimmte Rollen zuschreiben, können wir anfangen, uns für neue Optionen zu entscheiden und unser Verhalten so zu ändern, daß sich neue Wege auftun.

Wenn wir erkennen, wie Plots funktionieren, können wir unsere Identität leichter definieren, verteidigen, aufrechterhalten, umdefinieren und weiterentwickeln. Außerdem hilft uns das, Erfahrungen in unsere fortlaufende Erzählung zu integrieren, ohne immer wieder vom Nullpunkt ausgehen zu müssen. Ohne einen Plot wären wir wie Menschen mit einem gestörten Langzeitgedächtnis: Alles erschiene uns, als erlebten wir es zum ersten Mal, und wir hätten nie Gelegenheit, aus unseren Erfahrungen zu lernen.

Ein Plot sorgt dafür, daß das Leben interessant bleibt. Mit einem Plot bleibt man in seinem Leben präsent, kann über vergangene Ereignisse reflektieren und zukünftige vorwegnehmen: »Meinen vorigen Job aufzugeben war schwierig, aber ich weiß, daß ich Besseres leisten kann. Ich kann es kaum abwarten herauszufinden, wie mein nächster Job aussieht.« Ein Plot ermöglicht uns sogar den Luxus, unser Leben als Teil einer fiktionalen Textgattung zu betrachten: als Detektivgeschichte, als erotischen Roman oder als Romanze, in der wir uns selbst die Rolle des Helden oder der Heldin vorbehalten können. Wenn wir den Plot unseres Lebens entwerfen, können wir ihn verschönern oder dramatisieren, unserer Persönlichkeit Ausdruck verleihen, Schlüsselerfahrungen uminterpretieren, neue Identitäten und Rollen ausprobieren und andere Wege ausfindig machen, die unsere Existenz mit neuem Leben füllen. Die Schriftstellerin Alice Munro sagte dazu in einem Interview:

> Überzeugungen, die man einmal hochgehalten hat, verändern sich. Die Art, wie man mit seinem Leben umgeht, verändert sich ... Wer das Leben interessant findet, für den bleibt es auch interessant ... Wer etwas interessant – wirklich interessant – findet, wird es kaum jemals bereuen! Vielleicht denkt man im nachhinein: »Das war leichtfertig, das war selbstsüchtig und das war vielleicht sogar schädlich – aber interessant war es doch! ... Im Angesicht des Interesses verblaßt jede Reue.

Ein Plot zeigt Entwicklungen und Veränderungen. Stellen Sie sich einmal Ihren Plot vor, wie Sie ihn einem Fremden erzählt hätten, den Sie kurz nach Ihrem Hochschulabschluß im Flugzeug kennengelernt hätten. Sie wären frei, sich in jeder beliebigen Weise darzustellen, und Sie hätten gerade einen Meilenstein in Ihrem Leben erreicht, ohne jedoch Ihre Möglichkeiten auch nur im Geringsten erschöpft zu haben. Wie hätten Sie Ihre Leistungen und Pläne, Ihren Charakter und Ihre Vorlieben dargestellt?

Manchmal merken wir erst dann, daß wir uns verändert haben, wenn wir die übliche Version unseres Plots erzählen und plötzlich feststellen, daß er irgendwie falsch klingt. Joanie beispielsweise war eine brillante Studentin. Sie schloß ihr

Studium in der Mindeststudienzeit ab und war die jüngste Mikrobiologin, die jemals an ihrer Universität eingestellt wurde. Folglich sah sie sich trotz ihrer intellektuellen Leistungen immer als jugendliche Außenseiterin. Mit Vierzig allerdings wurde sie in eine völlig andere Perspektive hineingestoßen, als sie von Diplomanden um Rat gefragt wurde, die aufgrund ihres Wissens und ihrer jahrelangen Erfahrung zu ihr aufsahen.

In gewisser Weise spaltet sich unser Ich in zwei Teile, wenn wir unsere Erfahrungen darstellen: das Ich, das spricht, und das Ich, das zuhört und beurteilt, wie angemessen diese Selbstdarstellung ist. Fred beispielsweise beschrieb sich jahrelang als schüchtern, und in seinen High-School-Jahren war er auch schüchtern und zurückhaltend. Eines Abends jedoch bemerkte er auf einer Party, wie er selbst einem völlig Fremden erzählte, was für ein Stümper er in seiner Improvisationstheatergruppe sei. Von da an konnte er die Geschichte, die davon handelte, wie schüchtern er war, nicht mehr erzählen. Er war gezwungen, seinen Plot neu einzuschätzen.

Beim Erzählen unserer Geschichte sind wir zugleich Schriftsteller und Leser, Sprecher und Zuhörer, Beobachter und Handelnder, und wir passen unsere Erzählung so an, daß sie den beiden miteinander konkurrierenden Anforderungsmustern genügt. Was dem Sprecher richtig erscheint, mag auf den Zuhörer beispielsweise melodramatisch oder wehleidig wirken, und so moderieren wir unsere Geschichte immer ein wenig, wenn wir sie erzählen.

Einflußreiche Plots

Manche Plots scheinen so stark zu sein, daß sie sich immer wieder neu erzeugen und daß man das Gefühl hat, man könne sie niemals ändern. Einige Plots sind tatsächlich schwieriger zu revidieren als andere. So hat beispielsweise der Plot des mißbrauchten Kindes, das als Erwachsener immer wieder auf mißbrauchende Partner stößt oder selbst andere Menschen mißbraucht, eine sehr starke Sogwirkung, ebenso wie der Plot der Sucht. Solche einflußreichen Plots scheinen eine der Schwerkraft vergleichbare Anziehung auszuüben und können einen noch so gefestigten Charakter in ihren Sog ziehen. Es braucht schon einen außergewöhnlich starken und selbstbewußten Charakter, um ihre Funktionsmechanismen aufzulösen und neu und anders wieder zusammenzusetzen – eine Aufgabe, die sich nur schwer ohne Hilfe von außen bewältigen läßt.

Doch nicht alle einflußreichen Plots sind so negativ. Ein Kind großzuziehen ist beispielsweise ein starker Plot, weil er dem eigenen Leben eine bestimmte Form gibt. Man kann nicht einfach beschließen, dem Kind lieber morgen als jetzt gleich etwas zu essen zu geben, und man kann auch nicht einfach aus dem Haus gehen, wenn einem danach ist. Zwar läßt sich dieser Plot umschreiben, so daß man bei der Versorgung seines Kindes nicht zum Märtyrer wird, doch man kann sein Kind nicht aus seinem Plot streichen – es sei denn, man nimmt dafür eine Gefängnisstrafe in Kauf! Ein weiteres Beispiel für einen einflußreichen Plot ist die Liebe mit ihren zahlreichen klischeehaften Nebenhandlungen (Subplots) und Figuren, beispielsweise die Dreiecksbeziehung, die unerwiderte Liebe, die Figur der Femme fatale oder die unter einem unglücklichen Stern stehenden Liebenden. Solche Plots nehmen tendenziell einen vorhersehbaren Verlauf und bieten nur eingeschränkte Rollenmöglichkeiten.

Manchmal sind es auch unsere nicht hinterfragten Überzeugungen und Vorstellungen über unser Leben, die uns in die falsche Richtung lenken: die Vorstellung beispielsweise, daß langfristige Beziehungen unweigerlich fade und langweilig werden, daß das Zusammenleben mit einem pubertierenden Heranwachsenden die Hölle ist, daß es jenseits der Vierzig mit dem Leben abwärts geht. Solche nur selten überprüften Vorstellungen sollten wir genau unter die Lupe nehmen. Wenn wir unsere Erzählungen wirklich kreativ umschreiben wollen, müssen wir frei sein, alle Lebensperspektiven zu entwerfen, die uns offenstehen. Wenn wir solche überkommenen Vorstellungen ausmerzen, erweitert dies unsere dichterische Freiheit beim Entwurf unseres Plots.

Der sechzigjährige Mark beispielsweise hatte sein ganzes Leben lang als Steuerberater gearbeitet. Er und seine Frau Grace waren fünfunddreißig Jahre verheiratet und liebten sich immer noch. Sie führten ein ruhiges und friedvolles Leben und genossen ihr gemeinsames Interesse an Literatur und klassischer Musik. Als Grace nach mehreren Jahren häuslicher Pflege an Krebs starb, war Mark am Boden zerstört. Er nahm es als gegeben hin, daß er den Rest seines Lebens allein und zurückgezogen verbringen würde. Er arbeitete mehr, um die Lücke zu füllen, die Grace hinterlassen hatte, und verbrachte seine Freizeit mit Lesen und Fernsehen.

Nach zwei Jahren Einsamkeit lernte er über einige seiner Freunde Francine kennen, eine Frau seines Alters, die seit zehn Jahren Witwe war. Francine war ganz anders als Grace. Sie war lebenslustig, reiste viel und ging gern auf Flohmärkte. Mark war fasziniert von ihrer Energie. Sich selbst hatte er immer für einen sehr häuslichen Menschen gehalten, für den Reisen mit zuviel Aufwand und Kosten verbunden waren. Doch als Francine ihm ihre alljährlichen Reisen nach London beschrieb, welche wunderbaren Stücke sie dort im Theater gesehen und welche interessanten Funde sie auf den Flohmärkten gemacht hatte, fing er an, seine bisherigen Vorstellungen zu überdenken. Der zurückgezogene Ruhestand, den er sich ausgemalt hatte, erschien ihm immer weniger interessant. Er atmete tief durch und beschloß, sich neuen Abenteuern zu öffnen. Er und Francine wurden ein Paar, und der Ruhestand, von dem Mark gemeint hatte, er sei ohnehin nur kurz und werde bald durch seinen eigenen körperlichen Abbau und seinen Tod ein Ende finden, verwandelte sich in etwas völlig anderes.

Wie sehen unsere eigenen vorgefaßten Meinungen aus? Weit verbreitet sind Vorstellungen wie: »Eine Ehe muß ein Leben lang halten – jede Scheidung ist ein Eingeständnis des eigenen Versagens«, »Menschen, die anders wählen als ich, sind im Grunde unmoralisch«, »Wer seinen Eltern widerspricht, achtet sie nicht.« Zunächst mag es Ihnen schwerfallen, Ihre eigenen Grundüberzeugungen herauszufinden; denn Sie suchen ja nach unbewußten Überzeugungen, die Ihnen so normal erscheinen wie die Tapete an der Wand Ihres Lebens.

Bewegung im Plot: Wie wir von A nach B kommen

Anders als Romane und Dramen, die in Kapitel oder Akte eingeteilt sind, entwickeln sich die Plots in Ihrem Leben in Schritten, die sich nur schwer voneinander abgrenzen lassen. Auch wenn uns nicht klar ist, wie wir von Punkt A nach Punkt B gelangt sind – wie es beispielsweise kommt, daß wir zunächst möglichst viele Ratschläge von einem Freund annehmen und ihn heute am liebsten für immer dahin schicken wollen, wo der Pfeffer wächst –, so muß doch irgendeine Entwicklung stattgefunden haben. Vielleicht sagen Sie: »Ich weiß überhaupt nicht, wie ich dazu kam, mit meiner Kollegin zu schlafen.« Und doch ist sie Ihnen nicht einfach über den Schreibtisch in den Schoß gesprungen – wie schwer es auch sein mag, die einzelnen Schritte vom ersten oberflächlichen Gespräch über Sympathie, wachsende Begierde, eine Einladung und schließlich die Annahme dieser Einladung zu bestimmen. Ebenso eindeutig muß sich zwischen Ihrem Wunsch, in einer Rock 'n' Roll-Band Gitarre zu spielen und der Tatsache, daß Sie Ihr Firmenschild als öffentlich beeidigter Wirtschaftsprüfer aufhängen, eine Entwicklung vollzogen haben, die sich nicht in einem oder zwei Schritten beschreiben läßt.

Um zu sehen, wie sich ein fiktionaler Plot entfaltet, betrachten wir einmal Edgar G. Ulmers Film ›Umleitung‹ aus dem Jahre 1945. In diesem Film wird ein verarmter Pianist, der auf der Reise zu seiner Verlobten durch das Land trampt, von einem Autofahrer mitgenommen. Während eines Gewitters und weitab von jeder Hilfe stirbt der Autofahrer an einem Herzanfall. Der Pianist befürchtet, daß ihm die Behörden das nicht glauben. Deshalb nimmt er den Ausweis und das Geld des Autofahrers an sich, zieht ihm seine Kleidung an, hinterläßt seine eigenen Papiere und fährt weiter nach Westen. An einer Tankstelle nimmt er eine weibliche Tramperin mit, die jedoch den ehemaligen Besitzer des Autos kannte und den jungen Pianisten erpressen will, wenn er ihr nicht hilft, die Versicherung des Toten auszulösen. In einer alptraumhaften Wendung stranguliert er unabsichtlich die junge Frau mit einer Telefonschnur, als sie versucht, die Polizei anzurufen, die ihn verhaften soll. Nun wird er wegen zweier Morde angeklagt – ironischerweise nämlich auch seines eigenen, da er ja die Identität des Toten angenommen hat. Das Leben des Pianisten entsteht aus einem Plot, der sich von A bis Z über lauter kleine Einzelentscheidungen aufbaut, wobei jede Entscheidung seinen Spielraum etwas weiter einengt, sich aber letzten Endes auf die scheinbar banale Entscheidung zurückführen läßt, daß er gerade in diesem und keinem anderen Wagen mitgefahren ist.

Im wirklichen Leben sind die einzelnen Schritte selten so deutlich voneinander abgegrenzt. Jede Handlung bringt neue Handlungen hervor, und nicht alle sind von uns selbst bestimmt. Vielleicht halten wir Schritt 10 einfach für eine Konsequenz von Schritt 9, doch Schritt 10 wäre gar nicht möglich gewesen, wenn aus Schritt 2 nicht Schritt 3, 4, 5 usw. hervorgegangen wären. Wer wissen will, wie er dahin kam, wo er jetzt steht, muß sämtliche Schritte berücksichtigen, die zu diesem Ergebnis geführt haben, und er sollte bedenken, daß es einiger Überlegungen bedarf, um herauszufinden, wo dieser Plot oder das größere Muster, zu dem er gehört, tatsächlich begonnen hat.

Sophie war Fotografin, als sie den Architekten Andy kennenlernte. Sie arbeitete zwar gelegentlich für Werbeagenturen, versuchte aber vor allem, ihre eigenen fotografischen Collagen zusammenzustellen, um sie in einer Ausstellung zu zeigen und in einem Buch zu veröffentlichen. Andy fand ein heruntergekommenes viktorianisches Haus, das sie kaufen, renovieren und bewohnen konnten und in dem sich sogar noch ein Teil vermieten ließ. Sie legten ihr Geld zusammen, zogen ein und begannen, das Haus von Grund auf zu sanieren. Andy hatte nur noch die Bauarbeiten im Kopf. Allerdings liefen die Kosten aus dem Ruder und lagen schließlich weitaus höher, als sie ursprünglich geplant waren. Sie mußten weitere Kredite aufnehmen, und Andy bat Sophie, ihre Collage-Arbeiten zurückzustellen und wieder rentablere Jobs anzunehmen. Da Sophie sich unter Druck gesetzt fühlte, suchte sie nach Jobs in der Werbung, die allerdings schwer zu bekommen waren. Schließlich entdeckte sie eine Anzeige, in der ein Fotograf für Schulaufnahmen gesucht wurde. Sie bewarb sich und bekam den Job auch. Ihre Fahrten zu den verschiedenen Schulen in der Gegend waren weit, die Arbeitszeit erschien ihr lang, und die Arbeit war unkreativ, doch der Job war sicher, und sie brauchten schließlich das Geld. Sophie war zu erschöpft, um ihre eigene Arbeit fortzusetzen und fragte sich allmählich, wie es gekommen war, daß sie sich so weit von ihren eigentlichen Zielen entfernt hatte.

Plots geben letzten Endes immer Aufschluß über den Charakter eines Menschen. Was wir erleben, ist weniger wichtig, als wie wir darauf reagieren. Unser Charakter und unser Schicksal werden weitaus mehr von unseren alltäglichen Entscheidungen als von dem bestimmt, was wir tun oder sein wollen. Wenn wir die Verantwortung für unseren Anteil an solchen Ereignisketten übernehmen, lassen sich solche Rätsel leichter lösen. Dennoch macht man es sich allzu leicht, wenn man beim Zerfall einer Ehe oder der Verschlechterung einer Freundschaft einfach von Motiven oder von Vorsatz spricht. Nur ganz weniges im Leben geschieht, weil jemand ein ganz bestimmtes Ziel verfolgt. Das Leben stellt uns selten vor Entscheidungen, deren Handlungskonsequenzen klar sind. Die

Schritte, die wir insbesondere in unseren Beziehungen zu anderen Menschen tun, können geringfügig sein wie zum Beispiel ein Blick oder eine Berührung und doch weitreichende moralische Konsequenzen haben.

Der Plot der Handlungsverweigerung

Wie schon weiter oben erwähnt, hat das Leben eines jeden Menschen gewollt oder ungewollt einen bestimmten Plot. Manche glauben zu Unrecht, sie könnten sich ewig alle Optionen offenhalten, indem sie sich einfach nicht festlegen. Doch die Weigerung sich festzulegen und zu handeln ist ebenfalls ein Plot. Francesca beispielsweise war eine ziemliche Perfektionistin. Sie wollte sich nicht in die mißliche Lage bringen, den falschen Partner zu wählen und sich dann scheiden lassen zu müssen. Daher war sie entschlossen, erst dann zu heiraten, wenn sie den »Richtigen« kennengelernt hätte – mit der Folge, daß sie immer unverheiratet blieb. Mit siebenundvierzig Jahren blickt sie mit gemischten Gefühlen auf ihr Leben zurück:

Alle Männer, die ich näher kennenlernte, schienen einen entscheidenden Charakterfehler zu haben: George war streitsüchtig, Paul war entscheidungsschwach, und mir war klar, daß Bobby nie genug Geld verdienen würde. Aus irgendeinem Grund war ich für Männer sehr attraktiv, und ich meinte daher, alle Zeit der Welt zu haben, bis ich mich dann irgendwann entscheiden müßte. Ich hatte das Gefühl, die Reihe der Männer in meinem Leben höre nie auf. Doch so ist das Leben nicht. Mit zunehmendem Alter und wachsender Erfahrung wurden die Anforderungen, die ich an den perfekten Mann stellte, immer höher. Im Laufe der Jahre sank die Anzahl der Wahlmöglichkeiten, von denen ich gemeint hatte, ich könne sie mir offenhalten. Jetzt bin ich so weit, daß ich das Alleinsein satt habe. Ich merke, daß ich, wenn ich einen Lebenspartner finden will, ihn mit all seinen Fehlern und Schwächen annehmen muß. Ich habe doch weiß Gott selbst auch Fehler.

Sich festzulegen schließt zwar manche Möglichkeiten aus, eröffnet dafür aber auch andere. Nur wer bestimmte Wahlmöglichkeiten aufgibt, kann andere vertiefen.

Die Ehe ist das klassische Beispiel für eine Festlegung. Bei der Heirat versprechen sich zwei Menschen, »in guten wie in schlechten Tagen« zueinander zu halten. Mit dem Menschen, den man geheiratet hat, lebt man Tag für Tag zusammen – ob man nun die Grippe hat, ob man eigentlich dringend zum Friseur müßte oder ob man den Filmgeschmack seines Partners nicht ausstehen kann. Wenn man sich tatsächlich in guten wie in schlechten Tagen an dieses Eheversprechen hält, kann man im Laufe der Zeit erkennen, welche Hindernisse sich ihm in den Weg stellen. Man lernt, diejenigen Anteile des eigenen Charakters zu erkennen, zu analysieren, zu begreifen und letztendlich zu überwinden, die nicht nur dem Entschluß, ein Paar zu bleiben, sondern auch anderen Entscheidungen im Weg stehen.

Es ist auch ein Plot, sich nicht festzulegen. In diesem Plot fängt man immer wieder von vorn an, oder aber man zieht sich zurück, wenn der andere anfängt, sich zu binden. Der Preis für diesen großen Handlungsspielraum ist unter Umständen, daß man nie etwas zu Ende bringt. Jeder von uns kennt Menschen, die nicht in der Lage sind, einen anderen Menschen wirklich zu lieben, und die deshalb immer wieder neue, kurze und unbefriedigende Beziehungen aufnehmen. Wer in einem Plot der Flucht und der Vermeidungsstrategien gefangen ist, wer sich also nie zu einem tiefen inneren Engagement entwickelt, hat nur einen eingeschränkten Bewegungsspielraum, genau wie jemand, der nur im Kreis herumgehen kann, weil er an einem Fuß festgebunden ist.

Zusammengefaßt heißt dies, daß unser Plot immer weitergeht. Man kann der Entwicklung seines Plots nicht aus dem Weg gehen, indem man sich möglichst nicht innerlich bindet, oder indem man die Arbeit an seiner »wirklichen« Lebensgeschichte vor sich herschiebt. Wenn das Leben weitergeht, während wir noch andere Pläne entwerfen, dann entwickelt sich auch der Plot weiter, während wir noch auf der Suche nach der »autorisierten« Version unserer Lebensgeschichte sind.

Kulturelle Revisionen

Manche Plots vollziehen sich sowohl auf kultureller als auch auf individueller Ebene. Jeder, der die sechziger Jahre miterlebt hat, kann davon berichten, was passiert, wenn eine ganze Gesellschaft nach einem Ausweg aus vorgegebenen Parametern sucht.

In den späten Sechzigern und frühen Siebzigern schienen viele Vorstellungen von individuellen und gesellschaftlichen Rollenvorgaben zur Disposition zu stehen. Plötzlich hielten viele es für notwendig, Familie, Elternhaus, Arbeit und Liebe in Frage zu stellen und mit Sexualität, Lebensstil, Drogen, Kleidung, Musik, Religion und Politik zu experimentieren. In dieser aufregenden und abenteuerlichen Zeit sprengte der neue kulturelle Plot der Revolution – der Versuch, das Undenkbare zu denken und sich das Unvorstellbare vorzustellen – die scheinbar unveränderlichen und ihrem Wesen nach konservativen Plots, die das Leben der Menschen in den zwei Jahrzehnten zuvor bestimmt hatten. Viele junge Menschen stellten die Überzeugungen in Frage, die ihr Leben bis dahin weitgehend bestimmt hatten. Sie hatten Sex vor der Ehe, lebten unverheiratet zusammen, überwanden in ihren Beziehungen die Rassenschranken, wollten Frieden und Liebe statt Geld und Erfolg. Viele junge Menschen hatten den Eindruck, daß die Welt der Erwachsenen ihre Authentizität verloren habe und daß ihre eigene Generation, die sich weigerte, das zu übernehmen, was sie als korruptes Machtsystem ansah, ein neues Wertesystem entwerfen könne.

Der Plot der Revolution ist ein spezifisch jugendlicher Plot und weitgehend an die Absolutheit und den Idealismus der Jugend gebunden. Wenn wir dreißig oder vierzig sind, haben wir uns in der Regel irgendwie mit der Welt arrangiert und sind nicht mehr so leicht dazu bereit, an ein Prinzip der Veränderung zu glauben und alles dafür zu geben. Es ist kein Zufall, daß der »Plot der sechziger Jahre« mit seiner Verachtung für das erwachsene Establishment und seiner Überzeugung, daß die junge Generation den Weg zum richtigen Leben finden werde, von Teens und Twens geschrieben wurde. Ihr Versuch, den bis dahin bestimmenden Plot zu beseitigen und durch einen revolutionären Plot zu ersetzen, hatte durchaus Erfolg – in unseren Institutionen und unserer Alltagskultur spiegeln sich erhebliche Veränderungen, die in dieser Zeit oder in der Folgezeit aufgrund des damals ausgeübten Drucks erreicht wurden. Doch ein Plot des permanenten Infragestellens kann nicht überdauern.

Wirkliche Offenheit und Flexibilität lassen sich nicht einfach dadurch erreichen, daß man einen Plot durch einen anderen ersetzt. Einen gegebenen Plot über Bord zu werfen, wie es in den Sechzigern geschah, kann auch bedeuten, daß man seine Verantwortung leugnet, lästigen Verpflichtungen aus dem Weg geht und aufgibt, sobald Schwierigkeiten auftauchen. Mit einer fortlaufenden kreativen Neudefinition des eigenen Plots meine ich nicht, daß man sich immer wieder neu erfinden soll, um nicht tiefer in bereits vorhandene Aspekte des eigenen Lebens eindringen zu müssen. Ein solches Verhalten könnte dazu führen, daß man einen Grundplot schreibt, in dem man Projekte fallen läßt, bevor sie abgeschlossen sind oder andere Menschen verläßt, um sich vor seiner Verantwortung ihnen gegenüber zu drücken – vielleicht, weil man sich vor Kritik oder Verletzungen fürchtet. Man sollte die Freiheit, sich immer wieder neu zu definieren, nicht verwechseln mit der Freiheit von der Verantwortung, die man selbst geschaffen hat.

Selbst wenn Sie am liebsten Ihren ganzen Plot über den Haufen werfen und noch einmal von vorn beginnen wollen, lassen sich gewisse Dinge einfach nicht ändern. Einige Elemente unseres Lebens, wie beispielsweise die Geschlechtszugehörigkeit (außer bei Transsexuellen), die Zugehörigkeit zu einer bestimmten ethnischen Gruppe oder die Elternschaft, sind Konstanten und somit als Elemente unseres Plots nicht zu ändern. Als Frau können Sie keinen Plot schreiben, in dem Sie ein Mann sind, auch wenn Sie natürlich andere und größere Karriere- und Einflußmöglichkeiten anstreben können als Ihre Mutter oder Großmutter. Wenn Sie Vater eines Kindes sind, können Sie diese Tatsache nicht einfach ausschließen, selbst wenn Sie gegebenenfalls ein verantwortungsloser Vater sind, der seine Rolle nicht akzeptieren will.

Einen Plot zu entwerfen ist eine kontinuierliche Aktivität, die sich auf das Verhältnis von Vergangenheit und Zukunft stützt. Die Elemente, die Sie verändern können, entsprechen also dem, was Sie vorhersehen oder vorhersagen können. Aus unseren Erfahrungen ziehen wir, wenn auch manchmal widerstrebend, unsere Erkenntnis, die uns helfen kann, bestimmte Möglichkeiten oder Ergebnisse vorherzusagen. Wenn Ihnen beispielsweise durchaus bewußt ist, daß jeder Mann, mit dem Sie schlafen, irgendwann zum Problem wird, können Sie diese nützliche Erkenntnis auf Ihre sexuellen Beziehungen anwenden und begreifen lernen, warum das so ist. Wenn sie sich fragen: »Wie reagiere ich auf sexuelle Aufmerksamkeit?«, »Wie gehe ich mit Konflikten um?«, »Wie reagiere ich in einer Gruppe von fremden Menschen?« oder: »Warum finde ich Menschen mit Narben auf der Wange so attraktiv?«, fällt es Ihnen leichter, Ihren Plot zu erkennen. Sich wiederholende Ereignisse helfen Ihnen, Ihre Verhaltensmuster zu verstehen.

Connie beispielsweise fiel es immer schon schwer, mit Trennung und Distanz umzugehen. Als Kind war sie mehrfach irgendwelchen Kindermädchen überlassen worden, und jeden Sommer hatten ihre Eltern sie in ein weit entferntes Zeltlager geschickt, in dem sie sie nie besuchten. Heute sagt sie:

Ich war fast mein ganzes Leben lang einsam. Wenn sich dann jemand zurückzog, an dem mir gelegen war, unternahm ich alles mögliche, um ihn wieder zurückzuholen – ich weinte, bettelte, sagte ihm, wie sehr ich ihn brauchte und wie sehr es mich verletzte, wenn er gehen würde. Dieses Verhalten jagte natürlich jeden um so schneller in die Flucht. Ich weiß nicht, wie viele Jahre es dauerte, bis ich das begriff. Als ich anfing, mein Leben als Erzählung zu sehen, erkannte ich auch, wie mein Plot hieß, nämlich: »Jeder, den ich liebe, verläßt mich.« Es war mir fast peinlich, meine Rolle in diesem Plot zu akzeptieren. Nun wußte ich aber, daß man seinen Plot ändern kann, indem man sein Verhalten ändert, und ich hatte den Eindruck, daß es jetzt reichte. Ich wollte diesen Plot nicht mehr. Deshalb beschloß ich, von nun an in jedem Fall, auch wenn es noch so schmerzte und wenn ich noch so sehr das Bedürfnis hatte, den anderen zu fesseln, damit er nicht gehen konnte, mir einfach auf die Zunge zu beißen und den anderen gehen zu lassen. Das war zwar schlimmer als die Hölle (ich biß mir meine Zunge blutig), aber es funktionierte.

Connies Entscheidung, ihren Plot zu überprüfen, führte zu enormen Veränderungen. Einige der Menschen, die sie verlassen hatten, vermißten sie und kamen zurück, es gab mehr Menschen, die sie überhaupt kennenlernen wollten, und sie war froh darüber, daß sie dieses destruktive Verhaltensmuster abgelegt hatte.

Lauren machte eine ähnliche Erfahrung. Sie ärgerte sich oft über ihren Mann Bill, weil er chronisch unpünktlich war. Was immer er als Ankunftszeit angegeben hatte – es wurde jedesmal mindestens eine halbe Stunde später. Manchmal empfand Lauren seine Verspätung als persönliche Beleidigung, dann wieder fragte sie sich, warum er eigentlich nicht in der Lage war, auf die Uhr zu sehen und festzustellen, wie spät es war. In den fünfzehn Jahren ihrer Ehe hatte sie alles versucht, von Drohungen bis hin zu Tränen, und wenn sie gemeinsam zu irgendwelchen Einladungen oder Veranstaltungen gingen, war sie meistens nervös und verärgert. Eines Tages nahm sie ihre Situation unter die Lupe und stellte fest, daß sie Bills

Unpünktlichkeit zwar nicht abstellen, aber doch vorhersagen konnte. Da sie sein Verhalten nicht ändern konnte, änderte sie ihr eigenes. Ihr wurde klar, daß sie einfach alleine zu Verabredungen fahren konnte, ob Bill nun fertig war oder nicht. Das entlastete auch Bill, und so konnten sie gemeinsame Unternehmungen unbeschwert genießen.

Nehmen Sie sich ein paar Minuten, um über vorhersehbare Ereignisse in Ihrem Leben nachzudenken, die unabänderlich scheinen. Sind sie es wirklich? Oder können Sie vielleicht durch eine kleine Verhaltensänderung erreichen, daß sich Ihr Plot in neuer und interessanter Weise verändert?

Plotbrecher

Wie wir gesehen haben, sind einige Elemente unseres Plots konstant, während andere sich verändern lassen. Wieder andere Elemente sind unvorhersehbar: ungeplante und unbeabsichtigte Ereignisse, die furchtbar, wunderbar oder undenkbar scheinen. Solche Plotbrecher können die Struktur Ihres Lebens zerstören und es in einem einzigen Augenblick von Grund auf verändern. Beispiele sind ein Feuer, das Ihr Haus niederbrennt und Ihnen Ihre materielle Sicherheit nimmt, ein Raubüberfall in einer dunklen Straße, der Ihr Gefühl der Sicherheit erschüttert, der plötzliche Tod eines engen Freundes, der Sie an Ihre eigene Sterblichkeit erinnert, oder eine übernatürliche Vision, die alle Ihre Vorstellungen über das Wesen des Lebens ins Wanken bringt. Solche unvorhersagbaren, nicht steuerbaren Ereignisse kehren das Unterste in Ihrem Leben zuoberst, weil nichts in Ihrem Plot Sie in die Lage versetzt, sie sich auch nur annähernd auszumalen.

Solche unvorhersehbaren Ereignisse, die sich nicht in einen Plot einplanen lassen, werden oft als Glück, Schicksal oder Zufall gedeutet. Man kann für solche Ereignisse keine oder nur wenig Verantwortung übernehmen. Sie lassen sich nicht planen und können doch für immer die Elemente unseres Plots verändern. Auch mit unserem Charakter haben sie nichts zu tun. Man kann ein guter Mensch sein und Glück haben, man kann aber auch ein schlechter Mensch sein und trotzdem Glück haben. Man kann bei einem Strandspaziergang einen vergrabenen Schatz entdecken oder in einem Studentenwohnheim vergewaltigt werden. (Eine Scheidung mag zwar verheerend für Sie sein, und doch ist sie *kein* Beispiel für etwas, das sich nicht in einem Plot vorhersehen läßt, denn bei einer Scheidung hatten Sie immer auch selbst die Hand im Spiel.)

Schlimme Krankheiten setzen eine Zäsur im Leben von vielen Menschen. Mit einer Krankheit konfrontiert zu sein ist nie angenehm oder gewollt, und wir bekommen eine Krankheit auch nicht deshalb, weil wir sie verdient hätten. Doch sie kann uns die wichtige Gelegenheit geben, unsere Plots und unsere Rolle als Erzähler neu zu überdenken. Der Literaturkritiker Anatole Broyard schreibt in seinem Buch ›Intoxicated by My Illness‹ über seine Erfahrungen mit dem Prostatakrebs: »Der Patient muß damit anfangen, seine Krankheit nicht als Katastrophe, als Ursache für Depressionen und Panik zu betrachten, sondern sie als Erzählung, als Geschichte sehen. Geschichten sind Antikörper gegen Krankheit und Schmerzen ... Manchmal denke ich, Schweigen ist tödlich ... und ich glaube, daß Sprache, Reden, Geschichten oder Erzählungen der beste Weg sind, um unsere Menschlichkeit am Leben zu erhalten.« Und in ›Ein zweites Leben‹ schreibt der Schriftsteller Reynold Price: »Betrauere im schicklichen Maß eine begrenzte Zeit lang alle Teile deines alten Ich, von denen du weißt, daß du sie entbehren wirst ... Suche als nächstes eine Möglichkeit, ein anderer zu werden, das nächste lebenstüchtige Ich, das du erreichen kannst ...«

Da wir in der Regel meinen, wir wüßten immer, was auf uns zukommt – noch bevor der Tag beginnt, »wissen« wir, daß wir aufstehen, frühstücken, zur Arbeit fahren, müde werden, wieder nach Hause kommen, zu Abend essen, fernsehen und zu Bett gehen –, bewirken so wenig planbare

Ereignisse wie Krankheiten und Katastrophen einen deutlichen Richtungswechsel in unseren Plots und unserem Selbstverständnis. Sie lassen unsere bisherige Erzählung entgleisen und zerstören die Gleise, in denen sie bisher so problemlos verlief.

Die siebenunddreißigjährige Corrina war als Psychologin an einem Lehrkrankenhaus beschäftigt. Sie war alleinerziehende Mutter eines siebenjährigen Sohnes. Als sie eines Abends ihren Sohn zu einer Pyjamaparty gebracht hatte und wieder nach Hause fuhr, lief ihr ein Mann direkt vor den Wagen. Sie konnte in der Dunkelheit nichts erkennen, doch der laute Schlag gegen ihr Auto war eindeutig. Sie hielt an, lief zurück und sah den Mann mitten auf der Straße liegen. Der Verletzte wurde sofort ins Krankenhaus gebracht. Die Polizei verhörte Corrina zum Hergang des Unfalls und entließ sie dann wieder. Völlig am Boden zerstört fuhr sie nach Hause, wo sich ihre beste Freundin Nicole um sie kümmerte. Am frühen Morgen rief Nicole im Krankenhaus an und erfuhr, daß der Mann in der Nacht seinen Verletzungen erlegen war.

Corrinas Welt erschien von Grund auf verändert. Zuerst befürchtete sie, man würde sie ins Gefängnis stecken und ihr alles nehmen, was ihr lieb und teuer war. Sie glaubte, sie würde ihr Kind, ihr Haus, ihren Garten, ihre Arbeit – und zuletzt auch noch ihren Verstand – verlieren. Drei Tage später erfuhr sie, daß der Mann, den sie getötet hatte, schon seit einiger Zeit krank und geistig verwirrt gewesen war und daß niemand ihr die Schuld an dem Unfall gab. Sie mußte also nicht ins Gefängnis, und auch sonst änderte sich ihr Leben nach außen hin nicht. Doch sie lernte aus dieser Erfahrung, wie zerbrechlich und unbeständig das Leben ist – daß tatsächlich alles in einem einzigen Augenblick kippen kann. Dies war nicht nur eine theoretische Erkenntnis, sondern eine Erfahrung, die sie geradezu in jeder einzelnen Zelle ihres Körpers spürte.

Was Corrina erlebte, ist ein Trauma. Ein Trauma setzt in jedem Plot eine Zäsur, die alle Ereignisse mit dem Etikett

»davor« oder »danach« versieht. Ein Trauma fordert den Menschen in der Form des Entweder-Oder: Entweder lernt man daraus und entwickelt sich weiter, oder aber man verschließt sich davor und verengt seine eigene Persönlichkeit. Psychologisch betrachtet gibt es keinen Mittelweg. Wer beschließt, sich mit einem Trauma auseinanderzusetzen, muß fast alle seine Vorstellungen von Grund auf revidieren. Jedes Trauma erschüttert die Grundfesten der Persönlichkeit.

Nicht alle Plotbrecher sind negative Ereignisse. Denn es kann auch passieren, daß man 20 Millionen im Lotto gewinnt, daß man in der Warteschlange des Supermarkts den Mann kennenlernt, in den man sich unsterblich und mit Haut und Haaren verliebt, oder daß ein Dozent, an den man jahrelang nicht gedacht hat, plötzlich anruft und einem den Traumjob des Lebens in Paris anbietet.

Der neunundvierzigjährige Kenneth hatte sein ganzes Leben lang Probleme mit seinem geringen Selbstwertgefühl gehabt. Er hatte schon ziemlich lange einen ruhigen, aber schlecht bezahlten Job in einer Buchhandlung, der keinerlei Zukunftsperspektiven bot. In seiner Freizeit schrieb er Romane und Theaterstücke, von denen jedoch nichts publiziert worden war, bis eines Tages, wie er sagte, »die Glücksfee« in sein Leben trat.

Wir organisierten in der Buchhandlung wöchentliche Lesungen, bei denen verschiedene Autoren lasen und ihre Bücher signierten, die wir dann verkauften. Eines Tages kam eine berühmte Schauspielerin – eine *wirklich* berühmte Schauspielerin – in unseren Laden, um mit dem Publikum über ihre Autobiographie zu diskutieren. Ich sollte sie vorstellen, deshalb mußten wir vorab ein wenig über ihr Buch sprechen. Ich war nervös, aber sie erwies sich als ein wunderbarer Mensch. Ein Mensch wie du und ich. Wir verstanden uns bestens, und sie stellte mir auch ein paar Fragen, die mich selbst betrafen. Als sie mein Drehbuch sehen wollte, dachte ich: »Was soll's, sie liest es ja doch nicht, aber es ist nett, daß sie wenigstens danach fragt.« Um es kurz zu fassen: Sie las das Drehbuch, es gefiel ihr, und sie wollte es produzieren. Ich war völlig fertig, so glücklich war ich.

In wenigen Wochen hatte sich Kenneths Leben um hundertachtzig Grad gewendet. Agenten und Produzenten überschütteten ihn mit Anrufen, und er erhielt ein riesiges Honorar. Doch nach seinem anfänglichen Höhenflug geschah etwas ganz Überraschendes:

Ich war völlig deprimiert. Mir war plötzlich klar, daß ich mein ganzes Leben vergeudet hatte, weil ich so passiv gewesen war, anstatt meine Träume zu verwirklichen. Ich konnte mich nicht daran gewöhnen, daß ich von solchen Machern ernstgenommen wurde. In meinen Augen war ich immer noch der kleine Verkäufer aus der Buchhandlung. Noch schlimmer war aber, daß mich viele meiner alten Freunde ablehnten. Sie warfen mir vor, ich würde mich an Hollywood verkaufen. In Wirklichkeit konnten sie einfach nicht damit umgehen, daß ich jetzt so erfolgreich war, während sich in ihrem Leben nichts geändert hatte. Mein Leben hatte sich allerdings verändert, und allmählich wurde mir bewußt, daß ich nicht nur für meinen früheren Mißerfolg, sondern auch für meinen jetzigen Erfolg verantwortlich war. Ich erkannte, daß die Art, in der ich mich selbst wahrgenommen hatte, ganz entscheidend gewesen war für das eintönige Leben, das ich mir geschaffen hatte.

Positiven wie negativen Plotbrechern ist gemeinsam, daß sie das eigene Gefühl, eine klar strukturierte Persönlichkeit zu sein, ernsthaft gefährden. Sie lassen sich nur schwer oder gar nicht in unseren Plot integrieren, weil sie so vieles von dem, was vorausgegangen ist, in Frage stellen. Auch wenn es merkwürdig klingt, können viele Menschen besonders schlimme Nachrichten eher akzeptieren als besonders positive, weil sie wie Kenneth dann plötzlich erkennen, daß sie ungeheuer viel Zeit, Kraft und Gefühle in die falsche Geschichte investiert haben. Ein neuer Plot bedeutet, daß sie sich daran gewöhnen müssen, sich selbst in einer noch nicht vertrauten Weise zu sehen – und von anderen gesehen zu werden.

Überwinden Sie Ihre eigene Trägheit

Wie wir gesehen haben, lassen sich bestimmte Elemente unseres Lebens in einen neuen Plot integrieren, während das bei anderen nicht gelingt. Zwischen diesen beiden Seiten gibt es eine dritte Kraft, nämlich die Trägheit. Sie ist zwar nicht so dramatisch wie ein Trauma, das das ganze Leben verändert, doch sie kann den Verlauf unseres Plots entscheidend beeinflussen.

Trägheit ist die starke Kraft, die Sie an den Status quo bindet, an Ihre Gewohnheiten und an all das, was in Ihrem Leben schon festgelegt ist: ein ruhiger Job, der keine Herausforderungen bietet, aber auch nicht so lästig ist, daß Sie ihn aufgeben wollen, oder auch eine Ehe, die zwar keine wirkliche Bereicherung darstellt, aber doch einen Rahmen für den Rest Ihres Lebens bietet. Vielleicht würden Sie sich heute nicht mehr für diesen Arbeitsplatz oder diesen Menschen entscheiden, doch sie machen einen Großteil Ihres Lebens aus, und Sie müßten einen monumentalen Kraftakt vollbringen, um sie jetzt noch aus Ihrem Leben auszuschließen.

Man braucht ungeheuer viel Entschlossenheit und Kraft, um seine Passivität zu überwinden und solche Verhaltensmuster aufzugeben oder zu ändern, sogar dann, wenn man unter ihnen leidet. Für die meisten Menschen sind Veränderungen negativ besetzt. Sie verharren lieber in einer vertrauten Situation, als das Gefühl der Panik und Leere und die mögliche Katastrophe zu riskieren, die sie als Ergebnis einer Veränderung befürchten.

David beispielsweise hatte fünfzehn Jahre lang für einen erfolgreichen wissenschaftlichen Verlag gearbeitet und sich im Unternehmen eine angesehene und sichere Position erworben. Er machte seine Arbeit gut, doch er fand die hochspezialisierten militärgeschichtlichen Bücher seines Verlages ziemlich langweilig. Die meisten von Davids Freunden hielten ihn für erfolgreich. Seine Arbeit erschien ihnen zwar nicht besonders abwechslungsreich, zumindest aber hatte er niemals finanzielle Sorgen. Im Laufe der Jahre hatte er immer wieder daran gedacht, seine Stelle aufzugeben, doch ernsthaft hatte er sich noch nie damit auseinandergesetzt. Eines Tages erfuhr er über Insidergerüchte von einem neuen Unternehmen, das interaktive CD-ROMs zu Fragen der Gesundheit herausbringen wollte. David fand diese Themen für sich selbst und für andere Menschen wirklich relevant. Er bewarb sich bei dem Unternehmen als Herausgeber, und man war sehr an seiner Erfahrung und seinen Fähigkeiten interessiert. Zwar konnte ihm sein neuer Arbeitgeber nicht so viel Geld bieten, wie er bisher verdient hatte, statt dessen bot man ihm jedoch eine finanzielle Beteiligung an dem Unternehmen und die Chance einer kreativen Karriere. Einige von Davids Freunden fanden es unklug, mit fünfundvierzig in einen riskanteren Job zu wechseln, doch für David war es Belohnung genug, daß er sich eine Situation geschaffen hatte, in der er sich jeden Morgen auf seine Arbeit freute.

Schlägt das Thema Trägheit eine ganz verborgene Saite in Ihnen an? Vielleicht kommen Sie nicht aus der Tretmühle einer Beziehung heraus, die einmal vielversprechend begonnen hat, oder aber Sie treten in einem Job auf der Stelle, der Lichtjahre von der brillanten Karriere entfernt ist, die Sie sich früher einmal ausgemalt haben. Diese Trägheit läßt sich durchaus durchbrechen, doch Sie müssen sich ernsthaft überlegen, wie Sie vorgehen und ob Sie die Verantwortung dafür übernehmen wollen, wie Sie mit den Ereignissen in Ihrem Leben umgehen. Sie können nicht auf alles Einfluß nehmen, was Ihnen widerfährt, aber Sie können beeinflussen, wie Sie damit umgehen.

Verändern Sie Ihren Plot der Liebe

Sie können Ihren Plot der Liebe verändern, indem Sie sich mit Ihrer Furcht davor auseinandersetzen, daß Sie von einem anderen Menschen durchschaut und erkannt werden – kurz, indem Sie sich mit Ihrer Furcht vor der Liebe befassen. Je genauer Sie erkennen, welchen Anteil Sie selbst an der Einschränkung dieses Plots haben, desto eher sind Sie in der Lage, ihn zu verändern. Vielleicht sind Sie überkritisch, für Ihren Partner/Ihre Partnerin nicht wirklich da, oder nicht ganz aufrichtig bei der Beantwortung der Frage, warum Sie sich eigentlich immer wieder Partner aussuchen, deren Beziehungsprobleme noch größer sind als Ihre eigenen. Wenn Sie anfangen, sich mit Ihrer Furcht vor der Liebe auseinanderzusetzen, wird sich Ihr Plot der Liebe zwangsläufig verbessern. Betrachten wir zum Beispiel, wie Jeremy und Ruby diesen Plot veränderten.

Der fünfundvierzigjährige Jeremy war erfolgreicher Fotograf. Er und seine fünf Jahre jüngere Frau Lauren waren seit siebzehn Jahren verheiratet. Lauren hatte auf eine eigene Karriere verzichtet, um ihre beiden Söhne großzuziehen, die jetzt im Teenageralter waren. Jeremy interessierte sich für die Geschichte der Fotografie und versuchte ständig, sein fotografisches Spektrum zu erweitern, indem er viel las, an Kursen teilnahm und Ausstellungen besuchte.

Als die Kinder in die High School kamen, ergriff Lauren die Gelegenheit, selbst wieder berufstätig zu sein. Sie erwarb die Lizenz zur Immobilienmaklerin und machte in ihrem neuen Job viele Überstunden. Ihre Kunden beschäftigten sie sieben Tage die Woche von frühmorgens bis spätabends – sie machte Grundstücke ausfindig, besichtigte Häuser mit ihren Kunden, führte Verhandlungen mit Bankern und Bauunternehmern, warb neue Kunden. Obwohl sie über ihre Überstunden, die Kunden und die Marktsituation klagte, machte es ihr Spaß, Geschäfte auszuhandeln und Geld zu verdienen. Endlich hatte sie den Einfluß und das Vermögen, von dem sie geträumt hatte, als sie noch die Kinder großzog, und sie genoß es.

Jeremy war ein liebevoller Vater gewesen, doch nun fühlte er sich zu Hause einsam und verlassen. Seine Welt und die Welt seiner Frau waren nicht mehr identisch. Ihr sporadischer Sex war für ihn unbefriedigend. Er versuchte, ihn wieder interessanter zu machen, indem er Selbsthilfebücher für Ehepaare las, aber es half nichts. Er kaufte Reizwäsche für Lauren, doch sie erschien ihm nur als trauriges Symbol für das, was in ihrer Ehe fehlte. Lauren schien ihre eingeschränkte Sexualität als unvermeidlich hinzunehmen. Jeremy schlug ihr vor, gemeinsam eine Eheberatung aufzusuchen. Sie gingen ein paarmal hin, kamen aber nicht weiter. Jeremy berichtet:

Ich gab an der Universität einen Abendkurs über Grundlagen der Fotografie. Gleich am ersten Abend fühlte ich mich zu einer der Kursteilnehmerinnen hingezogen – eine attraktive Frau, die sich offenbar leidenschaftlich für Fotografie interessierte. Ich konnte es nicht fassen, doch nach dem Kurs verwickelte ich sie in ein Gespräch. Sie hieß Jocelyn, war achtundvierzig und seit zwei Jahren Witwe. Sie erzählte mir, sie habe immer davon geträumt, Fotografie zu studieren, sei aber beruflich immer zu beschäftigt gewesen. Als ihr Mann starb, habe sie plötzlich festgestellt, daß ihr finanzielles Polster es ihr erlaubte, ihren Interessen nachzugehen.

Schneller als beide es für möglich gehalten hätten, hatten sie eine Affäre miteinander. Jeremy stellte fest, daß er Jocelyn gegenüber seine geheimsten Gedanken und Gefühle äußern konnte. Er fühlte sich auf einmal wieder verblüffend gut. Er idealisierte Jocelyn nicht, sondern sah auch ihre Fehler, und es gelang ihm, ihre positiven und negativen Seiten in sein Bild von ihr zu integrieren, ohne sie in seiner Vorstellung voneinander zu trennen. Daß er sich von Jocelyn wahrgenommen, geliebt und geschätzt fühlte, gab ihm das Gefühl von innerer Zufriedenheit, nach dem er so lange gehungert hatte. Er empfand sie als seelenverwandt und wollte ein neues Leben mit ihr beginnen.

Jeremy erkannte, daß seine Ehe hohl und ohne Leidenschaft war – er und seine Frau waren wirklich nur noch gute Freunde. Er erzählte Lauren von seinen Gefühlen für Jocelyn. Nach dem ersten Schock erwiderte Lauren: »Wir sind ein großartiges Team. Denk doch nur an die Kinder und all unsere gemeinsamen Jahre. Du solltest nichts überstürzen! Diese Affäre wird sich irgendwann von allein erledigen. Was wir haben, ist viel realer und dauerhafter als deine Verliebtheit in Jocelyn.« Als Lauren sah, daß Jeremy sich nicht umstimmen ließ, geriet sie völlig außer sich und demolierte blindwütig sein Studio.

An diesem Punkt angelangt, war Jeremy versucht, das Band zwischen ihnen endgültig zu zerschneiden. Doch er vergab Lauren, weil er ihren Schmerz nachempfinden konnte und ihre guten Eigenschaften nicht aus den Augen verlor. Er zog zwar aus, doch er unterstützte Lauren und die Kinder weiterhin und erhielt einen engen Kontakt aufrecht. Sie trafen sich jede Woche, und er half Lauren, in dieser Übergangsphase eine Therapie zu machen. Gemeinsam trauerten sie über das Ende ihrer Ehe.

Irgendwann akzeptierte Lauren ihre neue freundschaftliche Beziehung. Jeremy, der nun mit Jocelyn verheiratet war, übernahm die fotografischen Arbeiten für Laurens neue Werbebroschüre, in der sie Immobilien im Wert von mehreren Millionen Dollar anbot. Sie retteten das Gute aus ihrer alten Beziehung in ihre neue hinüber, in der sie eine neue Rolle füreinander spielten.

Ein weiteres Beispiel dafür, wie man seinen Plot der Liebe verändern kann, ist die Geschichte von Ruby und Jurgen. Jurgen, ein dreißigjähriger blinder Jazzpianist, lernte die vierzigjährige Ruby kennen, die als Technikerin in dem Studio beschäftigt war, in dem er Aufnahmen für die CD eines Freundes machte. Jurgen war gerade wegen seiner finanziell unsicheren Situation und zum Teil auch wegen seiner Behinderung von seiner letzten Freundin sitzengelassen worden. Ruby war eine korpulente Frau, die ständig Gewichtsprobleme hatte. Ihr Mann hatte sie kurz zuvor wegen einer anderen Frau verlassen, die nur halb so alt war und halb so viel wog, und deshalb ging es Ruby ziemlich schlecht.

Ruby und Jurgen verliebten sich sofort ineinander, aber beide schreckten vor einer Liebesbeziehung zurück. Als sie eines Abends ziemlich lange im Studio beschäftigt waren, kam eins zum anderen, bis sie sich schließlich auf dem Boden des Tonstudios liebten. Danach trennten sie sich höchstens noch stundenweise.

Ruby fand es faszinierend, daß Jurgen sie mit seinen Fingern »sehen« mußte. Ihr ganzes Leben lang hatte sie sich für ihren Körper geschämt, und hier war jemand, der ihn liebte. Jurgen war überwältigt davon, daß eine Frau seine Blindheit so vorbehaltlos akzeptierte. Ihre leidenschaftliche Liebe wurde noch stärker, weil sie im Bett so freimütig miteinander umgingen. Beiden wurde bewußt, daß sie sich zuvor immer Partner ausgesucht hatten, denen es nicht gelungen war, ihr Innerstes zu enthüllen und zu »sehen«.

Zusammen lebten die beiden auf. Ruby hörte von jedem, sie habe nie besser ausgesehen, und so war es auch. Anstatt sich für ihre üppigen Formen zu schämen, fühlte sie sich stolz und sinnlich. Ruby ermutigte Jurgen, zu komponieren, ein Wunschtraum, den er schon immer gehabt hatte.

Verändern Sie Ihren Plot der Kompetenz

Im Bereich von Arbeit und Kompetenz kann man, anders als in vielen anderen Bereichen menschlicher Aktivität, oft einen unmittelbaren Zusammenhang zwischen der aufgewandten Mühe einerseits und dem Ergebnis oder der Belohnung andererseits erkennen. Die beiden folgenden Geschichten zeigen Ihnen, wie Sie den Plot Ihrer Kompetenz ändern können.

Evan, ein fünfzigjähriger Professor der Biologie, lebte mit seinem Partner Frank, einem Antiquitätenhändler und -sachverständigen, zusammen. Evan war der erste in seiner Familie gewesen, der ein College besucht hatte, und er hatte erhebliche finanzielle Schwierigkeiten überwinden müssen, um seinen Universitätsabschluß machen zu können. Mit seiner Professur war ein Traum wahr geworden. Nun war er allerdings jemand, der sich für vieles brennend interessierte und der nichts lieber tat, als die Geschichte und Herkunft der Möbel und Kunstwerke zu erforschen, deren Wert Frank beurteilte. Volkstümliche Kunst, insbesondere die sogenannten Quilts, eine Art Patchworkdecken, waren zu seinem besonderen Hobby geworden. Während er weiterhin Biologie unterrichtete, betrieb er gleichzeitig seine Forschungsarbeiten und schrieb ein bezauberndes und informatives Buch über die Quilts der Amish People, das sich erstaunlich gut verkaufte, obwohl seine Kollegen meinten, er hätte doch ein wenig näher bei der Biologie bleiben können:

Ich glaube, es waren ihre Reaktionen auf mein Buch über die Quilts, an dem mir sehr viel lag, die mich bewogen, mein Leben an der Universität genauer unter die Lupe zu nehmen. Die Universitätspolitik, die ich zu ignorieren versucht hatte, war kleinkariert, und die Lehre wurde mir immer mehr zur Last. Ich wollte hinaus in die »wirkliche Welt«.

Der ursprüngliche Plot der Kompetenz, den Evan für sich entworfen hatte, stützte sich auf seine erste Liebe, die Biologie, die Professur war ein befriedigendes und angemessenes langfristiges Ziel gewesen. Inzwischen aber war ihm die Lehre zur lästigen Routine geworden, und er hatte auch keine große Lust, sich nur auf die Forschung zu spezialisieren. Evan mußte sich entscheiden, ob er weiterhin ein sicheres, einigermaßen befriedigendes Leben ohne Risiken und Sorgen führen wollte, oder ob er etwas Neues wagen wollte.

Ich rang lange mit mir. Die Universität hatte es gut mit mir gemeint. Ich war ein Kenner meines Fachgebiets, und es wirkte sicher ziemlich unvernünftig, das alles hinzuwerfen. Doch tief in meinem Innersten wußte ich, daß ich mich für einen Feigling halten würde, wenn ich nicht bereit war, größere Risiken einzugehen, und daß mein Leben immer irgendwie eingeengt sein würde.

Was Evan brauchte, war die Freiheit, seinen Plot zu ändern. Nach langem Überlegen war ihm klar, daß der Schlüssel zu seiner Freiheit im Bereich seiner derzeitigen Kompetenz lag: Er schrieb ein Buch über biologische Experimente, das in der Grundschule eingesetzt werden konnte. Der Verkauf dieses Buches verhalf ihm zu einem bescheidenen, aber fortlaufenden jährlichen Einkommen.

Ich konnte es nicht fassen – ich war frei und hatte mich trotzdem nicht endgültig von meiner Vergangenheit trennen müssen. Frank und ich konnten jetzt auf größere Reisen gehen. Wir fuhren den Amazonas hinauf, kauften Stoffe in Marokko und reisten viel in Thailand herum. Ich schätzte das Volk der Thais und ihre Handwerkskünste und gründete dort ein kleines Unternehmen, mit dem ich Stoffe in die Vereinigten Staaten exportierte.

Mit seinen gerade angelaufenen Geschäften und dem Verkauf seines Buches wurde Evan klar, daß er finanziell überleben konnte, ohne an der Universität zu bleiben, auch wenn er dann nicht so gut abgesichert war. Nach reiflicher Überlegung gab er seine Professur auf, so daß er einen Teil des Jahres in Thailand verbringen konnte. Er verzichtete zugunsten seiner Authentizität auf seine Sicherheit, und dieser Tausch ermöglichte eine Weiterentwicklung des Plots seiner Kompetenz.

Samanthas Geschichte ist ein weiteres Beispiel dafür, wie man den Plot seiner Kompetenz beeinflussen und verändern kann. Samantha war ein sehr intelligentes Kind mit einer extremen Lese-Rechtschreib-Schwäche. Leider wurde diese Teilleistungsstörung erst sehr spät erkannt, und so dachten ihre Lehrer und Mitschüler, sie sei nicht besonders intelligent. Sie war sehr unglücklich.

Sie steckten mich in die Klasse für Lernbehinderte. Ich langweilte mich zu Tode. Nachdem man mich zwölf Jahre lang wie einen Idioten behandelt hatte, fühlte ich mich langsam auch so. Ich brauchte Stunden, um die Buchstaben in meinem Lesebuch zu entziffern, und wozu das alles? Meine Noten waren so schlecht, daß ich keinerlei Hoffnung hatte, auf ein vierjähriges College gehen zu können. Meine Eltern schämten sich, daß ihre Tochter ihren Erwartungen nicht gerecht wurde. Sie konnten sich nicht vorstellen, daß ein Mensch, der nicht gut lesen und schreiben kann, durchaus intelligent sein kann.

Samanthas mangelndes Selbstvertrauen dämpfte ihre Erwartungen an die Zukunft, und so strebte sie trotz ihrer Intelligenz und ihrer Wißbegierde nicht mehr als einen Zweijahresabschluß an einem College an. Ohne einen richtigen

Abschluß eine gute Stelle zu finden, war fast unmöglich. Samantha arbeitete deshalb als Verkäuferin für eine teure Kosmetikmarke in einem Warenhaus. Sie erhielt die Stelle, weil sie aufgrund ihrer Attraktivität ein guter Werbeträger für die Produkte des Unternehmens war. Bei den Fortbildungsseminaren, die das Unternehmen seinem Personal anbot, zeigte sich Samantha lernbegierig und interessiert und stellte eine Menge Fragen, und bald wurde das Management des Unternehmens auf sie aufmerksam.

Als die Stelle einer Empfangsdame im Hauptsitz des Unternehmens ausgeschrieben wurde, bewarb ich mich. Mir wurde allmählich klar, daß meine Rechtschreibschwäche mir vielleicht eine Universitätskarriere verwehrt hatte, daß ich aber nicht dumm war. Meine Chancen, in einem Unternehmen erfolgreich zu sein, in dem es eher auf das ankam, was man produzierte, und weniger darauf, wie gut man Bücher lesen konnte, waren sicherlich größer. Ich bekam viele positive Rückmeldungen, so daß ich schließlich doch davon überzeugt war, daß aus mir noch etwas werden könnte.

Samantha gab ihre Leseversuche nicht auf: Sie hörte sich auf Kassetten gesprochene Bücher an und las gleichzeitig den Text im Buch mit, um ihre Lesefertigkeiten zu verbessern. Nach einem Jahr als Empfangsdame hatten Samanthas Vorgesetzte einen so guten Eindruck von ihr, daß sie zur Assistentin des Vizedirektors für Forschung und Entwicklung aufstieg. Zu ihrer großen Überraschung begann sie, sich in ihrem neuen Job für die Chemie der Produkte zu interessieren, die ihr Unternehmen herstellte und verkaufte. Sie las immer noch ein wenig langsam, doch ihre Intelligenz, ihre Zuverlässigkeit, ihr sicheres Urteil und ihre Initiative veranlaßten ihren Chef dazu, immer mehr Verantwortung an sie zu delegieren. Ihr Arbeitgeber schätzte ihre Meinung und forderte sie auf, neue Produkte, Projekte und Ideen zu bewerten. Samanthas Position war vergleichbar mit einer Schaltstelle; und die Produkte, die sie auswählte, um sie ihrem Chef vorzulegen, waren alle vielversprechend.

Als in Samanthas Unternehmen deutlich wurde, daß nicht

nur der Vizedirektor, sondern die ganze Abteilung von Samanthas Fähigkeit profitieren könnte, neue Produkte ausfindig zu machen, wurde eine neue Stelle für sie geschaffen.

Jetzt hatte ich ein eigenes Büro und eine eigene Assistentin in der Abteilung für Forschung und Entwicklung – unglaublich! Ich war zwar immer selbstsicherer geworden, doch manchmal frustrierte es mich, daß ich bestimmte technische Zusammenhänge nicht verstand. Plötzlich wurde mir klar – eigentlich zum ersten Mal in meinem Leben –, daß ich nicht dumm war. Ich erkannte, wie hart ich gearbeitet hatte, um dahin zu kommen, wo ich war. Mir wurde bewußt, daß dies eine weitere Chance für mich war, und ich brachte das Unternehmen dazu, mir ein paar Chemiekurse an der Abendschule zu finanzieren.

Diesmal wußte Samantha genau, was sie sich von der Schule erwartete. Sie beurteilte ihre Leseschwäche nicht mehr als Intelligenzschwäche, und sie stellte sicher, daß ihre Lehrer das auch erkannten. In ihren Kursen entwickelte sie Ideen für neue Produkte, die sie an das Personal in der Forschungsabteilung weiterreichte. Die Forschungsabteilung unterstützte sie darin, dem Direktor und dem Vorstand eine neue Produktlinie zu präsentieren. Ihre Vorschläge wurden positiv aufgenommen, und man machte sie zur Vizedirektorin, die für die neue Produktlinie verantwortlich war.

Samantha war es gelungen, dem Plot ihrer Kompetenz von dem deprimierenden Gefühl, eine Versagerin zu sein, zu einem innovativen Erfolg zu machen, indem sie ihre Grundüberzeugungen überprüfte und revidierte. Anstatt unbesehen die Meinung zu übernehmen, die sich andere Menschen von ihr machten, fand sie einen Weg, um die Kriterien zu verändern, nach denen sie sich selbst beurteilte. Sie entwickelte eine neue Definition davon, was es heißt, intelligent zu sein.

Kompetenz und zwischenmenschliche Beziehungen – eine Warnung

Da Kompetenz eher etwas mit der eigenen Beziehung zu bestimmten *Dingen* zu tun hat als mit der Beziehung zu anderen Menschen, ist sie ein Plot, der sich nicht einfach auf den Bereich zwischenmenschlicher Beziehungen übertragen läßt. Das soll nicht heißen, daß sich Beziehungen nicht verbessern ließen oder daß sich bestimmte Fertigkeiten und Techniken wie beispielsweise eine veränderte Darstellung des Beziehungsplots oder eine bessere »Interpretation« anderer Menschen nicht lernen ließen. Doch unsere Beziehungen zu Menschen, insbesondere zu Kindern, haben eigene Plots, die unabhängig von dem der Kompetenz verlaufen können.

Warum widersetzen sich zwischenmenschliche Beziehungen der Kompetenz, die aus der Entwicklung bestimmter Fertigkeiten entsteht? Weil wir all das, was mit anderen Menschen zu tun hat, nicht steuern können. Wir können zwar uns selbst verändern, doch wir müssen von vornherein damit rechnen, enttäuscht zu werden, wenn wir meinen, wir könnten von uns aus eine Beziehung verändern.

Zwischenmenschliche Beziehungen sind eine ziemlich unsichere Quelle für Selbstbestätigung und wachsendes Selbstwertgefühl, die Kompetenz hingegen ist in dieser Hinsicht zuverlässiger. Wer außerhalb seiner persönlichen Beziehungen an seinen Begabungen und Fertigkeiten arbeitet, gewinnt das Selbstvertrauen, das er braucht, um mit anderen Menschen und der Welt im allgemeinen klarzukommen. Tatsächlich ist dies ein gutes Argument dafür, daß Frauen berufstätig sein sollten. Eine wachsende berufliche Kompetenz stärkt das Gefühl von Identität und innerer Harmonie.

Verändern Sie Ihren Plot des Verlusts

Verlusterfahrungen sind unvermeidlich. Überwinden lassen sie sich nur, indem man sie durchsteht. Der Plot des Verlusts läßt sich auch ändern, indem man akzeptiert, was man eigentlich schon weiß: Daß nämlich niemand alles haben kann. Niemandem bleibt sein Anteil an Erfahrungen mit Krankheit, Tod, Verrat und Im-Stich-gelassen-werden erspart. Natürlich macht niemand gern Verlusterfahrungen, aber sie wirklich zu akzeptieren heißt auch, daß man positiv bewertet, wie sehr sie unser Verständnis des Lebens und all seiner Geheimnisse bereichern. Betrachten wir, wie David und Corrina mit ihrem Plot des Verlusts umgingen.

Der dreiundvierzigjährige Installateur David trank zwanzig Jahre lang, bevor er ernsthaft versuchte, trocken zu werden. Was als soziales, der Entspannung dienendes Trinken begonnen hatte, hatte sich rasch zu einer massiven Alkoholabhängigkeit ausgewachsen, obwohl ihm das kaum einer anmerkte, weil er selten betrunken wirkte.

David war ein intelligenter Mensch mit einem ansprechenden Äußeren. Er neigte nicht gerade zu übermäßiger Selbstbeobachtung und hatte immer viel Glück bei den Frauen. Eigentlich hielt er sich für einen ganz normalen Mann, der vielleicht ein wenig lieber auf Partys ging als andere, und der in seiner Ehe zwar ein paar Probleme hatte, die aber nicht weiter schlimm waren. Sein Trinken und seine Weibergeschichten betrachtete er als Teil seines »männlichen« Images. Dabei war ihm nicht klar, daß sein Fluchtverhalten schon lange zu einem ausgewachsenen Plot in seiner Geschichte geworden war, der alle anderen Plots in seinem Leben überrundet hatte.

Ich trank gern, und ich flirtete gern. Und ich versuchte gar nicht erst, mich zu ändern, bis meine Frau es satt hatte und davon sprach, mich zu verlassen – heute frage ich mich, warum sie so lange damit gewartet hat. Ich hatte Angst, und ich wollte wirklich trocken bleiben. Ich ging fast jeden Tag zu den Treffen der Anonymen Alkoholiker, und es gelang mir, sechs Monate lang nüchtern zu bleiben. Ich war ziemlich stolz auf mich selbst, und meine Frau auch. Dann auf einmal brach die Hölle los. Mein Vater hatte völlig unerwartet einen Herzanfall und starb. Ich ging auf eine Sauftour, die alle bisherigen weit übertraf. Wochenlang war ich Tag und Nacht betrunken. Ich ging nicht mehr zur Arbeit, ich aß nichts mehr, ich wachte in merkwürdigen Hotelzimmern auf, ohne die geringste Ahnung, wie ich überhaupt dorthin gekommen war.

Als es endlich vorbei war und sich der Nebel wieder lichtete, war Davids Frau ausgezogen und hatte die siebenjährige Tochter mitgenommen. David zog sofort mit einer Frau zusammen, mit der er sich schon während seiner Ehe hin und wieder getroffen hatte. Sie hatte selbst Alkoholprobleme und kein Interesse daran, ihn zu bessern. Ein Jahr lang tranken sie mal mehr, mal weniger. David lebte in einer Art Trance, die von Alkohol, Trauer und einer Verweigerungshaltung geprägt war. Sein Alkoholkonsum nahm immer weiter zu, bis er eines Abends betrunken am Steuer saß und einen Unfall verursachte. Drei Wagen, einschließlich seines eigenen, hatten einen Totalschaden. Wie durch ein Wunder wurde niemand ernsthaft verletzt. Doch als David im Krankenhaus aufwachte, wußte er, daß er ganz unten angekommen war.

Mann, steckte ich in der Patsche. Ich hatte immer gedacht, nur Schwächlinge bräuchten so etwas wie die Hilfe von Psychiatern, aber jetzt wußte ich, daß ich selbst mit jemandem sprechen mußte, um nicht völlig verrückt zu werden. Ich machte also eine Therapie. Ich ging auch wieder zu den Treffen der Anonymen Alkoholiker, und diesmal bekam ich einen Mentor. Man dringt nicht leicht zu mir durch, aber schließlich sah ich mich gezwungen, mich ganz objektiv mit mir selbst auseinanderzusetzen. Ich begriff, daß ich mein ganzes Leben lang mein Gedächtnis mit Alkohol und Sex betäubt hatte, und daß ich keine Ahnung von meinen Gefühlen hatte. Es lag noch ein langer Weg vor mir.

David begriff in der Therapie, daß er keine verläßliche Erzählperspektive besaß, keine zuverlässige Erzählerstimme, die all seinen heftigen und oft widersprüchlichen Gefühlen Ausdruck verliehen hätte. Er sah, daß er sich mit seinem Trinken von einem Extrem ins andere gestürzt und dabei jeweils die Realität des anderen Extrems geleugnet hatte. Hinter seinem Bedürfnis zu trinken verbargen sich die immer gleichen angsteinflößenden und heftigen Emotionen. Ohne den Alkohol gab es zwischen David und seinen Emotionen keinen Vermittler. Er mußte lernen, durch die rauhe See seiner Ängste, seiner Sorgen und seiner Verlusterfahrungen zu navigieren, ohne dem Bedürfnis nachzugeben, sie zu maskieren oder sie in etwas Akzeptableres zu verwandeln.

In der Therapie entdeckte David einen Behälter, der stark genug war, um seine widersprüchlichen und beängstigenden Gefühle ebenso in sich aufzunehmen wie die positiven Empfindungen. Dieser Behälter war seine Rolle als Erzähler, der seine Stärke aus der Aufrichtigkeit bezog – daraus, daß er seine Verletzlichkeit nicht abstritt, sie nicht verbarg und sich nicht von ihr ablenkte. David hatte immer die Sorge gehabt, mit diesen Gefühlen nicht umgehen zu können, wenn sie jemals »losgelassen« würden. Nun erkannte er, daß er, wenn er jedes dieser Gefühle in seinen Gesprächen mit dem Therapeuten anerkannte, nichts weiter mit ihnen zu »unternehmen« brauchte. Er mußte sie sich lediglich eingestehen, ihr Vorhandensein akzeptieren und sie erleben. David wurde zum ersten Mal zu einem zuverlässigen Erzähler, und daran arbeitete er mit der Unterstützung, die ihm der Therapeut durch die »allwissende Perspektive« der dritten Person bot.

David arbeitete auch daran, den Tod seines Vaters zu akzeptieren, und erlebte dabei unendlich tiefe Gefühle der Trauer und des Verlusts. Er setzte sich damit auseinander, wie er mit seinen Freunden, Partnerinnen und Verwandten umgegangen war, und lernte, seine Gefühle diesen Menschen gegenüber in einer verantwortlichen und konstruktiven Weise auszudrücken. Er versuchte, die Verletzungen, die er anderen während seiner jahrelangen Alkoholabhängigkeit angetan hatte, wiedergutzumachen. David erkannte, daß er sein ganzes Leben lang völlig auf sich selbst fixiert gewesen war. Um das auszugleichen, arbeitete er nun zweimal wöchentlich in der Essensausgabe einer Obdachlosenunterkunft.

David hatte fast alles verloren: seine Frau und sein Kind, seinen Vater, seinen Führerschein, seine Ersparnisse und das von Liebe und Zufriedenheit geprägte Leben, das er einmal geführt hatte. Er stellte fest, daß er, wenn er die Trauer über alle seine Verluste zuließ und die schmerzlichen Gefühle über ihm zusammenschlugen, aber zugleich erkennen konnte, was ihm trotz allem geblieben war, und daß er an einer befriedigenderen, positiveren Zukunft arbeiten konnte.

Wir haben Corrina weiter oben in diesem Kapitel verlassen, als sie mit einem furchtbaren Ereignis konfrontiert worden war: Ohne eigenes Verschulden hatte sie mit ihrem Wagen einen Mann angefahren und getötet. Obwohl ihr keinerlei Schuld zugesprochen wurde, war Corrina emotional am Boden zerstört. Sie stellte ihr ganzes Leben in Frage und überhäufte sich mit Selbstvorwürfen und Schuldgefühlen. Sie hatte das Gefühl, nie mehr so weiterleben zu können wie zuvor, und in gewisser Weise traf das auch zu: Ihr Leben war von Grund auf verändert. Schließlich erkannte sie mit Hilfe einiger Freunde, daß sie das, was geschehen war, bearbeiten mußte.

Ich begriff, daß es mir nichts nützte, einfach davonzulaufen. Ich mußte mich mit dem Tod dieses Mannes auseinandersetzen und den Heilungsprozeß in Gang bringen. Deshalb versuchte ich, möglichst viel über den Mann in Erfahrung zu bringen. Ich wußte, daß er Priester gewesen war und Frank Connery hieß. Als erstes ging ich zu dem Seminar, in dem er unterrichtet hatte und von dessen Leiter ich herzlich begrüßt wurde. Ich war überwältigt von Schuldgefühlen und Kummer, doch es berührte mich tief, als er sagte, er habe Kontakt zu mir aufnehmen wollen und nicht gewußt, wie er es anstellen sollte. »Pater Franks ganze Familie betet für Sie«, sagte er, und dann überreichte er mir ein Foto des verstorbenen Priesters. Ich war wie gelähmt. Da hatte ich mich für das Schlimmste gewappnet, und nun kam so etwas.

Als Corrina einige Wochen später den Leiter des Priesterseminars erneut aufsuchte, gab er ihr Briefe, die er von der Nichte des Verstorbenen erhalten hatte, in denen sie sich allein um Corrinas Befinden sorgte und ihr keinerlei Schuld gab. Sie betonte, ihr Onkel sei sehr krank gewesen, er habe sehr gelitten und sei geistig verwirrt gewesen. Corrina bat darum, die Schriften lesen zu dürfen, die der Priester veröffentlicht hatte, und setzte ihre Korrespondenz mit seiner Nichte fort.

In diesem Fall hatte ein Trauma das Leben aller Beteiligten in ein »Davor« und ein »Danach« geteilt. Da aber alle Beteiligten beide Seiten in ihren eigenen Lebensplot integrierten, konnten sie über die Tragödie hinwegkommen. Corrinas Erlebnis ist ein Beispiel dafür, wie sich ein Ereignis, das einen Plot zerstört, umwandeln läßt, indem man es akzeptiert und sich damit auseinandersetzt, anstatt davor zu fliehen.

Übungen zu Kapitel 8

Bestimmen Sie die einzelnen Schritte

Wählen Sie im Hinblick auf Ihre Liebesbeziehungen oder Ihr Arbeitsleben einen der Wendepunkte in Ihrem Leben aus, beispielsweise die Entscheidung, ein Baby zu bekommen, in eine andere Stadt zu ziehen, eine neue Ausbildung zu beginnen und den Beruf zu wechseln, Ihren Partner zu verlassen oder sich scheiden zu lassen. Verfolgen Sie den Prozeß zurück, über den Sie zu Ihrer Entscheidung gelangt sind, und versuchen Sie, die einzelnen Schritte festzuhalten. Vielleicht fällt es Ihnen schwer, einzelne Schritte, insbesondere den »ersten Schritt«, von den übrigen abzugrenzen. Wenn sie jedoch die Verantwortung für Ihre eigene Rolle in größeren Verhaltensmustern übernehmen, wird es viel leichter, die Angelegenheit zurückzuverfolgen. (Beispielsweise: »Ich dachte immer, ich wolle keine Kinder. Als jedoch meine Mutter starb, fühlte ich mich so allein wie nie zuvor, obwohl wir keine besonders enge Beziehung gehabt hatten. Dann war ich öfter mit einer Kollegin und deren achtjähriger Tochter zusammen und sah, was für eine wunderbare Beziehung die beiden hatten. Das hat mich davon überzeugt, daß ein Kind großzuziehen eine wichtige Erfahrung ist, die man nicht verpassen sollte.«)

Entwicklungen im Plot

Wählen Sie eine größere Entwicklung in Ihrem Plot aus – von der Alkoholabhängigkeit zum mäßigen Trinken, von der Schüchternheit zur Unverfrorenheit, von der Großspurigkeit zur Bescheidenheit, von der Zufriedenheit zur Unzufriedenheit.

- Notieren Sie die entscheidenden Schritte, beispielsweise: »Ich sah meine Eltern trinken, meine Freundin und ich stahlen etwas Hochprozentiges aus der Bar ihrer Eltern, zwei Jahre später drückte mir jemand auf einer Party ein Bier in die Hand.«
- Schreiben Sie nun einen kurzen Text, in dem Sie Ihre Gefühle im Verlauf dieses Prozesses darstellen, beispielsweise: »Ich fühlte mich wie eine Gefangene meiner Eltern, wenn sie tranken. Ich haßte es, wenn sie mich zwangen, mitanzuhören, wie sie sich dauernd wiederholten und über Dinge klagten, die längst vergangen waren. Wenn ich mich auf einer Party unwohl fühlte, hatte ich nach einem Bier den Eindruck, erwachsener und weniger verletzlich zu sein.«

Überprüfen Sie Ihre Grundüberzeugungen

Besinnen Sie sich auf eine Geschichte, die Sie im Alter zwischen Zwanzig und Dreißig immer wieder erzählt haben (beispielsweise, wie wenig Verständnis Ihnen Ihre Eltern entgegenbrachten). Schreiben Sie diese Geschichte auf. Formulieren Sie die Grundüberzeugung, die in Ihrer Geschichte zum Ausdruck kommt, in diesem Fall also: »Keiner versteht mich.«

- Überlegen Sie, wie Sie die Geschichte seitdem revidiert haben und schreiben Sie die neue Version ebenfalls auf.
- Gibt es in der Art, in der Sie diese Geschichte erzählen, eine wichtige Veränderung? Welche Grundüberzeugung bringt die Geschichte jetzt zum Ausdruck? Sind Sie damit zufrieden?

Plotbrecher

Beschreiben Sie in einigen Zeilen ein Trauma oder einen positiven Plotbrecher, den Sie erlebt haben und der Ihr Leben ganz klar in ein »Davor« und ein »Danach« unterteilt hat.

- Erstellen Sie zwei Listen: Auf der einen notieren Sie alles, was Sie »davor« für richtig hielten (beispielsweise: »Schlimme Sachen passieren nur schlimmen Menschen«), und auf der anderen Liste all das, was Sie »seitdem« für richtig halten (beispielsweise: »Egal, was für ein guter Mensch man ist, ein Unglück kann einen jederzeit treffen«).
- Vergleichen Sie die beiden Listen. In welcher Weise wurden Sie selbst und Ihre Welt erschüttert?

Trägheit

Die Plots eines Menschen werden durch seinen Charakter bestimmt, und sein Charakter wiederum ist durch sein Verhalten definiert. Selbst wenn nichts »passiert«, »billigen« Sie diesen Stillstand, indem Sie nichts unternehmen. Vergessen Sie nicht: Die Geduld ist eine Tugend, die häufig überbewertet wird.

- Nennen Sie drei Zustände in Ihrem Leben, die unbefriedigend oder langweilig für Sie sind, und in denen Sie dennoch den Status quo aufrechterhalten (es bietet sich an, in

Beruf und Beziehungen nach solchen Dingen Ausschau zu halten).

- Bevor Sie durch Ausbruchsversuche Verwicklungen in Ihrem Plot verursachen, sollten Sie kleine positive Verhaltensweisen auflisten, mit denen Sie Ihre Rolle in solchen Situationen ändern und Ihre Trägheit durchbrechen könnten.

9. Wie sich die Geschichten unseres Lebens beim Erzählen verändern

> Wenn wir uns selbst gegenüber wirklich aufrichtig sind, müssen wir uns eingestehen, daß unser Leben aus dem besteht, was uns wirklich gehört. Wie wir mit diesem Leben umgehen, entscheidet also darüber, was für ein Mensch wir sind.
>
> *Cesar Chavez*

Wir stellen uns anderen Menschen gegenüber durch unsere Geschichten dar – Geschichten von den Ereignissen unseres Lebens. Die wahre Funktion dieser Geschichten liegt nicht in ihren Inhalten, sondern darin, daß sie *etwas über uns selbst preisgeben*. Ein funktionierender Plot muß den Charakter des Erzählers zum Ausdruck bringen, und jede Geschichte, die einen elementaren Plot darstellt, muß die Beziehung des Erzählers zu den immer wieder neuen Komplikationen des menschlichen Lebens beschreiben. Wenn uns das gelingt, sind wir zeitgenössische Scheherazaden und erzählen nicht nur unsere Geschichten, sondern leben sie zugleich als vielseitige Persönlichkeiten aus.

Inzwischen müßten Sie den Geschichten, die andere Menschen Ihnen oder auch Sie sich selbst erzählen, ganz anders zuhören als zu Beginn dieses Buches. Wenn uns bewußt wird, daß wir immer wieder Geschichten aus unserem Leben erzählen, und *daß es in unserer Macht steht, diese Geschichte anders zu erzählen*, erkennen wir auch, daß es in unserer Macht steht, unser Leben zu verändern.

Beths Mutter beispielsweise war narzißtisch. Sie interessierte sich nur für sich selbst und kümmerte sich kaum um ihre Tochter. Da Beth in ihrem tiefsten Inneren wünschte, daß ihre Mutter liebevoller gewesen wäre, sprach sie nicht gern über das Verhalten ihrer Mutter. Doch als ihre Fähigkeit wuchs, ihren eigenen Plot zu planen, ihre Geschichte zu erzählen und andere Menschen zu interpretieren, konnte sie schließlich auch ihre Vorstellungen über ihre Mutter ändern:

Selbst wenn man in seinem Leben den Plot, der das eigene Verhältnis zu anderen Menschen betrifft, in Gedanken verändert, reicht das nicht aus. Man muß diesen veränderten Plot im Umgang mit diesen Menschen auch ausleben. Ich mußte, um meinen Plot zu verändern, nicht nur erkennen, daß meine Mutter mich die ganzen Jahre über völlig lieblos behandelt hatte – eine Tatsache, die ich immer vor mir selbst verborgen hatte –, sondern *ich mußte diese Geschichte auch anderen Menschen erzählen.*

Aus meiner eigenen Erfahrung weiß ich, daß viele Menschen gerade die unabänderlichen Anteile ihrer Geschichte (beispielsweise, daß ihre Mutter immer lieblos war und noch ist) gern anders hätten. Jahrelang wußte ich, daß meine Mutter mich lieblos behandelte, doch ich äußerte mich höchstens ambivalent darüber. Das lag sicher auch daran, daß es den Menschen in meiner Umgebung widerstrebte, sich etwas so Schreckliches wie eine lieblose Mutter vorzustellen! Ich war bei zwei Therapeuten in Behandlung, und beide stellten fest, daß ich in der Therapie überhaupt nie über meine Mutter sprach (natürlich drangen sie nicht weiter in mich, sondern bezeichneten diese Tatsache lediglich als interessant).

Bei der bewußten Planung meines Plots habe ich nun vor einiger Zeit angefangen, auch die Geschichte zu erzählen, die mir schon immer als die wahre Geschichte meiner Mutter erschien – daß sie nämlich unfähig ist, sich für irgendeinen anderen Menschen als für sich selbst zu interessieren. Bei mir hat sich durch die Bereitschaft, die unveränderlichen Elemente meines Plots zu akzeptieren, das Gefühl verstärkt, daß ich die Dinge, von denen ich prinzipiell weiß, daß sie veränderbar sind, auch tatsächlich beeinflussen kann. Daß ich die Wahrheit über das Verhalten meiner Mutter mir gegenüber nicht akzeptieren konnte, bremste mich jahrelang. Ich wartete immer darauf, daß sich ihr Verhalten, das ich ja nicht beeinflussen konnte, von allein ändern würde.

Die Entwicklung meines Plots hat mir deutlich gezeigt, welche Rollen wir im Leben der anderen spielen. Ich habe gelernt, daß ich meinen Plot besser steuern kann, wenn ich andere Menschen durch meine Äußerungen und mein Verhalten wissen lasse, welche Rolle sie in meinem Leben spielen. Das setzt voraus, daß ich selbst auf das Verhalten und die Äußerungen anderer Menschen achte und manchmal zu Schlußfolgerungen über ihren Charakter gelange, die ich lieber nicht ziehen würde – zum Beispiel, daß sie eben lieblos, selbstsüchtig und unaufrichtig sind.

Daß ich anderen Menschen sagen sollte, welche Rolle sie in meinem Leben spielen, erschien mir zunächst sehr schwierig, weil ich eher daran gewöhnt bin, mir indirekte Auswege aus unangenehmen Situationen zu suchen. Inzwischen sehe ich, worauf ich damit verzichtete. Beim Entwerfen meiner Plots habe ich gelernt, daß ich meinen wahren Plot im Umgang mit anderen Menschen nur dann inszenieren kann, wenn ich mich auf die Gegenwart konzentrierte. Wenn ich mich jetzt mit einer Freundin am Telefon unterhalte und mich über das, was sie sagt, ärgere, sage ich ihr auch, wie ich mich fühle und lege dann auf, anstatt irgendeine Ausrede für die Beendigung des Gesprächs zu finden und anschließend wütend zu werden. Eine solche Art des Umgangs mit anderen Menschen dient dem Selbstschutz.

Was die Familie angeht, habe ich gelernt, daß es müßig ist, über die Vergangenheit zu sprechen. Man bestätigt damit nur, wie langlebig ein Verhaltensmuster ist, das bis in die Gegenwart reicht. Es ist nicht nötig, die Vergangenheit aufzudecken und auszuradieren – wahrscheinlich ist es ein solcher Anspruch, der viele Menschen hindert, ihrer Familie gegenüber ehrlich zu sein. Daß ich inzwischen selbstsicherer mit meiner Mutter darüber rede, wer ich bin und wie sich ihr Verhalten auf mich auswirkt, macht mich in ihrer Gegenwart aktiver und selbstbewußter, während ich mich früher häufig lethargisch und deprimiert fühlte, wenn ich mit ihr zusammen war.

So wie wir in Romanen die einzelnen Figuren kennenlernen, indem wir beobachten, wie sie auf Situationen reagieren, die der Autor für sie angelegt hat, so ist auch das wirkliche Leben voller Situationen, aus denen wir lernen können. Häufig läßt sich das, was wir als »Problem« wahrnehmen, in einen Lehrplan umdeuten. Aus einer solchen Perspektive heraus begreifen wir auch, daß situatives Lernen uns dazu bringt, unsere Geschichten anders zu erzählen, und das wiederum verändert unsere Geschichten.

Wir können die Plots unseres Lebens dann erfolgreich planen, wenn wir bereit sind, unsere Geschichten genau zu überprüfen, nach Mustern zu suchen, in denen zum Ausdruck kommt, welche elementaren Geschichten wir inszenieren, und die Gründe für unser Verhalten zu erforschen –

die wir bisher nur oberflächlich betrachtet haben. Das ist Schwerstarbeit und erfordert Aufrichtigkeit und Fairneß uns selbst und anderen gegenüber. Wenn Sie feststellen, daß Sie in einem banalen Plot gefangen sind, also beispielsweise in einem Beziehungsplot, der immer wieder damit endet, daß Sie zurückgewiesen werden, sollten Sie sich fragen, welchen Anteil Sie selbst an dieser Situation haben. (Beispielsweise: Warum suche ich mir immer wieder Verlierertypen aus?) Bedenken Sie aber, daß Sie sich selbst gegenüber fair sein sollten. (Fragen Sie sich also nicht: Warum bin ich so ein Verlierertyp?) Und übernehmen Sie nie die Verantwortung für Dinge, die nichts mit Ihnen zu tun haben, wie beispielsweise die Unfähigkeit eines anderen Menschen, liebevoll zu reagieren.

Leiten Sie Ihren Plot wieder in seine rechte Bahn

Der Verfasser einer fiktionalen Erzählung ist per definitionem Herr über seinen Plot. Als Erzählerin oder Erzähler unserer eigenen Lebensplots sind wir dagegen selten in dieser glücklichen Lage. Wir wissen nicht im voraus, wie bestimmte Situationen ausgehen werden. Allzu häufig sind uns unsere eigenen Motive und die Motive anderer Menschen nicht bewußt. Wir können das Tun und Lassen anderer Menschen nicht steuern, wie gut wir sie auch kennen und wie sehr wir sie auch lieben mögen. Daher nehmen unsere Plots oft einen unerwarteten Verlauf, wiederholen sich oder kommen sogar zum Stillstand.

Unsere Plots können in dreierlei Weise aus dem Gleis geraten:

- Erstens, wenn wir uns weigern, die Verantwortung für unsere eigenen Plots zu übernehmen – indem wir anderen die Schuld an unseren Problemen geben, die Rolle des

Opfers einnehmen, uns passiv verhalten oder meinen, wir hätten keinen Anteil an einer problematischen Situation.

- Zweitens, wenn wir nicht zwischen unseren Vorstellungen und der Realität bestimmter Dinge, wie Ehe oder Kinder, trennen (beispielsweise zwischen dem, was meiner Meinung nach Kinder ihrer Mutter gegenüber empfinden sollten, und dem, was mein Sohn mir gegenüber tatsächlich empfindet).
- Drittens, wenn wir bei uns selbst und bei anderen ein Mißverhältnis zwischen Worten und Taten übersehen.

Sollten Sie feststellen, daß Ihr Plot sich in keinerlei Hinsicht so entwickelt, wie Sie es sich ausgemalt haben, so läßt sich das Problem vielleicht lösen, indem Sie die drei genannten Punkte überprüfen. Terry beispielsweise, die sich als Modedesignerin durchschlug, klagte bei jedem, der es hören wollte, über den mangelnden Ehrgeiz ihres Freundes, über ihre wechselnden Mitbewohnerinnen, die allesamt intolerant waren, ihre knauserigen Eltern (die ihr den Beitrag für den Fitneß-Club nicht zahlen wollten) und ihren sadistischen Chef (der ihr für ihren Urlaub auf den Bahamas nicht freigeben wollte). Es verwundert nicht, daß sie bald ohne Freunde, ohne Wohnung, ohne Job und ohne Sympathie von seiten anderer dastand. Ihr Plot brach total zusammen: völlig auf sich gestellt und erschrocken über ihre Situation, war sie gezwungen, sich ihre Lage einmal in aller Deutlichkeit vor Augen zu führen:

Ich versuchte es mit einer Therapie, doch selbst die Therapeuten konnten sich das Gejammere über mein Leben bald nicht mehr anhören. Schließlich sprach eine Freundin davon, daß wir selbst die Geschichten unseres Lebens verfassen, und irgendwie fiel bei mir der Groschen. Ich konnte zum ersten Mal in meinem Leben neben mir stehen und mich von außen und ohne Scheuklappen betrachten. Was ich sah, war allerdings kein erfreulicher Anblick.

Ich übernahm einfach keine Verantwortung für mein Handeln – ich gab nämlich allen anderen, nur nicht mir selbst, die Schuld an meinen Fehlern. Es ist nicht zu fassen, daß ich mich, nachdem vier Mitbewohnerinnen mich aus der Wohnung geworfen hatten, immer noch darauf versteifte, daß irgend etwas mit ihnen nicht stimmen konnte.

Außerdem erkannte ich, daß ich meine eigenen Vorstellungen mit der Realität verwechselte – vor allem an meinem Arbeitsplatz. Als ich Modedesignerin werden wollte, stellte ich mir eine Zukunft voller Glamour und interessanter Erfahrungen vor. Ich wußte, daß ich talentiert war, aber mir war nicht klar, daß viele andere ebenso talentiert waren. Ich erwartete, daß mein Chef mir jedes Zugeständnis machen würde, weil ich so attraktiv und begabt war. Mir war überhaupt nicht bewußt, daß der Job harte Arbeit war, daß ich mit anderen Designern konkurrieren mußte, daß ich an dem gemessen wurde, was ich produzierte, und nicht daran, wer ich war.

Die Kluft zwischen meinen Worten und Taten war so groß, daß es mir heute noch peinlich ist. Mein Problem war nicht, daß ich andere Menschen, sondern daß ich mich selbst falsch interpretierte. Es fiel mir schwer, aber ich fing an, meine Geschichten anders zu erzählen. Ich versuchte, Verantwortung für alles zu übernehmen, was ich erlebte (auch wenn ich dabei zunächst etwas über das Ziel hinausschoß – schließlich war es nicht meine Schuld, daß ich wegen eines Stromausfalls zu spät zu einem Kundentermin kam), und ich konnte es kaum fassen, wie sehr sich die Richtung meines Lebens veränderte, als ich einmal damit angefangen hatte.

Als Terry sich ihre eigene Geschichte neu erzählte und dabei ihren Teil der Verantwortung an den Ereignissen ihres Lebens übernahm, die Kluft zwischen ihren Worten und Taten überbrückte und der Realität ins Auge blickte, anstatt sich einfach schlecht zu fühlen und zu klagen, unternahm sie die ersten Schritte des Prozesses, in dessen Verlauf sie sich veränderte und immer besser fühlte. Mit zunehmendem Vertrauen in ihre Fähigkeiten erkannte sie allmählich, daß die Zukunft ihr viele Möglichkeiten bot, die ihr zuvor nie in den Sinn gekommen waren.

Befreien Sie sich aus banalen Plots

Sie wissen, daß Sie in einem banalen Plot gefangen sind, wenn Sie sich den Rest Ihres Lebens vorstellen und allein schon bei diesem Gedanken am liebsten weinen oder davonlaufen wollen. Solche abgedroschenen Plots sind gewöhnlich nicht von uns selbst gemacht, sondern sie entstehen aus den Vorstellungen, die andere Menschen über unser Leben haben. Dies können die Vorstellungen unserer Eltern, der ganzen Gesellschaft oder aber unseres Lebenspartners sein. Gewiß ist nur eines: Es sind nicht unsere eigenen Vorstellungen.

Sich aus einem banalen Plot zu befreien, ist ein ähnlicher Prozeß, wie wenn man seinen Plot wieder in die rechte Bahn leitet. Man muß Verantwortung übernehmen, zwischen Vorstellungen und Realität unterscheiden und Worte und Taten in Einklang miteinander bringen. Dennoch kann es anstrengender und schwieriger sein, sich aus einem solchen Plot zu befreien, denn man ist versucht, aus einem banalen Plot in eine banale Lösung zu fliehen – wie die frustrierte Hausfrau, die sich nicht anerkannt fühlt und deshalb ihre Familie verläßt, oder der Mann, der sich darüber ärgert, daß seine Eltern sich immer noch in sein Leben einmischen, und deshalb jeden Kontakt zu ihnen abbricht – anstatt eine verantwortungsbewußte Veränderung herbeizuführen.

Betsy beispielsweise war fünfunddreißig Jahre lang mit demselben Mann verheiratet. Ihr Mann war ein erfolgreicher Werbemanager, und sie lebten in einem großen Haus, das in einer exklusiven Gegend lag. Betsy war Mitglied der Juniorenliga des Baseball-Clubs und im Vorstand verschiedener Wohltätigkeitsvereinigungen. Als ihr Mann starb und ihr viel Geld hinterließ, erwartete jeder – auch ihre beiden erwachsenen Kinder –, daß Betsy weiterhin in dem großen Haus bleiben und sich nichts an ihrem Leben ändern würde. Zwar hatte Betsy niemals davon gesprochen, doch es war immer ihr Traum gewesen, mit bedürftigen Menschen zu arbeiten, anstatt ihnen einfach Geld zu geben – eine Vorstellung, die ihr

Mann nie verstanden hätte. Nun fühlte sich Betsy von ihrem alten Leben befreit. Sie zog in ein gemütlicheres Haus und kaufte zusätzlich ein Gebäude, in dem sie ein Wohnheim für obdachlose Mütter und Kinder eröffnete. Betsy übernahm die Organisation der Unterkunft, kochte das Essen und unterstützte die Bewohnerinnen darin, eine Arbeit und auf Dauer eine Wohnung zu finden.

Was Sie tun können, wenn Ihr Plot sich festgefahren hat

Wenn wir das Gefühl haben, daß unsere Plots sich verhakt haben – wenn wir uns also immer wieder frustriert im Kreis drehen –, liegt das meistens daran, daß wir an einer bestimmten Sicht der Dinge festhalten. Am besten ist es dann, die jeweilige Situation neu darzustellen, sie in einer Weise umzudeuten, die es ermöglicht, dieselben Umstände unter einem völlig neuen Blickwinkel zu betrachten (indem man beispielsweise einsieht, daß es eigentlich ganz gut war, daß man damals den neuen Job oder den neuen Partner nicht bekam, denn sonst hätte man schließlich all das, was danach kam, nicht erlebt).

Die fünfundfünfzigjährige Marlene hatte schwerwiegende gesundheitliche Probleme und mußte ihren Job als Buchhalterin aufgeben. Da ihre schmale Berufsunfähigkeitsrente nicht ausreichte, mußte sie in ein kleines Häuschen auf dem Grundstück ihrer Tante ziehen. Im ersten Monat nach dem Umzug war sie sehr deprimiert über die Wendung, die ihr Leben genommen hatte. Doch eines Morgens wachte sie auf und wußte, daß sie ihre Situation umschreiben konnte. Jahrelang hatte sie in der Zeit, die sie damals mit einem bitteren Unterton als ihre »Freizeit« bezeichnet hatte, an einem Roman geschrieben. Nun stellte sie fest, daß sie sich – mit einer etwas phantasievollen Umdeutung ihrer Situation – vorstellen konnte, in eine Schriftstellerkolonie gezogen zu sein. Schließlich hatte sie jetzt die Möglichkeit, den ganzen Tag über zu schreiben, ohne abgelenkt zu werden, und ihre Grundbedürfnisse waren dennoch befriedigt. Mit diesem neuen Plot verschwanden ihre Depressionen, und sie war als Schriftstellerin produktiver als je zuvor.

Was Sie tun können, wenn Sie jemanden falsch interpretiert haben

Wenn Sie genau auf die Worte und Taten anderer Menschen achten, stellen Sie vielleicht fest, daß – sobald sich der Charakter eines anderen Menschen deutlicher offenbart – Ihre Vorstellungen über ihn korrigiert oder sogar ganz über den Haufen geworfen werden. (Zuweilen hat man sogar das Gefühl, an die Stelle eines Freundes sei dessen böser Zwillingsbruder getreten!) Solche Überraschungen sind nicht besonders angenehm. Wenn durch Ihre neuen Erfahrungen Ihr alter Plot hinfällig wird, versuchen Sie es damit: Erzählen Sie Ihre alten Geschichten über den Betreffenden neu, indem Sie Ihre neuen Erkenntnisse einbauen. Das ist besonders wichtig, wenn Sie betrogen wurden.

Alexandra beispielsweise hatte den Verdacht, daß ihr Mann sie gelegentlich betrog, doch sie sprach ihn nie darauf an und hoffte einfach, es sei nicht wahr. In ihrem tiefsten Inneren wußte sie, daß sie seinen Bedürfnissen nicht gerecht wurde. Eines Tages sagte ihr Mann völlig unvermittelt, daß er ihre Ehe beenden wolle. Von einer gemeinsamen Freundin, die sich nun frei fühlte, die Wahrheit zu offenbaren, erfuhr Alexandra, daß ihr Mann nicht nur während der gesamten Zeit ihrer Ehe, sondern auch schon in ihrer Verlobungszeit zahlreiche Affären gehabt hatte. Angesichts dieser neuen Informationen begann Alexandra, ihre Vorstellungen über ihre Ehe und ihre Eheprobleme zu überprüfen. Im nachhinein erkannte sie, daß es ihr eigentlicher Fehler gewesen war, diese Ehe überhaupt so lange aufrechtzuerhalten, anstatt ihren Mann wegen seiner Frauengeschichten zur Rede zu stellen. Sie bedauerte die Rolle, die sie bei der Aufrechterhaltung des Status quo gespielt hatte.

Die folgenden Punkte sollte man bei der Interpretation anderer Menschen bedenken:

- Der Charakter eines Menschen zeigt sich in seinem Handeln und Tun und nicht in seinen Reden und Selbstdarstellungen.
- Der Charakter eines Menschen zeigt sich erst allmählich im Laufe der Zeit.
- Wenn Sie eine falsche Geschichte über einen anderen Menschen entworfen haben, sind Verlusterfahrungen unvermeidlich.
- Das Verhalten von Menschen kommt nicht einfach aus dem Nichts – wenn es Ihnen merkwürdig erscheint, entsteht es wahrscheinlich aus einer Nebenhandlung (einem Subplot), die Sie noch nicht kennen.
- Vergessen Sie nicht, Ihre Hypothesen über andere Menschen zu überprüfen, indem Sie Fragen stellen, auf die Sie auch eine Antwort erwarten. Stellen Sie nicht nur Ja/Nein-Fragen, und denken Sie daran, nach einer Ja/Nein-Antwort weiter nach dem Warum zu fragen.

Gehen Sie Risiken ein

Ihr Mut zum Risiko entscheidet darüber, wie kreativ Ihr Plot sein kann. Mit Risiken umgehen zu können, gehört zum unabdingbaren Rüstzeug des Erzählers. Oder wie es bei Bob Dylan heißt: »He not busy being born is busy dying.«

Risiken können ganz offensichtlich oder aber verborgen sein. Ein verborgenes Risiko z. B. ist der Preis, den man für verpaßte Gelegenheiten zu zahlen hat. Obwohl es schmerzt, wenn man etwas anstrebt und es dann doch nicht erreicht, beweist ein solch risikofreudiges Verhalten in jedem Falle, daß man Mut hat, und verhilft einem oft dazu, einen Mißerfolg als etwas zu definieren, das jedem auf dem Weg zum Erfolg einfach widerfährt.

Will man den Plot seines Lebens kreativ entwickeln, so muß man Verantwortung für sein Handeln übernehmen und sein Leben aktiv statt passiv gestalten, was natürlich bedeutet, daß man auch gewisse Risiken eingehen muß. Sicherheit und Abhängigkeit müssen nicht immer die primäre Motivation eines Erzählers sein. Die Fähigkeit, Risiken einzugehen, ist eine notwendige Voraussetzung für Unabhängigkeit und Freiheit.

Natürlich sollte man keine tollkühnen Risiken eingehen – man muß ja nicht gleich übers Ziel hinausschießen! Ein allzu großes Risiko hemmt die Kreativität ebenso wie ein zu geringes. Daher sollte man die Risiken, die man einzugehen bereit ist, sorgsam auswählen und die Augen offenhalten, um Gefahren zu erkennen, ohne deshalb vor jeder Ungewißheit entsetzt zurückzuweichen. Wer bewußt ein Risiko eingeht, kann nicht mehr die Rolle des Opfers spielen. Er muß sich sagen, daß er sich für eine bestimmte Handlungsmöglichkeit entscheidet, die eben auch fehlschlagen kann. Alles Lohnenswerte ist mit einem bestimmten Risiko behaftet.

Bleiben Sie am Ball

Viele Menschen machen sich erst dann Gedanken über ihre Lebensgeschichte, wenn sie in sich zusammenbricht. Vielleicht bewirkt irgendein schmerzliches oder belastendes Ereignis, das sie aus heiterem Himmel trifft, daß sie die Dinge grundsätzlich anders sehen. Ihre Erzählung, die schon vorher brüchig war, weil sie sich aus Bildern und Vorstellungen statt aus überprüften Erfahrungen zusammensetzte, fällt in sich zusammen. Am verletzlichsten ist man oft in den Punkten, von denen man sich überhaupt nicht vorstellen kann, daß sie auf einen zutreffen. Diese Punkte sind Ihre blinden Flecken, die Ihre Urteilsfähigkeit und Ihre Fähigkeit, den Plot Ihres Lebens zu ändern, beeinträchtigen.

Der fortlaufende Prozeß der Entwicklung eines Plots bietet einen zusammenhängenden erzählerischen Rahmen, in dem sich Vergangenheit und Gegenwart verbinden. Das Grundelement dieser Erzählung ist die Umsetzung der Ereignisse in Sprache, die Darstellung von Erfahrungen in einer Weise, die uns selbstbewußter und kompetenter macht.

Wie Detektive verbinden wir scheinbar zusammenhanglose Ereignisse aus Vergangenheit und Gegenwart miteinander. Auch wenn wir oft nicht ausmachen können, wann und warum wir emotional aufgewühlt reagieren, so haben doch auch Emotionen ihre Logik. Sie kommen nicht einfach grundlos über uns. Wenn wir unseren Plot selbst in die Hand nehmen, können wir herausfinden, welche Aspekte einer Erfahrung unsere Emotionen beeinflussen, indem wir Muster ausfindig machen und feststellen, welche Ereignisse wir steuern können, wie wir sie ordnen wollen und welche Bedeutung sie für uns haben.

Unsere Erzählung muß flexibel sein, um die Möglichkeit der Veränderung zuzulassen. In einer allzu starren Erzählung bricht der Plot einfach in sich zusammen. Ein flexibler erzählerischer Rahmen läßt das Unvorhergesehene zu und bietet die Möglichkeit, es zu überleben und zu bejahen. Genießen Sie es, vom Leben überrascht zu werden!

Manche Geschichten wirken so, als würden sie im Playback erzählt. Sie bestehen aus Phrasen, die dem Publikum unverändert immer wieder vorgesetzt werden, so daß der Erzähler keinen Bezug mehr zu dem hat, was er erzählt. Solche Erzählungen sind keine Interaktionen mit dem Zuhörer, sondern reine Auftritte des Erzählers. In der »autorisierten Fassung« der Kindheitsgeschichte, der Ehegeschichte oder anderer wichtiger Beziehungsgeschichten mancher Menschen hört man oft eine Sprache, die wie eingeübt erscheint, ganz so, als wolle der Betreffende etwas beschützen oder verteidigen. Wir zeigen der Welt ein ganz bestimmtes Bild von uns, während unser wahres Ich oft hinter Abwehrstrategien – den Geschichten, die wir erzählen – verborgen liegt. Abwehrmechanismen verbergen immer den Plot des wahren Ich.

Den Plot seines Lebens selbst zu planen, ist auch deshalb heilsam, weil man erkennt, daß der eigene Lebensplot sich zu einer sinnvollen Geschichte zusammenreimt. Wer herausfindet, wie seine Gefühle und Überzeugungen entstanden sind, kann sein Leben umschreiben und anders darstellen – und dies nicht nur in der Gegenwart, sondern auch zukünftig. Eine entwicklungsfähige Erzählung ist formbar und beweglich. Sie führt zu einem immer besseren Verständnis der eigenen Vergangenheit und bietet die Möglichkeit, immer wieder zu wichtigen Lebensereignissen zurückzukehren und dabei immer mehr Erkenntnisse zu gewinnen. Die Schriftstellerin Jill Johnston beschreibt diesen Prozeß in ihrem Artikel »Fictions of the Self in the Making«, der in der ›The New York Times Book Review‹ erschien:

> Vor kurzem schrieb mir ein Freund einen Brief über seinen verstorbenen Vater, in dem er mir berichtete, er habe mit Dreißig gemeint, seinen Vater allmählich wirklich zu verstehen. Nun aber, mit inzwischen fünfundsechzig, entdecke er immer wieder neue Aspekte: Die Fakten, an die er sich erinnert, sind zwar die gleichen, nur interpretiert er sie heute anders. Er betrachtet dieselben Ereignisse heute anders als 1985, 1975, 1969, 1955 usw. ... Die Fakten können wir immer wieder anders anordnen, auf sie reagieren, sie in unterschiedliche Kontexte stellen. Wenn wir die Vergangenheit neu erschaffen, verändern wir unsere heutige Sicht auf uns selbst und zugleich unsere zukünftige Perspektive.

Veränderungen, die zu einer Neuformulierung unseres Plots führen, vollziehen sich in einzelnen Schritten. Als erstes lernen wir, bestimmte alte Erzählmuster oder Geschichten zu identifizieren und aufzugeben. Wir bemühen uns, emotionale Verhaltensweisen herauszufinden und zu begreifen, in welcher Weise wir immer wieder denselben Plot erzeugen.

Da zweitens die Veränderung des Inhalts unseres Plots daraus entsteht, daß wir Verantwortung übernehmen, lernen wir zu verstehen, welchen Anteil wir selbst an unseren Schwierigkeiten haben, und sind bereit, die Erkenntnis zu akzeptieren, daß wir selbst bei der Entstehung unserer gegenwärtigen Probleme eine bestimmte Rolle gespielt haben. Drittens fangen wir an, einen kleinen Teil unserer Verhaltensmuster anders auszuleben und zu beobachten, wohin dieser Zuwachs an Veränderungen führt. Diese neuen Muster müssen wir dann üben, aufrechterhalten und verallgemeinern. Zunehmende Übung setzt voraus, daß wir immer wieder den Willen zur Veränderung aufbringen und uns immer wieder neu darum bemühen. Die Last der Verantwortung und der bewußten Selbstbeobachtung bleiben uns natürlich immer.

Schließlich müssen wir die Revision unserer Plots in unser Verhalten übertragen. Besonders schwer fällt das manchmal im Zusammenleben mit den Menschen, die wir besonders lieben, weil sie ihre eigenen – konkurrierenden – Erzählungen darüber haben, wer wir sind und was wir tun sollten. Eine Veränderung unserer Erzählung bedeutet zugleich auch eine Veränderung unseres Verhaltens, mit der wir die neue Version unserer Erzählung stützen. Auch wenn solche Veränderungen oberflächlich betrachtet nur geringfügig sein mögen, bergen sie unter Umständen ein enormes erzählerisches Potential.

Keiner gibt ein noch so unangemessenes Verhalten auf, solange das Resultat, das man sich davon verspricht, nicht interessant genug ist, um uns zum Eingehen eines Risikos zu bewegen. Solange wir das Bemühen um eine Veränderung vor uns herschieben, müssen wir uns auch nicht mit den Schuldgefühlen und dem Frust auseinandersetzen, die unweigerlich in uns hochkommen, wenn wir erkennen, welchen Anteil wir selbst an unserer Misere haben.

Eine Veränderung vollzieht sich dann, wenn wir ein altes Muster aufgeben, für das wir zumindest teilweise die Verantwortung übernehmen. An die Stelle dieses alten Verhaltensmusters setzen wir eine neue Art zu denken, zu handeln und zu fühlen. In dem Maße, in dem sich neue Verhaltensmuster deutlicher herausbilden und mit alten vergleichen lassen, können wir beobachten, wie Veränderungen entstehen, und unsere Verantwortung ausweiten. Sich zu verändern heißt, hinter einem Verhalten zu stehen und es auch in die Tat umzusetzen. Ohne eine solche Umsetzung ist die Entscheidung zur Veränderung hinfällig. Da eine Veränderung eine Reise ins Unbekannte ist, löst sie häufig eine gewisse Angst aus. Schließlich begeben wir uns nicht deshalb auf einc solche Reise, weil unsere Ziele besonders lohnend oder attraktiv wären, sondern weil das Verharren in der jetzigen Situation so unbefriedigend ist.

Beim Rückblick auf Ihr Leben stellen Sie vielleicht fest, daß sich Ihre Darstellung Ihrer Kindheit oder Ihrer Ehe erheblich von der Erzählung Ihrer Mutter, Ihrer Schwester oder Ihres Partners unterscheidet. Vielleicht erzählt Ihre Mutter, Sie seien so furchtbar gern in den Steptanzkurs gegangen, der Ihnen so verhaßt war – und andere Familienmitglieder präsentieren andere konkurrierende und durchaus überzeugende Erzählungen –, doch als Autor oder Autorin Ihres eigenen Plots steht es in Ihrer Macht, sich für diejenige Erzählung zu entscheiden, die *für Sie* am besten, am umfassendsten und am glaubwürdigsten ist. Sie selbst werden zum Schlußredakteur Ihrer eigenen Geschichte.

Übungen zu Kapitel 9

Überprüfen Sie Ihre Interpretationen

Wenn Sie auf vergangene Ereignisse zurückblicken, haben Sie die Gelegenheit, Ihre Interpretationen zu überprüfen, falsche Vorstellungen zu klären und dabei vielleicht auch Schuldgefühle und Verletzungen aufzulösen. Möglicherweise war unsere Reaktion auf ein bestimmtes Ereignis zum damaligen

Zeitpunkt die einzig mögliche Reaktion, so daß die Situation zu einer immer wieder gleich erzählten Geschichte unseres Repertoires wurde. (Vielleicht meinten Sie beispielsweise als Kind, Sie seien »zu anspruchsvoll«, weil Sie wollten, daß Ihre selbstbezogenen Eltern wirkliches Interesse und mehr Aufmerksamkeit für Sie zeigten.) Eine solche Interpretation ist zwar nicht ganz zutreffend, doch das können Sie erst dann feststellen, wenn Sie die Erfahrung unvoreingenommen überprüfen. Mit zunehmender Reife und Erfahrung entsteht die Notwendigkeit, die Interpretation vergangener Ereignisse zu überprüfen, um die wahren Gefühle und Zusammenhänge aufzudecken, die unter der Oberfläche verborgen sind. Vielleicht haben Sie Ihre Sicht auf eine schmerzliche Situation schon einmal überprüft, allerdings zu einem Zeitpunkt, an dem Ihre Perspektive, Ihre Informationen und Ihre Erfahrung noch recht begrenzt waren. Wenn wir solche Erfahrungen erneut aufgreifen, können wir sie vor dem Hintergrund unserer gesamten inzwischen angesammelten Selbsterkenntnis erneut überprüfen.

- Schreiben Sie einen kurzen Text, in dem Sie eine dieser »fixen« Geschichten aus Ihrem Repertoire darstellen.
- Überprüfen Sie nun Ihren Text unvoreingenommen und auf der Grundlage Ihrer inzwischen erworbenen Selbsterkenntnis. (Waren Sie zum Beispiel wirklich zu anspruchsvoll, oder forderten Sie nur, was Ihnen eigentlich zustand, was Ihre Eltern Ihnen aber nicht geben konnten?)

Treiben Sie Ihren Plot voran

Notieren Sie in Form einer Liste, was Sie Ihrer Meinung nach in den nächsten fünf Jahren erleben werden.

- Finden sich auf Ihrer Liste auch negative Erwartungen, so versuchen Sie, diese Zukunftsperspektiven aus einem positiveren Blickwinkel heraus darzustellen.

- Wählen Sie eine Ihrer positiven Erwartungen aus und erstellen Sie eine zweite Liste, auf der Sie notieren, über welche Schritte Sie von Ihrem gegenwärtigen Standpunkt aus zu Ihrem Ziel gelangen wollen. Schreiben Sie also nicht einfach: »Ich will ein Buch veröffentlichen«, sondern: »Ich werde jeden Morgen eine Stunde früher aufstehen, um an meinem Buch zu arbeiten«, »Ich werde mich jeden Monat mit einem Herausgeber treffen« usw.

Bringen Sie Ihren Plot wieder in Gang

Beschreiben Sie in einigen Zeilen einen Plot Ihres Lebens, aus dem es derzeit keinen Ausweg für Sie zu geben scheint. Schreiben Sie Ihre Darstellung in der dritten Person und stellen Sie sich selbst als Figur Ihrer Erzählung dar. (Beispielsweise: »Greg hatte seit fünf Jahren denselben Arbeitsplatz. Jeden Abend kam er zu seiner Frau und seinen sechs Kindern nach Hause. Jeden Abend wartete schon das Essen auf ihn. Er hatte das Gefühl, wenn er das auch nur einen Tag lang weitermachen würde, müßte er sich die Kugel geben.«) Schreiben Sie jetzt das zweite Kapitel. Was könnte geschehen?

Scheidewege

Bestimmte Projekte und Beziehungen, die aus irgendwelchen Gründen zu einem früheren Zeitpunkt in Ihrem Leben nicht zu verwirklichen waren, sind später im Leben vielleicht eher möglich. Zukünftige Möglichkeiten ergeben sich vielleicht aus dem Rückblick auf »nicht eingeschlagene Wege« in der Vergangenheit.

- Zählen Sie aus Ihrem Leben möglichst viele Situationen auf, in denen Sie sich zwischen zwei alternativen Wegen entscheiden mußten. Notieren Sie den eingeschlagenen und den nicht eingeschlagenen Weg (Sie entschieden sich beispielsweise, ins Ausland zu gehen anstatt einen Universitätsabschluß zu machen, oder Sie entschieden sich zu heiraten, anstatt die Schriftstellerei weiterzuverfolgen.)

- Sehen Sie eine Möglichkeit, in die Erzählung Ihres jetzigen Lebens einen »nicht eingeschlagenen Weg« zu integrieren? Suchen Sie sich einen aus und beschreiben Sie, wie Sie heute auf eine solche Situation reagieren würden.

Überraschungen

Schlimme Erinnerungen nehmen in Ihrem Plot sehr viel mehr Raum ein als gute. Positive Erinnerungen verblassen oft, wenn wir sie nicht bewußt im Gedächtnis behalten.

- Notieren Sie auf einer Liste fünf Erfahrungen in Ihrem Leben, die zu Ihrer eigenen Überraschung gut ausgingen.
- Welche Rolle hatten Sie selbst in jeder dieser Situationen?
- Beschreiben Sie Ihren Charakter vor dem Hintergrund dieser Ereignisse und erweitern Sie Ihre übliche Selbstdarstellung um Ihr »überraschendes« Verhalten.

Denken Sie über Risiken nach

Erinnern Sie sich an eine Gelegenheit, bei der Sie etwas unterließen, weil Sie sich vor einem Mißerfolg oder vor Ablehnung fürchteten.

- Beschreiben Sie in ein paar Zeilen, was damals geschah.
- Schreiben Sie nun die Geschichte so um, als seien Sie das Risiko eingegangen. Was geschah in diesem Fall?
- Waren Sie mit Ihrer Angst vor dem Risiko gut beraten? Oder hinderte Sie Ihre Angst vor dem Risiko davor, Ihre Entscheidungsalternativen klar zu erkennen?
- Denken Sie an eine gegenwärtige Situation, die ein gewisses Risiko in sich birgt. Erstellen Sie zwei Listen: eine mit

Ergebnissen, die daraus entstehen könnten, wenn Sie das Risiko eingehen, und eine zweite Liste mit Ergebnissen, die daraus entstehen könnten, daß Sie das Risiko nicht eingehen. Sind Sie mit Ihrer Angst vor diesem speziellen Risiko gut beraten, oder schränkt sie Sie ein? Wie schätzen Sie die Situation jetzt ein?

Sie sind eine Romanfigur

Stellen Sie sich nach einer besonders schlimmen Erfahrung (Sie sind in einer wichtigen Prüfung durchgefallen, haben gerade eine Trennung hinter sich, Ihnen wurde gekündigt) vor, Sie seien nicht Sie selbst, sondern eine Romanfigur.

- Welche Entwicklungen würden Ihnen als Leser befriedigend erscheinen, bei welchen Mißgeschicken der Romanfigur würden Sie als Leser mitfühlen?
- Wie sollte Ihrer Meinung nach die Figur in diesem Roman reagieren oder nicht reagieren? Was sollte sie unternehmen?

Schreiben Sie ein Tagebuch

Ein Tagebuch zu führen ist eine gute Möglichkeit, um den eigenen Plot immer wieder lesen und überprüfen zu können. Das Notizbuch, das beim Lesen dieses Buches entstanden ist, bildet einen guten Ausgangspunkt. Viele der Übungen lassen sich im Lauf der Zeit wiederholen und eröffnen Ihnen nach und nach neue Perspektiven auf Ihr Leben. Besonders nützlich ist es, immer wieder nachzulesen, was Sie über wichtige persönliche Beziehungen in Ihr Tagebuch geschrieben haben. Schließlich wissen Sie im nachhinein, wie sich die Dinge entwickelt haben und können so im Rückblick feststellen, ob Ihre Reaktionen angemessen waren. Wenn Sie immer wieder in Ihren Notizen nachlesen, können Sie sich selbst objektiver sehen. Haben Sie einen Hang zum Melodramatischen, besitzen Sie einen ausgeprägten Gerechtigkeitssinn, sind Sie oft voller Selbstmitleid, geben Sie gern anderen die Schuld? Nutzen Sie die beim Lesen gewonnenen neuen Erkenntnisse, um Ihren Plot bewußt zu gestalten. Es ist müßig, sich über die Vergangenheit Gedanken zu machen, wenn man die daraus gewonnenen Erkenntnisse nicht dazu nutzt, sich in der Gegenwart zu entwickeln und zu verändern.

Danksagungen

Es ist nicht einfach, Robin Lakoff, Todd Gitlin, Ron Hansen und Laura Strausfeld, die dieses Manuskript (viele Male) gelesen und mir viele wertvolle Hinweise gegeben haben, angemessen zu danken. Sie alle haben mich und mein Projekt vorbehaltlos auf dem Weg zu seiner Verwirklichung unterstützt. Meinem Literaturagenten Peter Matson, der von Anfang an unerschütterlich an mich glaubte, bin ich zutiefst zu Dank verpflichtet. Auch Art Spiegelmann danke ich für seine Unterstützung schon zu Beginn meiner Arbeit und für den Hinweis auf das Zitat von Salman Rushdie. Victoria Gill half mir, die Gedanken in meinem Kopf zu Papier zu bringen. Naomi Lucks danke ich für ihre hervorragende Lektoratsarbeit, vor allem, was die Titelrecherche angeht. Es war ein Vergnügen, mit meiner Lektorin Becky Saletan zusammenzuarbeiten, der ich für ihr nicht nachlassendes Interesse an meinen Ideen, ihre sorgfältige und behutsame Lektoratsarbeit und dafür danke, daß sie sich meines Textes angenommen hat. Denise Roy danke ich für ihre ganzen Telefonate, ihre Mühe und ihre großzügige Unterstützung. Außerdem danke ich Schwester Eileen und Schwester Kathleen O'Hanlon für ihr großes Wohlwollen, und schließlich meiner Tochter Chloe für all die Freude, die sie jeden Tag in mein Leben bringt.

Literaturverzeichnis

Austen, Jane: *Stolz und Vorurteil.* München: Deutscher Taschenbuch Verlag, 1997.

Berne, Eric: *Beyond Games and Scripts.* New York: Ballantine, 1976.

Braverman, Kate: »Afterthoughts.« In: *Hurricane Warnings.* Los Angeles: Illuminati, 1987.

Broyard, Anatole: *Intoxicated by My Illness.* New York: Fawcett, 1992.

Bruner, Edward M.: »Experience and Its Expressions.« In: *The Anthropology of Experience*, herausgegeben von Victor W. Turner und Edward M. Bruner. Urbana und Chicago: University of Illinois, 1986.

Cohen, Leonard: *Stranger Music.* New York: Pantheon, 1993.

Coontz, Stephanie: *The Way We Never Were.* New York: Basic Books, 1992.

Coward, Rosalind: *Female Desires.* New York: Grove, 1985.

Crites, Stephen: »Storytime.« In: *Narrative Psychology*, herausgegeben von Theodore Sarbin. New York: Praeger, 1986.

Davis, Murray: *Smut.* Chicago: University of Chicago, 1983.

De Salvo, Louise: *Conceived with Malice.* New York: Dutton, 1994.

Dibell, Ansen: *Plot.* Cincinnati: Writer's Digest Books, 1988.

Egri, Lajos: *The Art of Dramatic Writing.* New York: Simon and Schuster, 1946.

Ellis, John: *Visible Fictions.* London: Routledge and Kegan Paul, 1982.

Fairbairn, W. Ronald D.: *Object Relations Theory of Personality.* London: Routledge and Kegan Paul, 1952.

Forster, E. M.: *Ansichten des Romans.* Frankfurt am Main: Suhrkamp, 1949.

Franz, Marie von: *Puer Aeternus.* Santa Monica, Calif.: Sigo Press, 1970.

Gabler, Neil: »Now Playing: Real Life, the Movie.« In: *New York Times*, 20. Oktober 1991.

Gallagher, Winifred: »Midlife Myths.« In: *The Atlantic*, Mai 1993.

Greenblatt, Stephen: »Storytelling.« In: *Hiding in Plain Sight*, herausgegeben von Wendy Lesser. San Francisco: Mercury House, 1993.

Heilbrun, Carolyn: *Writing a Woman's Life.* New York: Norton, 1988.

Hochschild, Arlie: *Der 48-Stunden-Tag. Wege aus dem Dilemma berufstätiger Eltern.* München: Droemer Knaur, 1993.

Houston, Pam: *Bei Cowboys werd ich schwach. Stories.* München: Piper, 1993, S. 130–152.

Jack, Dana Crowley: *Immer hab' ich mich dir angepaßt. Wenn Frauen ihr Selbst zum Schweigen bringen.* München: Heyne, 1993.

Johnston, Jill: »Fictions of the Self.« In: *New York Times Book Review*, 25. April 1993.

Jones, Gerard: *Honey, I'm Home.* New York: Grove Weidenfeld, 1992.

Keen, Ernest: »Paranoia and Cataclysmic Narratives.« In: *Narrative Psychology*, herausgegeben von Theodore Sarbin. New York: Praeger, 1986.

Klein, Melanie: *Gesammelte Schriften. 4 Bände*. Stuttgart: Frommann-Holzboog, 1995ff.

Lamott, Anne: *Bird by Bird.* New York: Pantheon, 1994.

Larkin, Philip: *Collected Poems.* New York: Farrar, Straus and Giroux, 1988.

Lawson, Annette: *Adultery*. New York: Basic Books, 1988.

Modleski, Tania: *Loving With a Vengeance.* New York: Methuen, 1982.

Moore, Lorrie: »Eine andere Frau.« In: *Leben ist Glückssache. Stories.* Reinbek bei Hamburg: Rowohlt, 1991, S. 9–28.

Person, Ethel: *Dreams of Love and Fateful Encounters.* New York: Norton, 1988.

Price, Reynolds: *Ein zweites Leben. Die Überwindung der Krankheit.* Frankfurt/Main: Insel, 1995.

Radway, Janice: *Reading the Romance.* Chapel Hill: University of North Carolina Press, 1994.

Rorty, Richard: *Kontingenz, Ironie und Solidarität.* Frankfurt am Main: Suhrkamp, 1989.

Rose, Phyllis: *Parallel Lives.* New York: Vintage, 1984.

Rushdie, Salman: »One Thousand Days in a Balloon.« In: *New York Times*, 12. Dezember 1991.

Salinger, J. D.: *Der Fänger im Roggen.* Reinbek bei Hamburg: Rowohlt, [4]1967.

Sarbin, Theodore: »A Root Metaphor.« In: *Narrative Psychology*,

herausgegeben von Theodore Sarbin. New York: Praeger, 1986.
Schafer, Roy: »Narrative in the Psychoanalytic Dialogue.« In: *On Narrative*, herausgegeben von W. J. T. Mitchell. Chicago: University of Chicago, 1981.
Sheehy, Gail: *New Passages.* New York: Random House, 1995.
Sidel, Ruth: *On Her Own.* New York: Viking, 1990.
Skolnick, Arlene: *Embattled Paradise.* New York: Basic Books, 1991.
Spence, Donald: *Narrative Truth and Historical Truth.* New York: Norton, 1982.
Steele, Robert S.: »Deconstructing Realities.« In: *Narrative Psychology*, herausgegeben von Theodore Sarbin. New York: Praeger, 1986.
Taylor, Charles: *The Ethics of Authenticity.* Cambridge, Mass.: Harvard University Press, 1992.
Tisdale, Sallie: *Talk dirty to me. Eine intime Philosophie des Sex.* Berlin: Berlin Verlag, 1995.
Wachtel, Eleanor: »An Interview with Alice Munro.« In: *The Brick Reader,* herausgegeben von Linda Spaulding and Michael Ondaatje. Toronto: Coach House Press, 1991.
Weldon, Fay: *Du wirst noch an mich denken.* München: Deutscher Taschenbuch Verlag, 1990.
Winnicott, D. W.: *Vom Spiel zur Kreativität.* Stuttgart: Klett-Cotta, ^{3}1985.